Heyne Report ...

HEYNE BÜCHER

Karin Arndt

# Der erste Mann in meinem Leben...

## Väter und Töchter

Originalausgabe

Wilhelm Heyne Verlag
München

HEYNE-REPORT
Nr. 10/2


Printed in Germany 1986
Umschlagfoto: Süddeutscher Verlag, Bilderdienst, München
Umschlaggestaltung: Ingrid Schütz, München
Satz: VerlagsSatz Kort GmbH, München
Druck und Bindung: Ebner Ulm
ISBN 3-453-43067-0

# Inhalt

Selbst physischen Schmerz halt'
ich für Verwirrung, in die wir nicht
einzudringen wissen.
Klarheit im Geiste, reiner,
womöglich starker Wille, ist
unsere Aufgabe. Zu dem übrigen
können wir lachen, beten, weinen.

*Rahel Varnhagen* (1771 – 1833)

# Vorwort

»Liebster Vater, Du hast mich letzthin einmal gefragt, warum ich behaupte, ich hätte Furcht vor Dir. Ich wußte Dir, wie gewöhnlich, nicht zu antworten, zum Teil eben aus Furcht, die ich vor Dir habe, zum Teil deshalb, weil zur Begründung dieser Furcht zu viele Einzelheiten gehören, als daß ich sie im Reden halbwegs zusammenhalten könnte. Und wenn ich hier versuche, Dir schriftlich zu antworten, so wird es doch nur sehr unvollständig sein, weil auch im Schreiben die Furcht und ihre Folgen mich Dir gegenüber behindern und weil die Größe des Stoffs über mein Gedächtnis und meinen Verstand weit hinausgeht.«

So beginnt der Brief eines Sohnes an seinen Vater. Franz Kafka hat ihn fünf Jahre vor seinem Tod geschrieben. Die meisten Töchter, die in diesem Buch von ihrem Vater erzählen, können sich mit diesen Zeilen identifizieren.
Franz Kafka hat auf dem Papier gewagt, wovon auch viele Töchter träumen: Einmal ohne Angst zu reden, einmal die Wahrheit zu sagen, einmal subjektives Empfinden mitteilen zu können, einmal auszusprechen, was die Kindheit so bedrückte, einmal die Verzweiflung über die vielen Mißverständnisse loszuwerden – und einmal die Bestätigung zu bekommen, daß der ewige, durch nichts auszulöschende Hoffnungsschimmer auf Verständigung und Anerkennung berechtigt ist. Franz Kafka versuchte seine Seele zu befreien, mit 36 Jahren. Aber: Den langen Brief an seinen Vater hat er nicht abgeschickt.
Als ich begann, dieses Buch zu schreiben, freute ich mich über die riesige »Zielgruppe«: Töchter. Keine besonderen Töchter mit besonderen Beziehungen zu ihren besonderen Vätern, sondern einfach nur Töchter. Töchter erzählen über ihre Beziehung zu ihren Vätern. Alle Frauen sind Töchter und die Hälfte der Menschheit sind Frauen.

Noch zu keinem Thema habe ich so viele Absagen bekommen. Absagen aus Angst. In meinen Zeiten als Journalistin (in den sechziger und siebziger Jahren) mußte ich gezielt intime Geschichten recherchieren, und die Vorhänge vor dem Familientheater waren damals sogar noch undurchdringlicher als heute. Aber – es war eben keine Angst dabei. Wenn meine Generation (ich bin Jahrgang 1939) ihren Vätern keine Hymnen singen kann, weil in diesen Vätern noch mittelalterliche Erziehungsrückstände verharren, so habe ich das nicht anders erwartet. Aber auch die fünfziger Jahrgänge wissen noch nichts Neues, Freundliches zu berichten. Und sogar die 16jährige Schülerin, die so lieb von ihrem Papi spricht, ist mit ihrer positiven Vater-Erfahrung die große Ausnahme in ihrer Klasse.
Von vierzehn Geschichten in diesem Buch sind neun negativ, zwei neutral und drei positiv. Dieses Verhältnis ist ein Zerrspiegel der Wirklichkeit. Alle Absagen aus Angst kann man zu den negativen Töchter-Vater-Beziehungen rechnen. Ich habe 128 Töchter gefragt, davon haben zunächst 34 zugesagt. Nach weiteren 12 Absagen habe ich 20 interviewt, von denen ich 17 Geschichten aufgeschrieben habe. Drei haben ihre druckfertige Geschichte dann wieder zurückgezogen, aus Angst vor dem Erkennen. Die Namen der Frauen sind übrigens in allen Geschichten verändert.
Hier sind ein paar Reaktionen, die bei den Absagen der Frauen am häufigsten waren:
Anita, 38 Jahre alt, Tochter eines verknöcherten ehemaligen Reichswehrangehörigen, sagte spontan: »Nein! Das kann ich nicht machen, da werde ich enterbt.«
Ulrike, 28 Jahre alt, Tochter eines Lehrers: »Das gibt nur wahnsinnigen Ärger. Außerdem finde ich das unfair, wenn nur einer reden darf. Aber wenn du ihn fragst, sagt er sowieso nicht die Wahrheit. Und ich würde sie auch nicht sagen. Da käm' nur warme Brühe raus.«
Eine Dreißigjährige sagte: »Es wäre für mich eine Erleichterung, einmal alles sagen zu können, aber ich würde meinen Kindern den Opa nehmen. Das möchte ich nicht.«

Meine Freundin Linda sagte: »Ich habe damit abgeschlossen. Ich will nicht, daß das wieder hochkommt.«
Brigitte, 34 Jahre alt, verheiratet, zwei Kinder, Juristin, bekam auf meine Frage große, angstvolle Augen, in denen sofort die Tränen standen: »Nein! Darüber kann ich nicht reden. Nein, das geht nicht!«
Meistens habe ich Angst in den Augen auch scheinbar starker, selbstbewußter Frauen gesehen, manchmal auch nur ein ratloses Achselzucken von Töchtern, die noch nie über ihre Beziehung zu ihrem Vater nachgedacht haben: »Da gibt es nichts zu sagen, der war ja nie da.«
Eine Frau, sie ist Apothekerin, hat lange mit sich gekämpft, und mit ihren Bedenken hat sie die Problematik einer Veröffentlichung dargelegt, wie sie sich eigentlich für alle Töchter ergibt.
Nach drei Wochen Bedenkzeit willigte sie in das Interview ein. Ein intensives, mehr als vier Stunden dauerndes Gespräch habe ich auf Tonband aufgenommen. Bevor sie dann – wiederum einige Wochen später – das Manuskript las, bat sie mich, es nicht zu veröffentlichen. In schlaflosen Nächten sei ihr klar geworden, daß sie das ihrem Vater nicht antun könne. »Er lebt doch weiter in den Kindern.« Und: »Das Gespräch war für mich eine Art Therapiestunde, vielleicht auch nur Rache am Vater. Ich habe doch selbst nicht gewußt, was dabei herauskommt. Ich kann sein Bild in unseren Kindern nicht zerstören. Auch wenn er nicht erkannt werden kann, es ist doch Verrat.« Und ganz leise sagte sie noch:
»Vielleicht habe ich immer noch Angst vor ihm.« Die Tochter ist 43 Jahre alt, ihr Vater ist vor fünf Jahren gestorben.
Die vielleicht grausigste Geschichte hat drei Monate nach dem Interview noch eine dramatische Zuspitzung erfahren: Die Frau dieses Vaters hat sich erhängt. Keines der fünf Kinder, die inzwischen alle verheiratet waren, wollte zu der schon lange klagenden Mutter damals zurückgehen, denn alle waren froh, der Hölle des Vaters entkommen zu sein. Allein aber hat die Mutter die Qualen nicht mehr ertragen

können. Die Kinder würden ihrem Vater gern die Wahrheit darüber sagen, weshalb sich ihre Mutter das Leben genommen hat, aber keines von ihnen wagt es.

Väter haben keinen Einfluß auf ihre Töchter – sie haben Macht über sie! Ich rede hier nicht von den wunderbaren Ausnahmen, zu denen ich auch schon den Vater rechne, der sich kaum um seine Kinder kümmert und zu Hause alles irgendwie laufen läßt, der daher auch keinen repressiven Druck ausübt.
Und ich rede auch nicht von den zärtlichen Wunderpapis, die ihre Töchter vergöttern. Auf meiner Fragetour im Münchner und Frankfurter Raum habe ich keine einzige »Vergötterte« getroffen.

Ich rede hier über *die* Väter, die schrecklichen. Jede Tochter, wie sehr sie auch gequält, geschunden, gedemütigt wurde, jede Tochter ist nach wie vor bereit, dem Vater zu verzeihen. Ihr Leben lang sehnt sie sich nach seiner Liebe, nach seinem Verständnis. Jede Tochter braucht ihren Vater. Er verkörpert (nach wie vor) das Draußen, das Wissen, die Umwelt. Vater ist Orientierung. Vater ist die Qualitätsinstanz für Leistung und Beruf. Und er ist derjenige, der heimlich, weil oftmals unbewußt, den Maßstab für die Wahl des Mannes oder Partners setzt.
Väter sind Götter. Weil sie nicht da sind, werden sie bewundert. Über den Umweg der Mutter üben sie Macht auf ihre Töchter aus. Wenn die erwachsenen Töchter dann meinen, ihren Mann zu suchen, halten sie Ausschau nach dem lieben Gott und finden ihren Vater.
So ein göttlicher Vater war auch Herr Mangold, der Vater von Ilona (Seite 101). In ihren ersten Lebensjahren, den Kriegsjahren, war er nicht zu Hause, nur ein paar kurze Urlaubstage, in denen er auf das kleine Mädchen wie eine himmlische Erscheinung wirkte.
Ilona hat ihr Leben lang von dem großen, zärtlichen Vater geträumt, der sie (und nicht ihre Mutter) auf Händen trägt. Dieser Traum hat sich nicht erfüllt, sie träumt ihn heute

noch. Zwei Ehemänner haben ihrem äußerlichen Ideal (Stärke und Macht) entsprochen. Ihre Erwartungen an den Charakter aber blieben unerfüllt. Sie ist zweimal geschieden. Nach Nervenzusammenbrüchen und mit schweren Depressionen ging sie zum Psychiater. Nach zwei Jahren mußte der Arzt aufgeben. Sie ließ sich ihren Traum nicht nehmen, auch von ihrem Helfer nicht. (»Ich seh' nicht ein, warum ich mich mit Mittelmäßigkeit abgeben soll.«) Weil sie den Vater nur abwesend »erlebt« hat, konnte sie dieses Traumbild, diesen Illusionsmann aufbauen. Hätte sie ihn in seiner Hartherzigkeit, in seiner »Vaterunfähigkeit« beständig erlebt, ihr Bild vom Mann wäre heute realistischer. Solange sie sich weigert, das zu erkennen, solange wird sie zum Träumen und damit auch zum Scheitern ihrer Beziehungen verurteilt sein.

»Humanität ist Menschlichkeit, die sich ihrer selbst bewußt ist und sich äußert als Anerkennung der menschlichen Würde eines jeden Menschen.« Das schrieben Väter 1916 in Kröners Philosophisches Wörterbuch.
Es gab Mütter und Töchter, denen diese Würde versagt geblieben ist. Die uneheliche Tochter eines verheirateten Vaters bat um seine Hilfe, bettelte um sein Erscheinen. Er kümmerte sich nicht darum. Er kam nicht, mehr als dreißig Jahre lang. Als er dann erschien, bat *er* um Mitlied.
Die Geschichte der Monika Morgner (S. 129) läßt ahnen, daß da viele traurige Erlebnisse verdrängt wurden. Ihre Mutter mußte das kleine Kind in der chaotischen Nachkriegszeit allein aufziehen, ohne Hilfe oder Unterstützung von der Familie. Bis heute hat Monika einen guten Kontakt zu ihrer Mutter, von der sie als kleines Kind in einem Anfall von geistiger Umnachtung mit dem Brotmesser bedroht wurde. Um ihr Dasein für sich zu verarbeiten, hat Monika ihre Geschichte wiederholt. Sie hat vor zehn Jahren eine uneheliche Tochter geboren. Wie ihr Vater, so ist auch der Vater ihrer Tochter verheiratet und lebt mit seiner Familie im Ausland. Monika hat dieses Kind bewußt gewollt. Die

erste Schwangerschaft endete mit einer Fehlgeburt. Tieftraurig reiste sie zu ihrem Freund und fuhr wieder schwanger von ihm nach Hause.
Monika ist nach wie vor bekümmert über die Umstände mit ihrem Vater – sie hätte so gern Kontakt mit ihren »Geschwistern« – aber sie hat ihr seelisches Gleichgewicht gefunden, wovon auch das heitere, aufgeschlossene Wesen ihrer Tochter zeugt.

Auch ein Kind, das seinen Vater niemals gesehen hat, ist nicht bereit, auf ihn zu verzichten. Die Tochter lebt damit in ihren Träumen. Ähnlich wie Monika, so hat auch Gabriella Marcks (S. 41) ihren Vater angehimmelt. In ihrer Kindheit war er der Retter aus der materiallen Not, in der Pubertät wurde er der Geliebte, und als sie erwachsen war, aber immer noch vom Vater träumte, tauchte dieser erstmalig als Zerfallserscheinung in ihren Träumen auf. Erst dann begriff sie wirklich, daß er tot war, und begann sich von ihm zu lösen.

E. Mavis Hetherington, Professorin für Psychologie an der Universität von Virginia, hat die erste ausführliche Untersuchung über Mädchen ohne Vater durchgeführt. Und sie hat herausgefunden, was man eigentlich als logisch empfindet: Mädchen, die ihren Vater durch Scheidung verlieren, verhalten sich anders, als Mädchen, deren Väter gestorben sind. Frau Hetherington schreibt:
»Bei Mädchen, deren Väter gestorben sind, zeigen sich erhebliche sexuelle Ängste, Schüchternheit und deutliches Unbehagen in Gegenwart von Männern.« Die Geschichte der Gabriella Marcks (S. 41) ist, so meine ich, ein eindrucksvoller Beweis dieser Aussage.
Und sie sagt auch: »Bei Mädchen, die den Vater durch Scheidung verloren haben, zeigen sich dagegen sexuelle Spannungszustände, die sich in auftrumpfendem, herausforderndem Verhalten äußern, wenn Männer oder gleichaltrige Jungen in der Nähe sind.«
Und für beide Gruppen von Mädchen ist es besonders tra-

gisch, so meint Frau Hetherington, wenn sie den Vater vor Vollendung ihres fünften Lebensjahres verlieren. Diese Mädchen verlangen nach harten Strafen und befürworten, daß sich andere einschränken. Sie entwickeln »prosoziale Aggressivität«, die man bei Frauen als »männliche Härte« empfindet. Diese Mädchen und Frauen sind mehr als andere auf Anerkennung angewiesen. Sie haben häufig früher körperlichen Kontakt mit Männern als andere Frauen.

Maria Birnkamer, die in ländlicher Idylle als Bauernmädchen mit ihrem brummigen und muffelnden Erzeuger aufgewachsen ist, der z. B. als Mißfallenskundgebung das Essen vom Teller gestoßen hat, kann sich nicht erinnern, ein einziges Gespräch mit ihrem Vater geführt zu haben. Durch das Leben mit diesem »Klotz« war es ihr nicht möglich, emotionale Sicherheit und Fähigkeiten im Umgang mit männlichen Freunden oder Partnern zu entwickeln.
Auch die sich dem Tyrann fügende Mutter konnte ihr nicht beistehen. Maria und ihre Geschwister durften Haus und Hof nicht verlassen, es war ihnen untersagt, zu den Nachbarn zu gehen. Es gab keine Spiele, keinerlei Kontakte mit anderen Kindern.
Der Vater, der kein Vater war, hat ihr jegliche Zärtlichkeit und Orientierungshilfe versagt, hat ihr keine Chance gelassen, Vertrauen zu erlernen. Sie scheitert in jeder Männerbeziehung, weil sie sich wie eine Ertrinkende klammert und damit eine Bindung unmöglich macht.
Nur sehr mühsam hat sie durch Kontakte am Arbeitsplatz ihre Scheu und auch ihre Verschlossenheit langsam überwinden können. Aber wenn sie allein an den Wochenenden ist, da kriecht immer wieder die lähmende Angst in ihr hoch. (»Ich hab' da immer Panik, immer so eine innere Unruhe.«)

Bis auf drei Geschichten in diesem Buch haben mich eigentlich alle betroffen gemacht, bei einer konnte ich sogar lachen: bei der Geschichte der Jani Mittler. Es ist kaum zu glauben, aber ihr Vater ist der Stiefvater. Als Kind hat sie ihn »gehaßt«, weil sie glaubte, er raube ihr und ihrem Bru-

der die Mutter. Nach Jahren, als die Proteste und der Widerstand der Kinder für den Vater unerträglich wurden, hat er sich seiner Stieftochter an einem Weihnachtstag mitgeteilt und damit für immer ihre Liebe und Anerkennung gewonnen. Dieser Vater, Jahrgang 1921, fast zwei Meter groß, erfolgreich und angesehen im Beruf, hat sich nicht gescheut, in den Armen seiner 15jährigen Stieftochter weinend zusammenzubrechen. Er hat das Entgegenkommen des Mädchens gespürt, hat sich einfühlsam in ihre Lage versetzt und konnte plötzlich frei heraus reden. Und das Mädchen hat sofort begriffen: »Ich spürte, daß das ehrlich war. Er hat sich mir gezeigt, und dadurch konnte ich mein Herz für ihn erwärmen.« Die Eiswand zwischen den beiden war für immer geschmolzen.
Er hat nicht reagiert, wie das für diese Vätergeneration (und noch für viele spätere) normal gewesen wäre. Er hat nicht gepoltert, vielleicht in der Weise von solchen Reden: »Ich denke nicht daran, vor so einer frechen Göre zu kuschen.« Wenn doch alle Väter auf der Welt wüßten, daß sie um ihre (natürliche) Autorität bei den Töchtern nicht fürchten müßten! Und erst recht dann nicht, wenn sie Schwäche zeigen und ehrlich sind. Im Gegenteil: Jeder Vater könnte lebenslang mit Liebe und Solidarität rechnen, solange sie ihren Töchtern Anerkennung nicht versagen und deren Würde nicht verletzen.

Verhalten klingt das Problem in der Geschichte der Judith Mann (S. 145) an, massiv zeigt es sich bei Inge Wohlfahrt (S. 89): Sexueller Kindesmißbrauch durch Väter. Wenn ich an die angstvollen Augen der Frauen denke, die ihre Geschichte nicht erzählen wollten, liegt es nahe, wenigstens bei einigen, eine schreckliche Wahrheit zu vermuten: den Vater-Tochter-Inzest. Er ist die verbreitetste Form von Inzest. Die Amerikanerin Florence Rush hat sich mit diesem Problem in ihrem Buch *Das bestgehütete Geheimnis: Sexueller Kindesmißbrauch* ausführlich beschäftigt. Sie schreibt: »Dr. S. Kirson Weinberg stellte in seiner Untersuchung

*Incest Behavior* fest, daß von 204 untersuchten Fällen 164 Vater-Tochter-, 76 Bruder-Schwester- und 2 Mutter-Sohn-Inzest waren.«

Ich weiß nicht, was schlimmer ist, wenn ein Vater seine Tochter vergewaltigt, oder sie von einem Freund, wie bei Inge Wohlfahrt, vergewaltigen läßt. Was geht in den Vätern vor, die ihren Töchtern dafür auch noch Geld geben (»Du bekommst ab jetzt mehr Taschengeld.«)?

»Die Töchter schweigen nicht mehr«, schrieb Alice Miller in einem Brigitte-Sonderheft. Und viele Töchter, die das lasen, haben erschütternde Briefe an die Redaktion geschrieben, die von Angelika Gardiner-Sirtl zu einem Buch zusammengestellt wurden. Ich würde mir wünschen, daß diese Briefe nicht nur Frauen lesen. Daß auch Männer begreifen, daß die Verführung kleiner Mädchen kein Kavaliersdelikt ist. Verheerend und nicht wieder gutzumachen sind die seelischen Verwüstungen, die in den Kindern angerichtet werden.

Alice Miller schreibt: »...die Folgen eines sexuellen Mißbrauchs beschränken sich nicht nur auf die Schwierigkeiten im Sexualleben: Sie *behindern die Entwicklung des Selbst* und beeinträchtigen die Bildung eines autonomen Charakters.«

»Inzestopfer finden nicht nur wenig Aufmerksamkeit oder Mitgefühl bei anderen, sondern werden meistens auch noch für das Verhalten inzestuöser Väter verantwortlich gemacht«, schreibt Florence Rush. Und sie meint weiter: »Die ... Vorstellung von der sexuellen Schuld der Frau ist so weit verbreitet, daß die wenigen von der Justiz gefaßten inzestuösen Väter sich oft rechtfertigen, sie seien von ihren Töchtern verführt worden, selbst wenn die Töchter erst neun Jahre alt sind, und hätten nicht widerstehen können, weil ihre Frauen ›einfach nicht beikamen‹. Töchter, die Opfer wurden, sind sogar überzeugt, daß sie für die sexuellen Vergehen an ihnen verantwortlich sind; sie nehmen of die Schuld auf sich, die den Vätern zukommt. ... Anstatt zu vergeben und zu vergessen, würde es schon weiterhelfen, wenn der inzestuöse Vater bloßgestellt würde und für sein

Handeln einstehen müßte. Wenn er für das ›Grauen‹, das wir zu erleben behaupten, verantwortlich gemacht werden könnte und wenn die Bloßstellung genug Schuldbewußtsein in ihm hervorriefe, um ihn zu zügeln, dann wäre dies in der Tat ein Fortschritt.«

Wie sehr Töchter bemüht sind (fast möchte ich sagen: verdammt sind), ihre Väter von Schuld zu befreien, zeigt noch einmal deutlich die Geschichte der Judith Mann. Ihr war es ein Anliegen, über die dunkle Vergangenheit des Vaters zu sprechen. Sie versuchte, diese zu erhellen, indem sie sich intensiv in den Zeitgeist seiner Jugend und in seine Erziehung versetzte.

Solange Kinder durch ihre innere Not gezwungen sind, sich »verstehend« in die Kindheit ihrer Erzieher zu versetzen, solange kann man sicher sein, daß es diese Erzieher versäumt haben, sich in die Seele ihres Kindes zu versetzen. Sie haben ihre Kinder als Eigentum mißbraucht und die Schmerzen der eigenen Kindheit an sie weitergegeben.

Ich kann nur immer wieder Alice Miller zitieren, die sich als Psychoanalytikerin mit diesem Problem auseinandergesetzt hat. Sie schreibt: »Es gibt neben den sexuellen noch andere Formen der Vergewaltigung des Kindes, so z. B. diejenige mit Hilfe der Indoktrinierung, die sowohl der ›antiautoritären‹, als auch der ›guten‹ Erziehung zugrundeliegt. In beiden Erziehungsformen können die wahren Bedürfnisse des Kindes auf seiner jeweiligen Entwicklungsstufe nicht wahrgenommen werden. Sobald das Kind als Eigentum erlebt wird, mit dem man bestimmte Ziele vorhat, sobald man sich seiner bemächtigt, wird sein natürlich bedingtes Wachstum gewaltsam unterbrochen.« Kritiker haben über Alice Miller gesagt, sie deckt auf, analysiert hervorragend, aber sie weiß keinen Rat. Dabei zeigt sie in allen ihren Veröffentlichungen – vor allem durch die ausführliche Schilderung von Beispielen – was notwendig ist, um mit Verständnis ein Kind aufwachsen zu lassen: Respekt und Achtung. Einfach und ohne Umschweife sagt sie: »Damit wir die unbewußte Vergewaltigung und Diskriminierung des Kindes vermeiden können, muß sie uns zunächst überhaupt zum bewußten Erlebnis werden. Erst eine *Sensibilisierung für die feinen und subtilen Arten der Demütigungen* eines Kindes könnte uns helfen, den *Respekt* für das Kind zu entwickeln, den es vom ersten Tag seines Lebens an braucht, um seelisch wachsen zu können. Es gibt verschiedene Wege, um diese Sensibilisierung zu erreichen, z. B. *Beobachtung* von Situationen mit fremden Kindern, in denen man versucht, sich in das Kind einzufühlen.«

Marianne Niedermeier (S. 203) ist unmittelbares Opfer grausamer Pädagogik. Ihr Vater wurde in einer Zeit erzogen, in der die in hohen Auflagen erschienenen Erziehungsbücher des Dr. Schreber die Züchtigung des Säuglings empfahlen, damit das Böse rechtzeitig ausgetrieben werde. Ich habe sie in einer Frauengruppe kennengelernt, als sie es wagte, zum erstenmal allein (ohne ihren Mann) aus dem Haus zu gehen. Wenn man sie kaum beachtete, schien sie eine ganz normale junge Frau zu sein. Aber wer sie ansprach und nur die harmlose Frage »Wie geht's dir?« an sie richtete, mußte mit ansehen, wie sie diese Frage förmlich erschütterte. Sie brachte damals kein Wort heraus. Unaufhaltsam liefen ihr nur die Tränen aus den geröteten Augen. Durch die Gruppe und später dann durch eine Verhaltenstherapie gewann sie ein bißchen Sicherheit. Nach einem Jahr schon begann sie zu sprechen. Bald wurde sie rückhaltloser und offener als jede andere in der Gruppe. (»Ich muß das alles einmal loswerden. Das muß alles einmal aus mir raus.«) Marianne ist mit Hiebe statt mit Liebe aufgewachsen. Mit unglaublicher Kraft und eisernem Willen zu einem normalen Leben hat sie sich selbst, ihre Ehe und auch ihr Kind gerettet. Sie gibt die Schläge, die sie bekommen hat, nicht weiter. Durch die Beschäftigung mit sich selbst und die später gewonnene Einsicht, daß es an ihr ist, den Teufelskreis der Verhaltensweisen, die die Eltern ihren Kindern immer wieder weitervermitteln, zu durchbrechen.
Hiebe statt Liebe. Eine ordentliche Tracht Prügel hat noch

keinem geschadet. Ein bißchen Hiebe gehört zur ordentlichen Erziehung. Eine gesunde Ohrfeige zur rechten Zeit schafft Klarheit. – Das sind Meinungen, die auch heute noch schlagkräftig vertreten werden, von Erziehern, die keine sind, nämlich von Eltern.

Da können sich Psychologen, Pädagogen und Erziehungswissenschaftler ihren Mund fransig reden und stetig kluge Bücher zu diesem Thema schreiben, das Austeilen von Prügeln konnten sie noch nicht abschaffen. Prügeln wird nach wie vor als ein normales Erziehungsmittel angesehen. Und das nicht nur von Alt- und Neo-Nazis tief in der Provinz. Junge Lehrerinnen aus Großstädten treten für Hiebe ein, und sie schämen sich nicht, das offen zuzugeben. Eine junge Pädagogin aus Wien, Mutter eines kleinen Kindes, rief in einer aktuellen Erziehungssendung des österreichischen Rundfunks an, um sich öffentlich zu Hieben als Erziehungsmittel zu bekennen.

Ihre Kinder verprügelnde Eltern rechtfertigen ihre Schläge mit dem Argument, ihnen hätten diese Schläge auch nicht geschadet. Einerseits unterliegen sie hier einer groben Selbsttäuschung: Wären sie selbst nicht geschlagen worden, wären sie nämlich freundliche Mitmenschen und keine Kinderschläger geworden. Andererseits ist es grundsätzlich ein Armutszeugnis für jeden Menschen, Schwächere zu quälen.

Der Deutsche Kinderschutzbund befürchtet, daß die Mißhandlungen an Kindern mit der zunehmenden Arbeitslosigkeit schlimmer und noch zahlreicher werden.

Als ob 80000 Fälle von schweren Mißhandlungen jedes Jahr in der Bundesrepublik nicht schon zuviel sind. 120 Kinder wurden im Jahr 1982 von ihren Eltern zu Tode gequält. 80 Prozent aller Kinder in der Bundesrepublik fühlen sich von ihren Eltern unverstanden. Und 49 Prozent der Kinder zwischen sechs und zehn Jahren sind verhaltensgestört.

Der Vorsitzende vom Deutschen Kinderschutzbund, Prof. W. Bärtsch, sagte in einem Interview: »...daß Kindesmißhandlungen seit langer Zeit ein fester Bestandteil der Erziehung in der Familie sind.« Und Prof. U. Köttgen von der

Universitätskinderklinik in Mainz sagte zum Thema Kindesmißhandlungen: »...daß die Dunkelziffer bei diesem Delikt ungewöhnlich hoch liegt und nach üblicher Schätzung höchstens fünf Prozent der Fälle vor den Strafrichter kommen.«
Wie verzweifelt müssen die Kinder sein, die sich selbst umbringen, weil sie es zu Hause nicht mehr aushalten?
Wie rücksichtslos lassen Eltern ihre Kinder seelisch verwahrlosen, daß schon Zehnjährige »aus Langeweile« Diebesbanden gründen?
Wie schrecklich ist das Leid der Kinder, die Jahr für Jahr den Zeugnis-Terror ihrer Eltern ertragen müssen und sich am »Tag der Wahrheit« nicht nach Hause trauen?
Mehr als die Hälfte der interviewten Töchter sind von ihren Vätern geschlagen worden. Teilweise ungewöhnlich brutal und ohne Rücksicht darauf, daß sie mit 17 oder 18 Jahren schon junge Frauen waren. Drei von ihnen haben mich inständig gebeten, nichts darüber zu schreiben, weil man an der spezifischen Art der Schläge die Person identifizieren könne. Ich glaube aber, daß es nach wie vor Angst und auch die große Scham ist. Angst und Scham verhindern, daß Kindesmißhandlungen angezeigt werden. Angst und Scham ermöglichen, daß hilflose Eltern ihre angestauten Aggressionen auf ihre Kinder widerstandslos abwälzen können.
Und es gibt keine Institution auf der Welt, die dazu da ist, diese Ungerechtigkeit den Eltern bewußt zu machen. Es gibt keine Möglichkeit in unserer Gesellschaft, aus unwissenden Kinderquälern sensible Eltern zu machen. Prof. Bärtsch sagt dazu: »Es ist ein Phänomen unserer Gesellschaft, daß die Kindererziehung von Autodidakten vorgenommen wird. Die Mehrzahl der Eltern versteht nichts oder nur sehr wenig von Kindererziehung.«
Nicht alle Väter schlagen, aber fast alle Väter versäumen es, von Anfang an eine Beziehung zu ihrem Kind zu entwickeln. Wer nicht von der Geburt seines Kindes an mit ihm in einem ihm gemäßen Dialog steht, um seine echten Bedürfnisse wahrzunehmen, bekommt niemals Einfluß auf sein Kind. Einflußlose Erzieher aber fühlen sich hilflos. Der hilfslose

Vater ist fortan auf Macht angewiesen. Er kann kein Gespräch mit seinem Kind führen, er kann folglich nur Verbote austeilen. Er muß schlagen, weil er mit seinem Kind nicht sprechen kann. Er haut zu, weil er sich nicht bemüht hat, sein Kind von Anfang an zu verstehen.

Töchter brauchen Väter!
Wenn Väter wüßten, wie lebensnotwendig ihr Spiel, ihre Zuwendung für ihre Kinder ist, sie könnnten nicht mehr ruhigen Gewissens am Stammtisch sitzen, am Wochenende unter dem Auto liegen oder sich mit »Hobbys« vom Leben entfernen. Töchter brauchen Väter. »Ihr Beitrag zur sozialen und intellektuellen Entwicklung des Kleinkindes ist erheblich, wenn auch ganz anders als der der Mutter. Der Vater ist also nicht nur ein schwacher Ersatz, wenn die Mutter mal ausfällt. Er hat ganz eigene Möglichkeiten, auf die Pflege und Entwicklung von Babys und Kleinkindern Einfluß zu nehmen.« Das schreiben Prof. Ross D. Parke und Prof. Douglas B. Sawin, beide Psychologen an verschiedenen Universitäten in Amerika, die vor fast zehn Jahren begannen, die Beziehungen von Vätern zu ihren Kindern zu untersuchen.
Töchter mit positiven Vater-Beziehungen sind selbstbewußter als Töchter mit negativen Vater-Beziehungen. Nach meinen Gesprächen mußte ich sogar feststellen, daß Töchter mit negativen Beziehungen lieber keinen Vater hätten. Es würde sie nicht berühren, wenn der Vater stürbe. Eine Frau, die mich bat, ihre Geschichte nicht zu veröffentlichen, sagte: »Ich habe mich richtig gefreut, als mein Vater starb! Das ist die Wahrheit. Warum sollte ich auch Trauer empfinden?«

Töchter brauchen liebevolle Väter.
Parke und Sawin schreiben hierzu: »Kinder, bei denen der Vater aktiv in Erscheinung tritt, fühlen sich wohler in Gesellschaft anderer Menschen – das kann man bereits bei Babys im Alter von fünf Monaten feststellen. Sie sind ruhiger und zufriedener, wenn Fremde um sie herum sind, aber

auch wenn sie alleine sind. Wenn beide Elternteile sich intensiv dem Neugeborenen zuwenden, verteilen sich nicht nur die Lasten, sondern das Kind kommt so auch mit mehr Personen zusammen und gewöhnt sich leichter an fremde Gesichter. Kulturübergreifende Untersuchungen haben ähnliche Ergebnisse gebracht: Ob in Guatemala oder Uganda, Babys werden besser mit fremden Situationen und fremden Menschen fertig, wenn der Vater aktiv an Pflege und Erziehung beteiligt ist. – Untersuchungen haben auch ergeben, daß Väter und Mütter auf ganz unterschiedliche Weise die intellektuelle Entwicklung ihrer Kinder beeinflussen. Der Vater leistet seinen wichtigsten Beitrag zur kognitiven Entwicklung des Kindes durch die Art seines Spielens, die Mutter durch Art und Umfang ihrer Anregung im Gespräch.«

Der Vater ist der erste Mann im Leben seiner Tochter. Ob er will oder nicht, ob er sich liebevoll oder brutal gibt, ob er da ist oder sich entzieht, in seiner Tochter prägt er dennoch das Bild »vom Mann«.

Im Laufe ihres Lebens gelingt es vielen Töchtern, das zwanghafte, aber nicht gewollte Vorbild in sich zu unterdrücken. Selbständig erlernen sie einen Beruf, halten die Emanzipation der Frau nicht nur für selbstverständlich, sie leben auch danach und staunen, wenn sie heiraten und Kinder kriegen. Was ich an mir selbst erfahren mußte, bestätigen auch Parke und Sawin, die sich auf eine kalifornische Untersuchung beziehen: »Die Ankunft eines Kindes wirft – so scheint es – selbst Eheleute, die Gleichberechtigung praktiziert haben, auf traditionelle Rollen zurück.«

Die gehorsame Tochter würde sich schuldig fühlen, wenn sie nicht Kind und Mann nach traditionellem Vorbild versorgen würde. Und schon ist sie von dem erfaßt, was Betty Friedan den »Weiblichkeitswahn« nennt: die Einsicht, daß Kochen, Waschen, Putzen und Gebären ihre natürliche Aufgabe sei. Die gehorsame Tochter ist sogar bestrebt, die Anerkennung, die ihr der Vater versagt hat, durch besonders viel Schrubben, Sticken, Backen nun endlich von ihrem Mann zu holen. Und der Mann, vielleicht sogar um demokratisches

Partnerverhalten bemüht, fühlt sich in die alte Dominanzrolle gedrängt. Und alles ist wieder beim alten!

Colette Dowling hat in ihrem Buch *Der Cinderella-Komplex* auch eine wesentliche Crux der Frauenbefreiung dargestellt: Es ist die heimliche Angst der Frauen vor der Unabhängigkeit. Die Amerikanerin, Mutter von drei Kindern, sagt: »Die äußeren Schranken haben wir übersprungen: Frauen dürfen wählen, Geld verdienen, sogar in der Öffentlichkeit Macht ausüben. Warum aber, so fragt die Journalistin, nehmen nur so wenige Frauen all ihre Chancen wahr? Warum nützen Frauen soviel seltener ihre Begabungen? Und warum kehren selbst die Erfolgreichsten abends in eine ungleiche Partnerschaft zurück? Weil wir uns insgeheim noch immer nach Beschützung und Versorgung sehnen, weil wir die inneren Schranken noch nicht überwunden haben... Wie Aschenputtel im Märchen wartet auch die heutige Frau noch auf den rettenden Prinzen – sie leidet am Cinderella-Komplex. Die verborgene Sehnsucht nach Abhängigkeit, von kleinauf anerzogen, lebt als Ängstlichkeit fort, bis noch die begabte Erwachsene einen starken männlichen Partner sucht, der ihr die wichtigsten Entscheidungen abnimmt.«

Wie unendlich tief die Sehnsucht nach Abhängigkeit, wie unüberwindlich der Weiblichkeitswahn und wie verhängnisvoll die Angst vor unserem Vater in uns sitzt, zeigt auch, in welcher Art von Lektüre wir uns Bestätigung suchen: Jede Woche kaufen Töchter und Mütter von Töchtern mehr als zwanzig Millionen Exemplare von aktuellen Neuigkeiten über Prinzessinnen. Dazu kommen noch viele Millionen Exemplare Liebes- und Schicksalsromanheftchen.
Und die Frauen der Zukunft, nämlich unsere erwachsen werdenden Töchter, lesen die abscheulichen Geschichten von Nesthäkchen, Trotzkopf und Pucki. Das sind – man glaubt es kaum – nach wie vor stille Bestseller. Ute Naumann hat für die ZEIT (Nr. 20/83) geschrieben: »Diese gräßliche Geschichte, *Trotzkopf* Band 1, habe ich vor über

dreißig Jahren verschlungen. Aber ich fürchte, daß ich sie damals so gräßlich gar nicht fand. Für uns Mädchen war es damals schon in Ordnung, daß so einem wilden, vorlauten, aufmüpfigen Trotzkopf eine gefälligere Form angepaßt wurde. Wenn Ilse sich gegen die Machthaber Eltern auflehnte, dann fanden wir das insgeheim zwar prima, weil es unsere stillen Sehnsüchte ansprach. So motzig und eklig wollten wir auch gern mal sein. Aber, daß sich sowas für ein Mädchen eigentlich nicht gehört, das war auch klar, das predigten sie uns daheim notfalls täglich... Daß in *Trotzkopf* vier umfangreiche Bände hindurch an einem Mädchen- und Frauenbild voller Demut, Dummheit und Unterwürfigkeit gestrichelt wurde, das hat uns damals nicht beschäftigt und auch nicht aufgeregt. ›Was kommt's bei einem Mädchen darauf an!‹ sagt Trotzkopfs Vater. ›Eine Gelehrte soll sie nicht werden; wenn sie einen Brief schreiben kann und das Einmaleins gelernt hat, weiß sie genug‹, heißt es in Band 1. In Band 2 sagt Bräutigam Leo zur Braut Ilse gleich auf der ersten Seite: ›Ich bin Beamter und habe Rücksichten zu nehmen. Das ist nun einmal nicht anders, und da wird sich meine kleine Frau auch fügen müssen.‹
Dieser einlullende Schwachsinn zieht sich über alle Seiten. Und er ist so gefragt bei unseren Teenies, daß wir Mütter uns nicht mit Kopfschütteln begnügen dürfen, sondern uns ernsthaft fragen müssen, was hier schief gelaufen ist.«

Die Verleger der Blätter mit Prominentenklatsch und Berichterstattung von Königinnen reiben sich zwar die Hände, aber sie sind auch fassungslos: Laufend bringen sie neue »Frauenblätter« heraus, und sie verkaufen sich herrlich. Der Markt für Verblödungsmöglichkeiten scheint unersättlich zu sein, denken sie, und vielleicht ahnt man in den Verlagsredaktionen auch, was dahinter steckt: Diese Zeitschriften decken kein Informationsbedürfnis, sie befriedigen (kurzfristig) und steigern (langfristig) eine Sucht.
Es ist die Sucht der Sehnsucht, der Sehnsucht nach der heilen Welt. Für ein paar Stunden kann man sich identifizieren

mit den Erfolgreichen und Berühmten. Man muß auch nicht – wie beim Lesen eines anspruchsvollen Buches – über unbekannte Worte und Inhalte nachdenken. Die Produkte der Regenbogenpresse sind so einfach geschrieben, daß Zehnjährige mühelos alles verstehen. Passiv taucht man ein in eine Welt, die weder Verantwortung noch Entscheidung von einem verlangt. Man lullt sich ein, konsumiert Frauenhasch. Jede Woche einige -zig Millionen Portionen. Man darf sich dann also über »Pucki-Töchter« nicht wundern.

Hat sich denn nichts geändert? Ist die befreite Frau auch heute noch eine kleine Minderheit? Denn auch die (anscheinend) unabhängige Frau von heute hat noch »Pucki-Wünsche«:

Wenn ich mit Frauen spreche oder auch nur Heiratsinserate von Frauen lese, fällt mir der immer wiederkehrende Wunsch nach der starken Schulter, nach Geborgenheit auf. Es ist die Sehnsucht, von der die finanziell unabhängige Ärztin genauso befallen ist, wie die Hausfrau ohne Beruf oder die Tochter von dem Bauernhof. Das ist die Sehnsucht, die uns abhängig macht. Solange wir Macht bewundern, Stärke und Geborgenheit suchen und Angst vor dem Alleinsein haben, solange werden wir unfrei sein, über Depressionen jammern und im Extrem zur Flasche oder Tablette greifen.

Ich lehne nicht das schöne Gefühl von Geborgenheit ab (das ergibt sich in einer guten Beziehung sowieso), sondern die ausdrückliche Suche danach. Ich muß mir bewußt machen, daß ich für die Erfüllung dieser Sehnsucht nach Geborgenheit wahrscheinlich auch bereit bin, mein Streben nach Unabhängigkeit aufzugeben.

Ich muß mir als gehorsame Tochter bewußt machen, daß ich mich gegen die angestrebten Ziele meiner Indoktrinatoren (= Eltern) wehren muß, das heißt, ich muß die mir eingepflanzte Rolle erkennen und überwinden. Die gehorsame Tochter muß lernen, ungehorsam zu sein: ungehorsam gegen sich selbst, ungehorsam gegen ihre Erziehung.

Erich Fromm schreibt in seinem Buch *Über den Ungehorsam:* »Um ungehorsam zu sein, muß man den Mut haben, allein zu sein, zu irren und zu sündigen. Die Fähigkeit zum Mut hängt aber vom Entwicklungsstadium des Betreffenden ab. Nur wenn ein Mensch sich vom Schoß der Mutter und den Geboten des Vaters befreit hat, nur wenn er sich als Individuum ganz entwickelt und dabei die Fähigkeit erworben hat, selbständig zu denken und zu fühlen, nur dann kann er den Mut aufbringen, zu einer Macht nein zu sagen und ungehorsam zu sein.
Ein Mensch kann durch den Akt des Ungehorsams, dadurch, daß er einer Macht gegenüber nein sagen lernt, frei werden; aber die Fähigkeit zum Ungehorsam ist nicht nur die Voraussetzung für Freiheit – Freiheit ist auch die Voraussetzung für Ungehorsam. Wenn ich vor der Freiheit Angst habe, kann ich nicht wagen, nein zu sagen, kann ich nicht den Mut aufbringen, ungehorsam zu sein. Tatsächlich sind Freiheit und Fähigkeit zum Ungehorsam nicht voneinander zu trennen.«
Das hat Erich Fromm natürlich auch für Söhne geschrieben, aber wir Töchter haben noch mehr Gründe, uns diese Sätze zu Herzen zu nehmen. Wir brauchen Vertrauen in uns selbst. Selbstvertrauen bekommt, wer Passivität überwindet, aktiv wird und erfährt, daß Fehlermachen dazu stimuliert, es richtig zu machen. Im Ungehorsam gegen unser Selbst, in der Revolte gegen die uns eingepflanzten Sehnsüchte, im Überwinden unserer Selbstunterdrückung liegt der Schritt in die Freiheit.

Karin Arndt

PS Wenn wir in zwanzig Jahren noch leben sollten, würde ich dieses Buch gern noch einmal neu schreiben, um mir von Töchtern die Hoffnung bestätigen zu lassen, daß der Kafka-Brief dann keine Gültigkeit mehr hat.

Nur eine Sittlichkeit gibt es, nämlich die Wahrheit, und nur ein Verderben, nämlich die Unwahrheit.

*Ernst Freiherr von Feuchtersleben*
(1806 – 1849)

# Auch heute noch ist er für mich ein fremder Mensch.

*Marina Richter, 27 Jahre alt, Angestellte und Studentin.*

Da sitze ich auf seinen Schultern. Wir gehen spazieren. Er trägt eine sehr schöne, eine mittelbraune Jacke mit Holzknöpfen. Mein Vater war ein schlacksiger Typ mit Brille und Glatze. Ich kenne ihn nur mit Glatze. Meine Zwillingsschwester saß auch auf seinen Schultern. Wir haben immer abgewechselt.

Das ist für mich noch heute eine schöne Kindheitserinnerung, vom Vater auf den Schultern getragen zu werden.

Als ich meinen Vater zum letzten Mal gesehen habe, war ich sehr erschüttert. Er hatte eigentlich alles verloren, was ich als Kind an ihm mochte. Ich bin vor acht Jahren von zu Hause ausgezogen und habe seither meine Eltern nur alle zwei Monate gesehen. Innerhalb von acht Wochen merkt man schon, ob sich die Leute verändern oder nicht. Da stand dann vor mir ein gebrochener Mann, einer, der fertig ist.

Er hat mir geholfen, Regale in meiner Wohnung aufzustellen. Er ist Schreinermeister und hat einen eigenen Betrieb. Er war körperlich kaputt, obwohl er erst dreiundsechzig Jahre alt ist. Ich hab da für ihn gekocht. Und wir kamen ins Gespräch. Ich erklärte ihm, warum ich das in der Wohnung so und nicht anders will. Da hab ich gemerkt, daß er eine Apathie zum Leben hat, was mich wahnsinnig schockiert hat.

Als wir aufgewachsen sind, war er immer ein unheimlich aktiver Mann. Wir konnten nie mit ihm spielen, er war immer in seinem Geschäft. Er ist früh um sieben aus dem Haus gegangen, und er kam heim, wenn wir im Bett waren. Wir haben von unserem Vater eigentlich sehr wenig gehabt. Unser Verhältnis ist jetzt, und auch vorher schon, unheimlich distanziert. Wenn wir abends nicht ins Bett gehen wollten, weil da noch ein Fernsehfilm war, wie z. B. *Schirm, Charme und Melone* oder *Mit Tennisschlägern und Kanonen* oder *Richard Kimble auf der Flucht,* da sagte dann meine Mutter immer ganz aufgebracht, wenn ihr nicht ins Bett gehen wollt, dann hole ich den Vati. Und mein Vater saß in der Küche noch beim Abendessen, weil er doch immer so spät nach Hause kam, also, es brauchte nur angedroht zu werden, daß er kommt, da waren wir wie der Blitz im Bett. Wir verschwanden dann sofort; er war wirklich eine Autorität für uns.

Und jetzt – ja, da ist eigentlich die ganze Autorität verloren gegangen.

Meine Mutter hat den Vater als Druckmittel eingesetzt. Wenn sie nicht mehr weiter wußte, drohte sie mit ihm. Auf der anderen Seite glaube ich aber, daß meine Mutter stärker war als mein Vater. Sie konnte ihren Kopf mehr durchsetzen als mein Vater. Ich glaube, daß das durch ihre Erziehung so kam. Ich glaube aber auch, daß Frauen viel stärker sind als Männer. Jeder hat woanders seine Stärken.

Meine Mutter war mit sieben Jahren eine Waise. Mein Vater war immer im Familienverband aufgewachsen. Den hat er erst verlassen, als er geheiratet hat, und da war er schon dreißig. Eigentlich viel zu spät. Und eigentlich glaube ich, daß er nur eine jüngere Mutter als Frau genommen hat. Er war viel unselbständiger als sie. Sie mußte schon von kleinauf ihr eigenes Geld verdienen und darauf achten, wo sie bleibt, und mein Vater hatte sehr nette Eltern. Eine sehr gebildete Mutter. Die hatte wahnsinnig viel gelesen, auch so philosophische Sachen. Sie hatte öfters die Religion gewechselt. Sie wuchs bei Verwandten auf dem Land auf. Ihr Vater war Spenglermeister. Da war aber alles unheimlich religiös.

Und mein Vater hatte eine Mutter, die mal katholisch war, dann evangelisch, dann adventistisch und noch verschiedenen anderen Sekten angehörte. Am Schluß war sie überhaupt nichts mehr.
Mein Vater ist auch vor kurzem erst gefirmt worden. Meine Mutter hat ihn regelrecht dazu überredet, jetzt, also im jungen Alter von dreiundsechzig Jahren, zu bedenken, daß man nicht wie ein Stück Vieh begraben wird. Mein Vater ist dann ein Jahr in den Firmungsunterricht gegangen. Für meinen Vater war das wohl einer der größten Tage in seinem Leben, als er vor zwei Monaten gefirmt wurde. Er hat sogar geweint.
Irgendwie hat ihm wohl die Basis zum Leben gefehlt. Als er aus dem Krieg zurückkam, war die Familie ausgebombt. Er mußte eine Wohnung suchen. 1950 hat er meine Mutter geheiratet. Nach drei Jahren waren Kinder da, erst kam mein Bruder zur Welt und dann nach fünf Jahren meine Schwester und ich. Er war dann mehr beschäftigt mit dem Unterhalt für die Familie. Ich glaube nicht, daß er da so wahnsinnig nachgedacht hat. Ob's darüber hinaus noch etwas für ihn gibt, was im Bereich des Mystischen ihn interessieren könnte. Er ist dann eigentlich widerstandslos und unheimlich gerührt in die katholische Kirche eingetreten. Da ist meine Mutter die treibende Kraft, die ganz genau sagt, was er zu tun hat und was richtig oder falsch ist.
Ich habe mir damals immer einen Vater gewünscht, der mit Anzug und Krawatte ins Büro geht. Und heute weiß ich, daß mein Vater eigentlich unheimlich frei war in seiner Arbeitszeit. Da er ja selbständig war, konnte er sich anziehen, wie er wollte.
Er war wohl der einzige, der in kurzen Hosen zur Arbeit ging. Das empfinde ich heute als Freiheit. Und damals hat mich das gestört. Ich kann mich noch erinnern, daß ich seine Mäntel ausgebürstet habe. Er hat sich unterwegs immer eine Semmel gekauft und die in die Mantel- oder Jakkentasche gesteckt. Und die Brösel davon habe ich jeden Samstagvormittag herausgebürstet.

Er ist belesen wie seine Mutter, aber ich befürchte, daß er trotzdem nichts mitkriegt. Er ist einfach viel zu müde und ausgelaugt. Er leidet einerseits unter großem Streß. Aber es ist noch was anderes. Ich merke es an mir selbst. Ich mußte sehr viel Grundwissen nachholen. Ich mußte lernen, daß man einfach nicht so in die Welt hineinlebt. Daß man sich auch ein bißchen überlegt, was los ist, wer ich selbst bin. Und diese Überlegungen hat mein Vati nie angestellt.
Und jetzt – da sind andere Leute in seinem Geschäft, die bestimmen, und er braucht eigentlich nur reinzugehen. Er ist zwar der Boß. Aber es läuft auch ohne ihn. Er ist fremd geworden im eigenen Laden. Er wirkt auch wie ein Fremdkörper. Er bremst. Die anderen denken in Computersprache und stellen auf EDV um, und er kann das alles nicht.
Meine Mutter hat immer gesagt, nie mehr einen selbständigen Ehemann, lieber einen Beamten. Weil sie natürlich mitgekriegt hat, daß so ein Unternehmen von einem Tag auf den anderen kaputtgehen kann. Wenn nur mal ein Lkw z. B. ausfällt und einige zigtausend Mark bezahlt werden müssen. Das hat meine Mutter sehr aufgeregt. Und mein Vater ist für mich heute auch nicht mehr so der Starke, der das alles durchhalten konnte.
Zuhause war die Mutter, die die drei Kinder voll im Griff hatte, und dann kam der Vater, für den sie nie Interesse an seiner Arbeit gezeigt hat. Wenn er eine Frau gehabt hätte, die Interesse an seinem Beruf bewiesen hätte, dann hätte er alles viel leichter verkraftet. Da wäre er heute wahrscheinlich nicht so ausgelaugt. Er hätte mehr Freude an seiner Arbeit. Er hat heute weder ein Hobby noch irgendwelche andere Interessen. Es ist richtig traurig, ihn anzusehen. Er interessiert sich für nichts mehr. Mit dreiundsechzig ist man doch nicht tot. Da könnte er doch noch Neues entwickeln. Er ist kaputt.

Meine Mutter hatte immer eine sehr fette Küche. Sie hat ihn zu Tode gefüttert. Na, er lebt noch. Aber wenn du ihn ansiehst, schrecklich. Er ist unheimlich falsch ernährt. Er

hat bestimmt zwanzig Kilo Übergewicht und meine Mutter auch. Meine Eltern sind beide unheimlich zart gebaut, mein Vater hat ganz feine Knöchelchen und meine Mutter genauso; was darauf sitzt, ist nur angefressener Speck. Sie sind dick und atmen schwer.
Ich glaube, die wahre Liebe zu den Eltern entpuppt sich erst, wenn sie tot sind.
Ich kann heute nicht sagen, daß ich meine Mutter liebe oder meinen Vater liebe. Das kann ich nicht. Ich bin da so weit entfernt. Ich weiß nur, daß ich unter der Anwesenheit meines Vaters gelitten habe, wie er das letzte Mal bei mir war.

> *Hast du Töchter, so bewahre ihren Leib und verwöhne sie nicht!*
>
> Jes. Sir., Kap. 31, V. 29

Weil er so apathisch war. Und ich mag gern aktive Leute. Es ist ihm sogar egal, was er ißt. Mir ist nicht egal, was ich esse. Das sind grundlegende Einstellungen, die ich schon sehr schlimm finde.
Er hat sich auch immer treiben lassen. Wenn mein Vater irgendetwas machen wollte, hat meine Mutter immer gebremst. Wenn er eine Idee hatte, hat das meine Mutter als Blödsinn abgetan. Er ist unheimlich phantasievoll. Wenn der sagt: »Ach, ich möchte gern ein Drehbuch schreiben, da habe ich eine Idee«, dann erzählt er mir sie und die finde ich auch gut – also, er hat wirklich unheimliche Phantasie. Und meine Mutter tut das dann immer als Spinnerei ab. Das finde ich schlimm.
Jeder Mensch, Kinder wie Erwachsene, hat doch ein Grundrecht auf das Träumen. Für mich hat auch jeder Mensch das Grundrecht auf das Spinnen. Und das geht ihm ab. Es ist

ihm egal, was er anzieht, es ist ihm egal, was er ißt – das ist so schrecklich. Meine Eltern können von Glück reden, daß ihre Kinder frühzeitig ausgezogen sind. Heute haben sie ja Angst vor uns, weil ihre Kinder eine bessere Schulbildung haben und frecher sind mit dem Mund oder schneller. Ja, die haben richtige Angst vor den Kindern, aber das ist wohl auch ganz natürlich.

Meine Mutter ist aktiver. Die geht auch gern spazieren. Er hat eine Kriegsverletzung am Knöchel und durch sein Übergewicht wurde die Hüfte beschädigt. Nun lahmt er. Er hätte vor dreißig Jahren anfangen müssen, gesundheitsbewußt zu leben. Jetzt hat er das Hüftleiden und verkrampft total. Ich weiß nicht, was ich anstelle meiner Mutter jetzt mit ihm tun würde, aber ich glaube, ich hätte es schon nicht geschafft, ihn so viel Übergewicht anfressen zu lassen. Vor einem Jahr habe ich mal eine Suppe bei meiner Mutter gegessen, das war ein einziges Fettauge. Und nur wegen seiner Angewohnheit, daß er ißt, was auf den Tisch kommt, und durch die ständige Gehirnwäsche (»Ich tu für dich den Haushalt, dann hast du zu akzeptieren, was hier läuft.«), nur dadurch hat er das Übergewicht.

Ich habe meine Eltern nie streiten gehört. Das ging eigentlich alles so eingespielt über die Bühne.

Mein Vater ist viel sensibler als meine Mutter. Wenn es gegangen wäre, wäre er gern Geschichtslehrer geworden. Er hat sich früher sehr für Geschichte und Politik interessiert. Er ist schon belesen. Meine Mutter ist mehr der praktische Mensch. Durch die Nachkriegsverhältnisse konnten die eigentlich nur das arbeiten, was sich anbot. Er hätte sich vielleicht schon früher fragen müssen, was will ich eigentlich, wie kann ich das am besten realisieren. Er hat sich so treiben lassen. Das ist wohl Schwäche. Er war auch sehr verwöhnt von meiner Großmutter. Er lebte ja so lang zu Hause. Da hat er sich wohl auch nicht fragen müssen.

Ich weiß nun aber nicht, inwieweit die Generationen, die da in jungen Jahren den Krieg miterlebt haben, inwieweit die gebrochen waren. Heute ist doch ein Fünfundzwanzig- oder

Dreißigjähriger unheimlich entscheidungsfreudig. Er war von neunzehn bis sechsundzwanzig im Krieg. Das ist unheimlich entscheidend. Wenn er vom Krieg erzählt, das war eine tolle Zeit, weil er da rausgekommen ist. In diesem Alter ist man doch gerade so sensitiv. Für mich waren die Reisen in dem Alter auch toll. Und im Krieg sind die nach Frankreich gekommen als Besatzer und so. Ich weiß nicht, wie ich da heute wäre, wenn ich zurückkäme, krank und ausgehungert, kaputt und verbraucht durch sechs Jahre und für eine Sache, die sich zum Schluß nicht rentiert hat. Mein Vater hat auch unheimlich darunter gelitten, daß sein jüngerer Bruder mit sechzehn Jahren beim »Endsieg« gefallen ist. Und vielleicht war es bei meinem Vater so, daß er den Eltern nicht wehtun wollte, weil sie den Verlust von seinem jüngeren Bruder fast nicht verkraftet haben. Vielleicht hat er sich da geopfert. Das sind Dinge, die heute unvorstellbar sind.
Wir haben von den Kriegszeiten unserer Eltern nichts mitbekommen. Wir wurden 1955 geboren. Unsere Eltern waren beide fünfunddreißig Jahre alt, als wir geboren wurden. Meine Eltern neigen nicht dazu, Zärtlichkeiten auszutauschen. Zärtlichkeit muß für die beiden eine unheimlich intime Angelegenheit gewesen sein. Die waren halt ganz normal wie Mann und Frau. Nüchtern, nicht besonders zärtlich.
Also, ich könnte es nicht aushalten.

Für meine Schwester und mich war mein Vater wie ein Turngerät. Wenn er nach Hause gekommen ist und im Stuhl saß, dann sind wir an ihm herumgeklettert. Wir haben da den körperlichen Kontakt gesucht. Er war wie ein Möbelstück, auf dem man herumturnt. Daß er uns in den Arm genommen hat, daran kann ich mich nicht erinnern. Mal so über den Kopf streichen, ja, das gab's schon. Meine Mutter war zu fürsorglich. Zieht euch warm an, und das alles hat sie immer gepredigt.

Von ihr gab's auch schon hin und wieder mal Umarmungen. Aber wenn man sich abgenabelt hat, sind einem solche Zärtlichkeiten wohl zuwider. Wenn sie heute zu mir kommt und sie will ein Küßchen, ist es so, als würde ich eine fremde

Frau küssen. Das ist für mich schlimm. Ich hab mir schon überlegt: »Wieso machst du das eigentlich?«
Wenn ich sie so in ihrer Trostlosigkeit dasitzen sehe, mit der sie essen. Er wollte auch immer Zeitung lesen beim Essen. Das ist doch eine Ignoranz dem Essen gegenüber. Und ich glaube auch, daß diese Ignoranz dick macht. Wenn mir egal ist, was ich esse, werde ich unkontrolliert dick. Das regt mich unheimlich auf. Es stört mich diese Passivität. Ich würde nie verlangen, daß ein Mann kocht, aber er soll ein Interesse daran haben, was er ißt.
Er interessiert sich auch nicht für die Tapeten an der Wand. Er ist da unheimlich männlich. Ich mag da wohl eher so die weiblichen Männer. Ich mag mehr die Männer, denen es nicht egal ist, ob sie nun auf einem grauen Teppich stehen oder auf einem roten. Meine Mutter hat ihm auch die Hemden und Hosen eingekauft. Ich kann das nicht verstehen.
Mein Vater hat bestimmt niemals darüber nachgedacht, daß ihn meine Mutter bremst. Er hat sich alles gefallen lassen. Er war da einfach ruhig. Er hat das Feld kampflos geräumt. Sehr traurig. Er hat früher immer unheimlich gern fotografiert. Aber so alleine. Es gab keine Dinge, die meine Mutter mit ihm geteilt hätte.
Und heute ist es so, daß er ablehnt, wenn meine Mutter sagt, ach komm, gehen wir da und dort hin. Da sagt er nur, ich habe keine Lust. Ein total lustloser Typ.
Die große Begeisterung für irgendwas fehlte einfach völlig. Unsere Wochenenden waren immer gleich. Da hat mein Vater seine Geschäftspapiere geordnet. Einen Tag lang. Und am Sonntag sind wir zum Baden gefahren, oder wir haben Verwandte besucht.
Aber so wie Beamte oder Angestellte, daß da zwei Tage frei sind und man ein ganzes Wochenende verlebt, das gab's nicht. Und meine Mutter, die immer alles toll machen wollte, meinte auch, sie müßte selbst an heißen Tagen kochen. Aufstehen, frühstücken, dann kam schon das Mittagessen, dann Kaffee und Kuchen und dann das Abendessen. Damit waren wir beschäftigt. Das waren unsere freien Tage.

Das ist ja wirklich das Fatale. Die beiden haben auch die gleichen Krankheiten: hoher Blutdruck, Venenschwäche, die Übergewichtskrankheiten. Mein Vater hat sich manchmal einen Kilobeutel Bonbons gekauft und auf einen Sitz gefressen. Was ist da in ihn gefahren, daß er so etwas konnte?

Auch heute noch ist er für mich ein fremder Mensch. Angenommen, ich müßte eine Grabrede halten, wenn man ein Resümee ziehen muß, dann müßte ich ehrlich gestehen, daß ich ihn gar nicht gekannt habe. Ich habe ihn einige Jahre als Vater-, als Respektsperson gekannt. Aber ich kenne ihn nicht als Mensch.

Als meine Großmutter, also seine Mutter starb, da habe ich mir immer vorgestellt, jetzt müßte mein Vater weinen. Er muß traurig sein. Aber seine elterliche Familie war nicht emotionell genug, nicht einmal die Frage kam, bist du jetzt traurig? Das war tabu. Er ist auch genauso in sein Geschäft gegangen wie die Tage vorher. Gerade so, als ob so ein Begräbnis jede Woche stattfinden würde. Es wurde dann auch nicht darüber gesprochen. Sowas war tabu. Er geht auch nicht aufs Grab, und die Oma wird auch an ihrem Todestag nicht erwähnt.

Er fragt mich heute auch nichts. Nur Alltäglichkeiten. Das schlimmste für ihn war wohl das Bremsen durch meine Mutter. Sie hat auch uns gebremst. Ich wollte z. B. auf die Oberschule gehen, da hat sie zu mir gesagt, das will der Vati nicht. Da hatte sie ihn aber gar nicht gefragt. Für ihn wäre das sicher in Ordnung gewesen. Sie hat ihn immer als Druckmittel eingesetzt. Dabei war er doch absolut harmlos. Aber als wir noch Kinder waren, hat es funktioniert. Er brauchte nur eine kleine Bewegung zu machen, da sind wir gehuscht wie die Mäuse, wenn die Katze zum Sprung ansetzt.

Ich mag keine Männer, die mit lauter Stimme reden. Und mein Vater redet mit lauter Stimme. Die Dinge fallen einem aber erst dann auf, wenn man sich abnabelt.

Ich weiß auch, daß ich früher so mit zwölf nicht alles akzep-

tieren wollte. Irgendwann gefällt dir nicht, was dir die Eltern zum Anziehen kaufen, z. B. Das heißt, du entwickelst einen eigenen Willen und einen eigenen Geschmack. Es hat mir da einiges nicht gepaßt. Ich fing damals an, viel zu lesen. Ich hab da Bücher gelesen, die für meinen älteren Bruder bestimmt waren, so Abenteuergeschichten. Später mit vierzehn oder fünfzehn fing ich dann an, Steinbeck oder Faulkner zu lesen, obwohl mir das damals zu schwer war. Oder ich hab *Siddharta* von Hesse gelesen. Das habe ich ein paar Mal gelesen. Und auch von Storm den *Schimmelreiter*. Heute sagen die Leute zu mir, ich sei so kommunikativ. Damals war ich absolut griesgrämig, auch zu meinen Eltern. Meine Schwester war immer die Gutgelaunte, ich war immer die Griesgrämige und wollte in Ruhe gelassen werden. Ich trug nur vergammelte Jeans und unförmige T-Shirts. Mit Brille und Pickeln im Gesicht und ungepflegtem Haar. Das war irre. Meine Schwester war die Gepflegte, die hatte auch immer Freunde.
Mein Vater ist natürlich genauso verklemmt wie meine Mutter. Ich bin der festen Überzeugung, wenn ein Elternteil emotionell nicht aus sich herausgeht, daß es der andere auch nicht tut.
Alles findet nur hinter verschlossenen Türen statt. Auch beim Sexuellen. Bis zu einem gewissen Alter durfte man nichts wissen, und plötzlich sollte man alles wissen. Die erwarten das eigentlich von der Schule, daß die den Auftrag hat. Gut, man holt sich das von der Straße, weil da ein Bedürfnis da ist, aber von unseren Eltern wurde plötzlich dieses Wissen vorausgesetzt. Wenn Freundinnen von uns einen Freund hatten, da war das absolut verwerflich, aber irgendwann sollten wir dann plötzlich auch einen Freund haben. Sowas Unlogisches. Das wird nicht verarbeitet. Da wird was vorausgesetzt von der Natur. Selber sollte man da nicht eingreifen. Da geht für mich was Emotionelles verloren.
Auch jetzt, wie mein Vater bei mir war: Das ist so eine Nachkriegsmentalität – da wird kein Geld ausgegeben, also

nichts für sich selbst. Das ist nicht im Sinne des Lebens. Bei mir staunen sie. Ich jobbe ja für mein Leben und mein Studium, aber ich glaube, wenn ich zu meinen Eltern sagen würde, ich bin eine Dirne, dann würden sie sich nicht einmal wundern, die wundern sich nur, wie ich das alles so mache. Die können sich auch nicht vorstellen, daß ich Geld ausgebe für etwas, was man nicht unbedingt braucht. Das ist sowas wie Sünde. Ja, das ist die absolute Sünde.
Ich bin erst ein aufgeschlossener Mensch geworden, als ich von zu Hause auszog. Vielleicht spürt man das, wenn von zu Hause nichts zu erwarten ist. Ich glaube schon, daß das Kinder genau spüren, ob sie nun ein ideales Elternhaus haben oder nicht.
Wenn die ein bißchen großzügiger oder zuvorkommender gewesen wären, wäre ich vielleicht nicht ausgezogen, wäre vielleicht auch bequemer geworden.
Mir sind meine Eltern unbequem geworden, und da bin ich auch unbequem geworden.
Aber man kann sich ja nicht wehren, solange man finanziell abhängig ist. Meine Eltern haben mich emotionell erpreßt. Mein Bruder ging auf das Gymnasium, und wir Mädchen mußten in die Klosterschule gehen. Das war eine Privatschule. Klosterschule mit wirtschaftlicher Ausbildung, damit wir, wenn wir einen Unternehmer heiraten, betriebswirtschaftliche oder wirtschaftliche Grundkenntnisse besitzen und auch was von Haushaltsführung verstehen. Das war die Meinung meines Vaters. Wenn Eltern sagen: »Wir schikken dich auf die Schule, – dann hast du gefälligst das zu tun, was wir wollen«, dann ist das Erpressung.
Mein Vater hatte für uns beide nach der Schule eine Lehrstelle besorgt. Das fand ich aber blöd. Ich bin da nicht hingegangen, meine Schwester hat das angenommen. Ich habe mir selber einen Job gesucht, bin in eine Steuerkanzlei. Schon am ersten Tag hat es mir nicht gefallen. Das kam mir vor wie Kinderarbeit. Ich fühlte mich wie ein Kind, das arbeiten mußte in einem Büro ohne Licht, denn es war im Souterrain. Das war auch die Zeit, wo ich nur so in Gam-

meljeans und mit schmuddeligen Haaren herumlief. Schrecklich muß ich ausgeschaut haben. Und da wußte ich am ersten Tag, ich gehe aufs Abendgymnasium. Meinen Eltern habe ich das gesagt, aber die haben das nicht kapiert. Die wollten ja eigentlich immer nur das Beste. Und damit war ich ja unheimlich undankbar.
Als ich aufs Abendgymnasium ging, da war ich mit der Lehre noch gar nicht fertig, da bekam ich von meiner Mutter immer die Gehirnwäsche: »Das schaffst du nie, da bist du doch viel zu dumm dazu.« Um das nicht ständig aushalten zu müssen, bin ich ausgezogen. Na ja, bis zwanzig habe ich's doch ausgehalten. Da hatte ich einen besseren Job und habe mehr Geld verdient.
Ich war da unheimlich rechnerisch. Ich verdiente 600 Mark netto. Da hat meine Mutter gesagt, du mußt mir hundertfünfzig Mark geben für Wohnen und Essen. Und ich wollte ja nicht essen, was bei ihr auf den Tisch kam. Da hab ich gesagt: »Wohnen kann ich im Studentenheim für hundertfünfzig Mark, das Essen schmeckt mir eh' zu Hause nicht, und da hab ich meine Ruhe!« Das war meine Rechnung.
Da bin ich ausgezogen am Silberhochzeitstag meiner Eltern. Ich hätte mich ständig geistig vergewaltigt gefühlt, wenn ich da auch noch einen Tag länger geblieben wäre. Ich mußte mir immer anhören: »Du bist doch ein Mädchen, was brauchst du Abitur?« Ich glaube aber, daß das von meiner Mutter ausging, da war mein Vater nicht der Ideologe. Meine Eltern haben eine große Furcht vor uns entwickelt, weil sich ihre Kinder brutal die Bildung angeeignet haben, die sie selbst wollten.

Ich begreife auch Kinder, die ihre Hand gegen die Eltern erheben. Wenn bei uns Diskussionen entstanden sind, sagte meine Mutter z.B.: »Kurt, sag halt auch was. Wenn der Peter« – das ist unser Bruder – »keine guten Noten bringt, dann nehmen wir ihn von der Schule.« Das ist gerade so, als wären die Kinder ein Hobby der Eltern, das man sich leistet, und wenn es nichts bringt, dann gibt man es auf. Das ist eine

erpresserische Erziehung. Aber das kannst du den Leuten auch nicht ausreden. Entweder sie haben ein Gefühl für die Kinder oder sie haben keines. Ich wundere mich, daß wir ganz normal geworden sind. Aber ich glaube, daß das eben durch den Geschwisterverband passiert ist. Wenn meine Eltern ein Einzelkind gehabt hätten, das wäre durch und durch verkorkst worden. Kinder müssen wohl für die Eltern immer eine Art Untermensch sein. Ich weiß, daß meine Eltern Angst vor uns gehabt haben, seit wir zu denken anfingen. Warum können Eltern, wenn sie von ihren Kindern geistig überflügelt werden, das nicht anerkennen? Warum haben sie nicht diese Größe?
Ich glaube, die achten sich selbst zu wenig. Dann können sie auch nicht achten, was sie produziert haben, nämlich ihre Kinder.

# Ich laufe da durch eine einsame Gegend

*Gabriella Marcks, 44 Jahre alt, selbständige Restaurateurin.*

Mein Vater – na – das sind die kleinen Briefchen, die ich gekriegt habe, während er im Krieg war. Die hat uns meine Mutter immer vorgelesen. Das waren so kleine weiße Briefchen. Er war erst in Frankreich, später ist er dann nach Rußland gekommen. Und während seiner ganzen Zeit im Krieg hat er Feldpostbriefe geschrieben. Da hat jeder von uns so kleine Briefchen bekommen. Jeder Brief war extra an jeden von uns adressiert: einen für meine Schwester, einen für meinen Bruder und einen für mich. Lange Zeit ist dies meine einzige richtige Erinnerung an meinen Vater gewesen. Er hat in diesen Briefen für uns lustige Namen erfunden. Auch ich hatte einen witzigen Namen. Ich weiß ihn nicht mehr. Ich habe die Briefe nicht in greifbarer Nähe. Ich bin so oft umgezogen. In irgendeiner Kiste auf dem Dachboden werden sie sein. Ich muß ein sehr lustiges Kind gewesen sein. Er hat in seinen Briefchen immer gefragt, ob ich noch immer so fröhlich bin.

Ich habe ihn nie mit Bewußtsein gesehen. Er hat sich kurz nach Ausbruch des Krieges freiwillig gemeldet. Ich wurde im September 1939 geboren. Er war Ausbilder an irgendeiner Flugwaffenschule oder sowas. Seine Schüler sind alle eingezogen worden, da sind die Nachrichten von deren Tod gekommen. Er hat dann wohl gesagt, ich kann sie nicht ausbilden, sie sterben lassen und ich sitz' zu Hause. Da war er zweiunddreißig Jahre alt. Er hätte nicht gehen brauchen. In Stalingrad ist er dann 1942 gefallen. So war meine Mutter mit neunundzwanzig Witwe.

Einen seiner Briefchen habe ich ewig als bereits vergriffenen Lappen mit mir herumgeschleppt. Aber jetzt weiß ich noch nicht mal mehr, wo der ist.
Ich habe meinen Vater nie gesehen. Optische Vorstellungen habe ich nur von den Fotos her.
Von ihm als Person habe ich keine Erinnerung. Erzählungen und Fotos sind in mir zu Erinnerungen verschmolzen.
Die Beschäftigung mit meinem Vater begann erst später. Als das so richtig intensiv wurde, da sind wir vom Land in die Stadt gezogen. Da war ich etwa sieben Jahre alt. Mein Leben auf dem Land war eine harmonische und schöne Zeit. Meine Mutter war dort Lehrerin auf einer Gesamtschule. Da bin ich zu ihr in die Schule gekommen mit meiner zwei Jahre älteren Schwester. Wir waren alle in einer Klasse. Da hat er nicht gefehlt als Vater.
Aber dann in der Stadt. Da fing das an mit den Träumen. Da gab's immer die Vermißtenmeldungen vom Roten Kreuz, die Suchmeldungen. Und dann hieß es oft, da sind wieder Väter zurückgekommen. Und dort ist wieder ein Vater aufgetaucht. Das hat mich so beschäftigt, daß ich dachte, da kommt meiner auch mal wieder. Meine Mutter wußte aber genau, daß er tot war. Die hat alles geschickt bekommen von einem Freund, der dabei war, wie er gefallen ist. Er muß auch sofort tot gewesen sein. Auch der Kompaniechef hat ihr einen Brief geschrieben. Für meine Mutter war klar, daß er tot war.
Ich hab' mir eingebildet, daß die das im Feld da vielleicht gar nicht richtig gesehen haben. Vielleicht war er das gar nicht. Meine Einbildung, daß er unter Umständen doch noch lebt, war sehr intensiv. Ich habe damals alle Sendungen im Radio und auch alle Berichte in den Zeitungen verfolgt. Und ich habe mir vieles eingebildet, das dann zu einer Traumgeschichte wurde: Ich finde ihn, treffe ihn und bringe ihn dann nach Hause. Ich bin auserkoren, ihn lebend unserer Familie wieder zurückzubringen.
Als ich dann später wirklich kapierte, daß er tot ist, hat sich das total verschoben, in Träume. Da war ich so vierzehn,

fünfzehn. Ich wußte zwar, daß er tot war, aber in meinen Träumen hat er gelebt. Ganz für mich allein hat er in den Träumen sehr intensiv gelebt. Sein Bild ist mir immer durch den Kopf gegangen.
Später dann haben sich die Träume zu einer erotischen Beziehung gesteigert. Ich habe ihn da im Tanzlokal getroffen. Da war er gleichzeitig mein Vater und mein Liebhaber. Das waren sehr gemischte Gefühle. Und dann kamen die Horrorträume.

Ich habe mich da wohl nach einem männlichen Körper oder nach Sicherheit gesehnt. Es gab ja keinen anderen als meinen Vater. Sonst gab's ja auch keine Männer in der Umgebung. Nirgends war ein Mann. Vielleicht ist aber die Sehnsucht nach dem Vater so unerträglich gewachsen, daß ich eine erotische Traumbeziehung zu ihm entwickelt habe. Warum das so war, weiß ich nicht, ich weiß nur, daß ich mich nach seinen Zärtlichkeiten gesehnt habe.
Meine Mutter hat uns im Sinne meines Vaters erzogen. Wenn Entscheidungen zu treffen waren, dann sagte sie immer, ich mach' das jetzt so, weil Wilhelm das auch so gemacht hätte. Sie hat auch erzählt, daß er ein sehr fröhlicher und aktiver Mensch und für seine Zeit sehr fortschrittlich gewesen sein muß. Daß er aus einer Bauernfamilie kommt und daß er sich als erster aus der Familie heraufgearbeitet hat.
Unsere Ferien haben wir bei unserer Großmutter auf dem Land in der Rheinpfalz verbracht. Da war das ganze Dorf mit uns mehr oder weniger verwandt. Und die haben immer sehr viel von ihm erzählt, von seinen Lausbubenstreichen. Nach allem, was ich so von ihm erfahren habe, seine Bilder und alles, also auch vom Typ her, gefällt er mir heute noch sehr gut. Auch als Erwachsener muß er noch ein Lausbub gewesen sein. Vielleicht hab ich das von ihm geerbt. Als kleines Kind soll ich auch immer fröhlich gestrahlt haben, schon beim Wecken morgens. Meine Schwester hat immer

ein knatschiges Gesicht gemacht. Ich steh' auf und bin munter. Auch heute noch.
Was mir grundsätzlich blieb, waren die Träume. Die sind dann ganz häufig in meiner Pubertät aufgetreten.
Die Auswirkungen der Träume waren ausgesprochen negativ, na, jedenfalls die Zerfallserscheinungen, die ich da gehabt habe. Richtige Horrorträume waren das.

Ein Traum hat sich sehr oft wiederholt: Ich laufe da durch eine einsame Gegend. Der Traum ist in schwarz-weiß. Sonst träum' ich nämlich oft farbig. Also, ich lauf durch eine Landschaft mit kahlen Bäumen und Hügeln. Und in der Ferne sehe ich eine Gestalt, die läuft über den Hügel. Ganz deutlich hebt sich die Figur gegen den Hintergrund ab und steigt den Hügel hinauf. Und ich sehe, wie diese Gestalt etwas hinter sich herzieht. Ich gehe auf die Gestalt zu und entdecke, daß das meine Mutter ist, die meinen Vater hinter sich herzieht. Und je näher ich hinkomme, desto klarer sehe ich, daß mein Vater nur noch aus Würmern besteht, alles sind Würmer. Und dann verändert sich das Bild. Da wechseln die Figuren. Mein Vater ist dann an der Stelle meiner Mutter, und er zieht sie hinter sich her und meine Mutter ist am Zerfallen. Lauter Würmer. Diesen Traum habe ich in verschiedenen Variationen immer wieder geträumt. Was das zu bedeuten hat, da bin ich nie dahintergekommen. Es war immer dieselbe Landschaft und immer Vater und Mutter. Beim Näherhinsehen waren sie aus Würmern, mal der eine, mal der andere.
Diese Vaterträume haben sich mit anderen Träumen abgewechselt, Angstträumen, Weltuntergangsträumen. Da hab ich immer geträumt, es gäbe nichts mehr auf der Welt. Die Welt sei untergegangen und es existiere nichts mehr, gar nichts. Nur noch ganz wenige Überlebende. Und ich war bei den Überlebenden. Wir lebten in Höhlen. Es gab nur felsiges Gestein. Es gab keine Erde mehr. Und in diesem Gestein waren ein paar Höhlen. Und wir versuchten mit sehr viel Phantasie die Höhlen wohnlich zu machen. Jeder versuchte,

*Ich wollte Tierärztin werden, wie mein Vater. Er hat mich gezwungen, Lehrerin zu werden. Weil es unmöglich gewesen wäre, in seine Domäne einzudringen. Seine Tochter als seine Nachfolgerin, unmöglich. Mein Bruder mußte Tiermedizin studieren, doch er wollte unbedingt Journalist werden. Er sitzt nun heute in der Praxis unseres Vaters. Zuerst war er darüber todunglücklich, mittlerweile hat er sich damit abgefunden. Ich beneide ihn noch heute, daß er da sitzen darf, wo ich so gern sein möchte. Niemals werde ich meinen Kindern Vorschriften machen. Das ist grausam. Warum haben es unsere Eltern nicht gewußt, sie waren doch auch mal Kinder?*

Monika Schröder, 39 Jahre alt, Lehrerin, zwei Kinder.

sein Überleben irgendwie zu meistern. Ich entwickelte da immer sehr viel Phantasie, wie es weitergehen sollte. Wir haben vorgehabt, die Höhlen mit Laub auszubauen. Es wuchsen aber keine Bäume, keine Pflanzen, keine Sträucher mehr. Wenn da ein Blatt durch den Wind angesegelt kam, streckten sich dem viele Hände entgegen. Als Polster war es dann viel zu kostbar, wir überlegten dann, ob man daraus Tee oder eine Suppe kochen sollte. Ich hatte irgendwelche Samen in der Tasche. Das waren kostbare Schätze, die durften nicht verloren gehen. Aber es gab keine Erde, in die man hätte säen können.
Eigentlich irre, diese Weltuntergangsträume, das fällt mir jetzt ein. Die könnte man doch jetzt genauso haben. Irgendwie klingt das aktuell.
Aber vielleicht kommen sie aus meinen Kriegserinnerungen als Kind. Ich hab' doch optisch noch eine ganze Menge mitgekriegt: die brennenden Städte, z.B. Kassel. Den Großbrand von Kassel habe ich von unserem Dorf aus gesehen. Und dieses Bunkerrennen, die Sirenen, beim Spazierengehen sich auf den Boden werfen, das sind so Erinnerungsfetzen, die Kriegserlebnisse ins Gedächtnis zurückbringen.
Es kann ja sein, daß ich den Tod meines Vaters im Traum verarbeitet habe. In dem Moment, als ich den Tod meines Vaters akzeptiert hatte, also vom Hirn her, da war wohl für mich auch der Rest der Welt untergegangen.
Mein Vater ist vielleicht auch dadurch für mich besonders wichtig gewesen, weil meine Mutter nicht da war. Sie wurde als Lehrerin an die holländische Grenze versetzt. Da konnte sie nur am Wochenende nach Hause kommen. Wir kamen folglich unter das Regiment meiner Großmutter. Unter dem hab' ich sehr leiden müssen.
Wenn mein Vater da gewesen wäre, hätte meine Mutter nicht weggehen müssen und meine Großmutter nicht so böse zu mir sein können. Unter dieser Vorstellung habe ich sehr, sehr lange gelitten.
Ich wein' eigentlich immer gern. Es gibt ja so Sachen, wo man eigentlich immer heulen muß. Und als Kind gibt es Zei-

ten, in denen man sich selber bemitleidet und nicht heulen kann. Wenn das so war, hab' ich mir furchtbare Sachen gesagt, damit ich heulen konnte: »Ich bin ganz allein auf der Welt.« »Keiner mag mich.« »Alle sind böse zu mir.« »Das wäre nicht so, wenn mein Vater da wäre.« Und dann hab' ich mich auch immer gleich getröstet und hab' mich an die kleinen Briefchen erinnert. Die waren so wahnsinnig zärtlich. Mein kleines Röschen oder so ähnlich hat er geschrieben. Mit vielen Kosenamen hat er mich angeredet.
Aber meine Mutter hat schon zu uns gehalten. Das Beste, was sie machen konnte, war, daß sie uns am Wochenende verwöhnt hat. Wiederum war auch das fatal, am Montag war dann alles noch viel schlimmer. Wir waren drei Kinder, und meine Großmutter schaffte das wohl nicht. Mein Bruder war der Liebling. Ein Junge ist was Besonderes, und außerdem sah er meinem Vater damals so ähnlich, also dem Sohn meiner Großmutter. Dann kam meine Schwester und war wenig willkommen, dann kam ich. Drei waren ihr einfach zu viel.

Alles war wahnsinnig eng und das Haus voller Flüchtlinge. Wir lebten zu viert in einem Raum; Am Wochenende waren wir mit meiner Mutter fünf. Nach zwei Jahren haben wir einen Raum dazugekriegt. Ich weiß, daß ich neben dem Schreibtisch meiner Mutter geschlafen habe, die hat da immer nachts gearbeitet.
In der Schule war ich eine Katastrophe. Total gestört. Ich habe jahrelang bettgenäßt. Immer habe ich geträumt, ich bin auf der Toilette. Und oft, während ich so träumte, da merkt man ja, wenn es warm und feucht wird. Ich bin nicht wachgeworden, sondern hab' immer geträumt, ich hab' den Deckel nicht aufgemacht. Das war immer so. Bis ich eines Tages nicht mehr geträumt habe. Da bin ich nur noch wach geworden, weil es kalt und feucht unter mir war. Ich habe immer im nassen Bett gelegen. Auch wenn wir irgendwo zu Besuch waren. Ich wurde deshalb geschimpft. Am schlimmsten von der Großmutter. Jahrelang hab ich ins Bett

gemacht, auch noch mit vierzehn, da hatte ich schon meine Menstruation. Später gewöhnte ich mir an, mich nachts im Schlaf auf die trockene Seite zu drehen. Ich bin morgens wach geworden und lag auf der trockenen Seite.
Dann habe ich angefangen, Fingernägel zu kauen. In der Schule habe ich nicht mitgemacht. Alles, was ich wußte oder konnte, habe ich verdrängt. Da haben sie mich in die Hilfsschule gesteckt. Bockig war ich, haben die Leute gesagt. Es wurde immer schlimmer mit mir, und immer haben sie mich nur noch mehr gedemütigt, bestraft und geschimpft. Ich habe auch so gelitten, weil wir vom Land weggezogen sind. Dort hatte ich mich extrem wohlgefühlt. Nicht umsonst wohne ich jetzt wieder auf dem Land, denn dort war die Welt für mich eine heile Welt. Da bin ich immer zu einem Bauern gegangen, der mich mochte. Ich konnte draußen spielen, und meine Mutter war da.
Ich fand mich immer grauenvoll häßlich. Dünne Haare, grauenhafte Figur, häßliche abgetragene Kleider. Entsetzlich. Ich war dürr und hatte einen unheimlichen Busen. Klein mit großem Busen. Da hab' ich ziemlich drunter gelitten. Meine Schwester war viel hübscher. Die war groß und hatte einen kleinen Busen. Und die hatte immer viel Verehrer. Wenn ich die Türe aufmachten mußte, wenn ihre Freunde kamen, da hab' ich mich gleich dahinter im Besenschrank versteckt. Wenn irgendwelche Knaben aus der Schule auf der Straße entgegenkamen, bin ich auf die andere Seite gegangen, damit mich ja keiner anspricht. Grauenvoll unsicher.
Auch in der Tanzschule war ich ein Mauerblümchen. Und nur ein ganz schüchterner Knabe wurde mir vom Tanzlehrer zugeteilt. Jeder mußte ja einen Tanzpartner haben. Nach dem Tanzstundenball hat der mich nach Hause gebracht. Da haben wir kein Wort gesprochen. Ich hab' da nur in den Sternenhimmel geschaut. Ich mußte mal so dringend. Ich hab' Qualen ausgestanden. Ich wollte nicht schneller gehen, damit er nichts merkt. Unheimlich hab' ich gemußt. Es war für mich unmöglich, unterwegs in ein Gasthaus oder irgend-

wo reinzugehen, weil ich mich nicht hineingetraut hab'. Kurz vor meinem Haus hat er sich verabschiedet, da blieben wir stehen, ich hab' wieder zum Sternenhimmel hinaufgeschaut, und er hat irgendwas gestottert, da hab' ich's laufen lassen. Ich konnte nicht mehr. Ich weiß nicht, ob er's gemerkt hat. Grauenhaft.
Männer, die ich als ansprechend empfand, die waren immer älter. Das waren Vaterfiguren. Mit Gleichaltrigen konnte ich nichts anfangen. Ich hab' aber nie jemanden richtig an mich herangelassen. Eigentlich wie bei meinem Vater. Der war mir ja auch nie nah. Vielleicht wäre ich aber auch enttäuscht gewesen, wenn ich meinen Vater kennengelernt hätte.

Meine Mutter war eine unheimlich verklemmte Frau. Mein Vater muß wohl Mühe gehabt haben, sie locker zu bekommen. Und so bin ich aufgewachsen, so unheimlich verklemmt. Sie hat sich so gehemmt vor uns gegeben. Nie hat sie sich nackt gezeigt. Nicht einmal einen Teil ihres Körpers haben wir nackt gesehen. Wir mußten uns im Klo einsperren. Keiner durfte den anderen nackt sehen, auch wir Geschwister untereinander nicht. Mein Vater muß da freier gewesen sein. Diese körperliche Unfreiheit war sehr fatal. Sie hätte sich hundertprozentig gewiß geändert, wenn der Vater dagewesen wäre. Wenn ich mich vor ihr nackt ausziehe, dann geht sie immer raus. Wenn sie sich ausziehen muß, bleib' ich dann penetrant im Zimmer. Alles, was mit dem Körper zusammenhing, war was Verbotenes, Unnatürliches. Auf jeden Fall nichts Normales.
Alle Gedanken über Körperlichkeit waren negativ. Als mich mein Bruder mal beim Waschen »erwischt« hatte, weil ich vergessen hatte, das Badezimmer abzuschließen, da schrie er: »Ätsch, du hast 'nen Hängebusen. Hängebusen! Hängebusen!« Wie verrückt hat er da geschrien. Nur weil er uns bis dahin nicht nackt gesehen hatte und nicht wußte, wie ein Busen aussieht.
Das waren unsere einzigen körperlichen Kontakte. Das war

schlimm, eine Katastrophe. Als ich zum erstenmal mit einem Mann befreundet war und er mit mir schlafen wollte, habe ich nur gejammert, ich kann nicht, ich will nicht, meine Mutter erlaubt das nicht. Ich konnte doch nichts Verbotenes tun, weil das meine Mutter immer nachts von mir im Traum erfahren hat. Ich habe nachts laut gesprochen. Über alles, was mich bewegt hat. Da hat sie alle meine Gedanken erfahren.

Ich wußte von nichts. Von Sexualität keinen blassen Schimmer. Als ich mit dem Freund zusammen war, da hab' ich ihm erst mit der Hand einen runtergeholt. Nicht einmal das wußte ich, daß da was rauskommt. Da war ich so angeekelt und entsetzt, daß ich nur gedacht hab: »So eine Sau, pinkelt der mir in die Hand.« Grauenhaft!

Einmal, ja da hat mir meine Mutter gesagt, daß ich aufpassen müsse, wenn ich mit Männern zusammenkomme, daß das sehr gefährlich sei, weil man da schlimme Krankheiten bekommen könne.

Nach dem Abitur habe ich zwei Semester Psychologie, dann Kunstgeschichte studiert. Da hab' ich endlich allein gelebt, war einundzwanzig und immer noch Jungfrau. Ich hab' ja auch Liebesromane gelesen. Eines Tages fand ich das einfach lästig. Ich fand mich auch zurückgeblieben. Die anderen hatten alle einen festen Freund. Da hab' ich einen Freund angerufen, der mir einigermaßen sympathisch war. Der hat mich dann entjungfert. Das mußte sein. Es war enttäuschend. Nichts passierte, nichts hab' ich empfunden.

In den Liebesromanen tat sich da was ganz anderes. Und die Lady Chatterley habe ich auch gelesen. Nie habe ich einen Orgasmus gehabt. Da bin ich mal zu einer Ärztin gegangen und hab' sie gefragt, ob ich richtig gewachsen bin, ob ich äußerlich normal sei. Vielleicht fehlt mir was am Körper. Die hat mich aber wieder weggeschickt. Halbspöttisch hat sie gelacht und gesagt, ich sei ganz normal gewachsen. Jahrelang habe ich aber darunter gelitten, daß ich keinen Orgasmus bekommen konnte. Ich hab' den Orgasmus immer nur vorgetäuscht. Jahrelang. Bis ich mich irgendwann auch mal ausleben wollte. Ich wollte es unbedingt haben. Wenn man nicht auf seine Kosten kommt, lehnt man die Männer nach kurzer Zeit ab, das wollte ich nicht. Immer wieder ist da so eine Abneigung entstanden. Was ein Orgasmus war, das wußte ich ja. Ich hab schon von Kindheit an onaniert. Häufig. Meine Mutter hat da auch immer geschimpft. Man hat mir das immer angemerkt, meiner Schwester nicht. Die hat das auch gemacht, aber sie hat es vertuschen können. Ich hatte immer einen roten Kopf. »Drückst du schon wieder?« hat mich die Mutter da gefragt. Ich habe keine gepfeffert gekriegt, aber wir durften es eben nicht.

Ich hab dann ein Ehepaar kennengelernt, mit denen habe ich mich sehr angefreundet. Die waren so fröhlich, locker und heiter. Denen habe ich mich mal anvertraut. Die haben mir aber auch klar gemacht, daß ich nicht krank bin, daß das ganz normal sei. Und sie haben mir geholfen, auf eine sehr einfache Weise. Sie haben mich mit in ihr Bett genommen. Die waren einfach lieb zu mir. Er hat dann mit mir geschlafen. Die haben es geschafft, daß sich meine Verkrampfung gelöst hat. Wir haben auch zusammen eine Reise nach Griechenland gemacht. Das war ein einziges Sinnenfest, wie ein Rausch: Meer, Sonne, Wein, Heiterkeit und Zärtlichkeit.

Ich habe mir immer vorstellen können, mit sehr viel älteren Männern zusammenzuleben. In Wirklichkeit sind meine Männer im Laufe der Jahre immer jünger geworden. Acht Jahre lang war ich mit einem sechs Jahre jüngeren Japaner befreundet. Mein jetziger Freund ist neun Jahre jünger, seit zehn Jahren leben wir zusammen. In der Beziehung bin ich wohl die Stärkere.

Der Mann, den ich mir für mich immer gut vorgestellt hätte, der ist jetzt vierundsechzig. Der stirbt gerade. Krebs. Er ist verheiratet. Ich kenne ihn schon länger. Er ist so erdumfassend. Sehr sicher. Er züchtet Pferde und hat einen Bauernhof. Er strahlt so viel Menschlichkeit aus. Da hat man so ein Gefühl von Geborgenheit. Ja, Wärme und Geborgenheit.

Das hab' ich immer gesucht. Geborgenheit habe ich noch nie bei einem Mann gehabt. Das hätte ich so gern, besonders wenn ich müde bin. Ich bin immer die Stärkere in meinen Beziehungen. Da denkt man wohl manchmal, da muß doch auch mal einer für dich da sein. Mein Traum vom älteren Mann ist nicht ausgeträumt. Vielleicht ende ich mal bei einem Greis.

# ... daß der Papi nur für sie da ist, das finde ich doof.

*Veronika Stiebler, 16 Jahre alt, Schülerin*

Mein Verhältnis zu meinem Vater ist nicht normal. Wenn ich das so mit den Mädchen aus meiner Klasse vergleiche, also, da bin ich doch ganz anders erzogen worden. Nicht so, daß ich zu dem Papi aufschauen und dem Papi dankbar sein muß, daß er uns das Geld verdient, und der Papi ist der Chef der Familie, der darf alles, und wenn der Papi was sagt, dann muß das gemacht werden und so.
Wenn bei mir z. B. ein paar Freundinnen da sind und ich sag': »Ach Papi, jetzt geh weg, sei still und geh schon raus«, da sagen sie: »Waaaas, das kannst du sagen zu deinem Vater? Da hätte ich gleich eine drin.« Die sind da total anders eingestellt. Wir haben neulich in der Schule geredet, Für und Gegen antiautoritäre Erziehung und so. Und da haben sie alle gemeint: »Da sind wir schon autoritärer erzogen als du.« Es sind nicht alle, aber alle kenn' ich sie auch nicht.
Ich habe vorm Papi überhaupt keinen Respekt. Ich kann aber auch nicht sagen, daß ich vorm Papi überhaupt keine Achtung habe, aber er ist für mich nicht so wie der liebe Gott.
Die in meiner Klasse sind noch so altmodisch erzogen, irgendwie. Die dürfen überhaupt nichts sagen zu ihrem Vater. Bei mir sagen die nur »hääää« oder gucken ganz doof. »Das könnte ich nie zu meinem Papi sagen«, wenn ich »Du altes Arschloch« sag' z. B.
Der Papi ist halt für mich wie ein Kamerad, wie ein Freund

und so. Zu dem hab' ich eine ganz andere Einstellung als zur Mammi. Weil die Mammi, die ist immer da. Der Papi kommt halt erst abends und ist den ganzen Tag nicht da. Dem ist es auch nicht so wichtig, wie ich in der Schule bin. Natürlich fragt er schon, ob ich irgendwo eine Note gekriegt habe und so. Und wenn ich sage, ich habe eine Fünf, dann sagt er halt: »Du Flasche.« Das ist für ihn mehr so ein Spaß. Und die Mammi, die reagiert gleich so beleidigt. Dem Papi ist nicht wichtig, was wir tun, sondern wir selber sind ihm wichtig.
Wir sind zusammen, wann wir wollen. Er kümmert sich auch nicht viel um uns. Ich find das gut. Das ist sonst so auf Familie getrimmt. Das ist dann so unnatürlich. Der Papi ist ja auch meistens auf die Mammi bezogen. Ganz klar. Wenn er heimkommt, dann will er mit der Mammi allein sein, und da will er nicht, daß wir da dabei sind. Manchmal ärgert's mich schon, wenn die Mammi sagt: »Jetzt ist der Papi den ganzen Tag nicht da, und jetzt will ich auch mal meine Ruhe haben.« Ja, das ärgert mich. Daß die Mammi denkt, daß der Papi nur für sie da ist und so, das find' ich doof.
Der Papi will das natürlich auch, aber der Mammi nehm' ich das mehr übel, die sagt's halt.
Ich versteh' mich mit dem Papi auch viel besser als mit der Mammi. Sie ist den ganzen Tag da. Und wenn ich grantig bin und Zorn habe, dann muß sie das ertragen. Der Papi ist den ganzen Tag nicht da, der muß das dann nicht aushalten. Der ist auch irgendwie toleranter. Die Mammi ist da viel empfindsamer. Wenn ich z.B. sag zur Mammi: »Halt den Mund«, da ist sie gleich beleidigt. Der Papi, der nimmt mich überhaupt nicht ernst. Der weiß ganz genau, wann ich wütend werd', und sag ich z.B. »Du Arschloch!« oder so was, dann nimmt er das nicht ernst. Er weiß ganz genau, daß ich das nicht so mein', während die Mammi, die flippt da immer gleich aus.
Wenn ich wütend bin, mach' ich das manchmal auch mit Absicht, daß ich die Mammi ärgere. Sie läßt sich aber auch ärgern. Sie fällt immer wieder darauf rein.

Wie ich noch jünger war, da war der Papi schon mehr erzieherisch, noch strenger.
Da war der Papi noch mehr Vater, mehr autoritär. Aber mit neun, und als ich dann älter war, dann nicht mehr, seitdem ist er eigentlich so wie heute.

Der Papi ist sehr jähzornig. Da hat der Thomas, mein Bruder, dem Kater mal eine Schleife um den Hals gebunden. Der Papi hat da Angst gehabt, daß sich der Kater erwürgen könnte. Und da kam er ins Zimmer und hat voll mit seinen Clogs auf den Thomas eingedonnert. Da habe ich volle Angst gehabt. Da war er so wahnsinnig wütend, weil er doch so jähzornig ist.
Einmal wollten sie laufen, und ich wollte da mitjoggen. Es war schon dunkel. Da haben sie gesagt, ich halte da nie mit, und da habe ich mich ins Zimmer gesetzt, geheult und geschrien. Und da kam der Vater rein, er war so wütend auf mich, und hat mir eine gedonnert.
Manchmal hatte ich da schon Angst, früher. Aber nicht oft. Nur, wenn er eben total ausgeflippt ist.
Jetzt wird er schon auch noch manchmal jähzornig. Aber es ist weniger geworden, eigentlich kaum mehr. Ich habe nie Angst gehabt, daß er mich durchhaut. Aber ich war halt immer erschrocken, wenn aus dem lieben Papi so ein Wilder wurde. Es war aber nie so, daß ich mich nicht heimgetraut hätte, wenn ich was angestellt hatte. Ich habe keine Angst gehabt, daß er mich schlagen würde. Wenn ich zur Mammi gesagt hab': »Du blöde Kuh!«, dann ist ihr schon mal die Hand ausgerutscht.

Als ich noch kleiner war, da fand ich das immer toll, wie er mit dem Motorrad rumgefahren ist. Weil dann auch die anderen immer gesagt haben: »Ah, die große Maschine.« Das fand ich schon toll. Und wie ich mal in sein Büro kam und gesehen hab', daß sie alle vor ihm so Respekt haben, das fand ich schon irgendwie toll. Wenn ich einen festen Freund hätte, müßte er vielleicht meinem Vater ein bißchen

ähnlich sein, innerlich. Im Wesen müßte er ihm ähnlich sein, im Aussehen nicht so.
Mein Kerl muß größer sein als mein Papi, mindestens einsachtzig, braune Augen. Er muß nicht sehr schön sein. Aber er muß lieb ausschauen und darf nicht abgrundtief häßlich sein, daß ich mich nicht totschämen muß mit ihm, wenn man uns zusammen auf der Straße sieht. Das wäre mir zu peinlich. Aber sonst habe ich kein festgelegtes Bild.
Eigentlich will ich nicht heiraten. Aber man kann es nie wissen. Wenn ich einen vielleicht ganz toll find', dann will ich vielleicht doch heiraten.
Aber wenn ich einen kenne und von ihm Kinder kriege, deswegen muß ich ja nicht heiraten. Vielleicht kann ich das auch jetzt nur so sagen, wenn der Kerl dann abhaut, sitz' ich da mit dem Kind. Nach dem Abitur werde ich erst einmal ins Ausland gehen, nach Frankreich und so. Auf keinen Fall möchte ich als so 'ne Hausfrau daheimsitzen, die Wäsche waschen und kochen. Wenn ich heirate, möchte ich auch berufstätig sein.
Wenn ich mir denk', ich krieg Kinder und die sind dann so doof und die ärgern mich so, wie wir die Mammi ärgern, das wäre nix für mich. Das stell' ich mir schrecklich vor.
Ich glaube aber schon, daß die Mammi glücklich ist mit dem Papi. Die Mammi, glaub' ich, möcht' kein anderes Leben. Aber ob's für mich das ideale wäre?
Wenn man älter ist, ist man sicher froh, wenn man einen festen Platz hat und einen Mann. Nicht einsam und so. Je älter man wird, desto einsamer wird man. Ich werde dann schon mal heiraten. Aber ich stelle es mir ganz schrecklich vor, das ganze Leben mit einem einzigen Mann zu verbringen.
Wenn der Papi sich eine andere Frau nehmen würde oder die Mammi einen anderen Mann, das wäre echt gemein. Ich würde in jedem Fall immer zu dem Partner halten, der übrig bleibt. Ich würde sowohl den Papi als auch die Mammi hassen, wenn sie jemand anderen hätten. Das würde ich schrecklich finden. Ich würde denjenigen echt hassen.

Mit meinem Papi red' ich nicht über meine Probleme. Da red' ich lieber mit niemandem so darüber, höchstens mit meinen Freundinnen.
Ich glaube nicht, daß mir der Papi bei meinen Problemen helfen kann. Ich habe das auch noch nie probiert. Ich will das einfach nicht. Er könnte mir vielleicht ein paar Ratschläge geben, aber so richtig sagen, was mir hilft, nein, das kann er nicht. Er kann sich da nicht so in mich hineinversetzen. Die Mammi kann das eher. Die beschäftigt sich ja immer mit Problemen. Die liest ja auch dauernd so Problembücher. Der Papi liest natürlich auch so Sachen, aber nicht so viel wie die Mammi. Ich geh' auch nicht zur Mammi, weil, die sieht immer alles so problemreich. Die sieht alles schwarz oder alles weiß. Das ist mir alles zu dick. Die liest Bücher über Mutter-Tochter-Beziehungen, und das hilft mir gar nicht. Das ist so schwerfällig. Das mag ich einfach nicht.
Wahrscheinlich, wenn man in einem gewissen Alter ist, kann man sich nicht mehr in Probleme hineinversetzen, die ein anderes Alter betreffen. Ich kann ja schon froh sein, daß ich mit meiner Mutter notfalls über Probleme reden könnte. Das können viele nicht.
Was ich bei meinen Eltern nicht versteh', daß der Papi so ungern weggeht. Vom Geschäft aus muß er öfters weg. Und da schimpft er immer. Geht aber trotzdem. Manchmal geht er aber auch nicht. Er ist immer müde. Immer ist er zu faul. Er mag nicht einmal zu Leuten gehen, die er mag. Das regt mich wahnsinnig auf. Er geht nicht weg, weil er am nächsten Morgen früh aufstehen muß. Das finde ich unmöglich. Saublöd. Wenn man am nächsten Morgen ein bißchen müde ist, das wird man doch überleben. Das finde ich so spießig. Das nervt mich wahnsinnig.
Ich möchte mit meinem Papi auch nicht ausgehen. Das wäre sicher für uns beide sehr langweilig. Auf eine Reise mit ihm würde ich schon gehen. Da schaut man sich ja viel an. Da muß man nicht die ganze Zeit miteinander reden.
Wünsche habe ich keine an meinen Papi. Ich hab' ja alles,

was ich brauche. Vielleicht, wenn er Straßenkehrer wäre, da würde ich mir sicher was wünschen. Ich würde mir höchstens wünschen, daß er ein bißchen unternehmungslustiger wäre. Er kann den ganzen Nachmittag im Garten sitzen.

Ich kann ja im großen und ganzen wirklich mit meinem Vater zufrieden sein, im Vergleich zu den anderen. Die sind ja so wahnsinnig spießig und eng. Die haben Ansichten, so eingefahren. Wenn ihre Tochter mit einem Ausländer daherkäme, den würden sie gleich rausschmeißen und so. Engstirnig. Da bin ich froh, daß der Papi nicht so eingestellt ist.

Wenn ich jetzt mit einem Hindu oder so jemandem daherkäme und sagte: »Den heirate ich morgen«, da würde er nicht sagen: »Du spinnst wohl, einen Inder, was willst du damit?«, er würde mit mir reden und mich fragen, ob ich glaube, daß das der Richtige ist und wenn ich ja sagen würde, dann würde er antworten: »Na gut, dann heiratest du ihn.« Der Vater meiner Schulkameradin würde da gleich losplärren und so. Für seine Generation ist der Papi eigentlich schon gut. Tolerant meine ich. Die meisten Väter in diesem Alter so bis Fünfzig sind alle so spießig. Die sehen das alles so eng.

# ... als wär's der große Nikolaus und ich der kleine Zwerg.

*Maria Birnkammer, 28 Jahre alt, Verkäuferin*

Ich hab' so eine innere Unruhe. Immer so eine Unsicherheit. Vor zwei Monaten bin ich ausgezogen. Ich wollte immer schon ausziehen, jahrelang. Ich hab's nie geschafft. Angst vor den Eltern. Daß ich dann nicht mehr nach Hause gehen kann. Ich hab' immer gekämpft und gekämpft. Da kam halt ein Glückstreffer, weil eine Freundin ein Haus für ihre Familie gemietet hat, und da ist eine kleine Einliegerwohnung für mich drin.

Ich hab' einfach gesagt, ich zieh' aus. Da hätt' sie schon bald der Schlag getroffen. Meine Mutter hat es mir vorher immer ausgeredet. Du wirst so wahnsinnig sein und eine hohe Miete zahlen. Und dann hab' ich immer geheult und es nie geschafft.

Mit meinem Vater konnt' ich nicht reden. Mit dem red' ich kaum. Ich habe keinen Kontakt zu meinem Vater. Der redet von sich aus kaum was. Ich weiß nicht, was er denkt, was er fühlt. Ich hab' ihn manchmal schon richtig gehaßt. Na, und da hab' ich mich halt aufgerafft und bin zu denen gezogen. Da habe ich mir Illusionen gemacht, mir alles furchtbar schön vorgestellt. Als ich dann dort war, hab' ich erst einmal geschlafen und geschlafen. Und dann hab' ich gedacht, was wird alles geschehen? Im Grunde genommen, man lebt auch nur, es ist nichts anderes. Nur eben in eine andere Richtung. Keiner ist da.

Und dann habe ich letztes Jahr Schule gemacht, auf den Abschluß als Handelsfachwirt hin. Anstrengend war das. Lernen und lernen. Und Umziehen. – Ich hab' ja schön bedächtig nach Möbeln geschaut, mir ein Schlafzimmer bestellt, das dauert acht Wochen. Die Küche bestellt. Jetzt brauch' ich noch ein Wohnzimmer. Auf die Küche hab' ich großen Wert gelegt, weil wir zu Hause keine Küche hatten, sondern nur einen Tisch, einen Holzofen und einen alten Küchenschrank.
Mein Vater hat das Haushaltsgeld verwaltet, so wie ich das rausgehört hab'. Wir haben eine Landwirtschaft zu Hause. Da hat er das Geld für den Hof ausgegeben, für Maschinen, für den Stall, aber nie was für den Haushalt. Meine Mutter würde heute noch den Kuchen mit der Hand rühren, wenn wir ihr zum Muttertag nicht einmal so einen elektrischen Quirl gekauft hätten. Die Mutter hat alles akzeptiert, was der Vater gemacht hat. Die konnt' nie sagen, jetzt kauf mir mal einen Quirl, sonst gibt's keinen Kuchen mehr. Sie hat immer nur gejammert. Herzklopfen hat sie. Luft kriegt sie keine. Die ist krank. Ihr Leben lang hat sie gerackert. Die ist völlig abgerackert.
Beim Umzug bin ich auch noch krank geworden. Das hat mich Nerven gekostet, das kann ich nicht mehr beschreiben. Und dann war ich draußen. Da war so eine Unruhe in mir, so eine große innerliche Unruhe.
In der Wohnung selber fühl' ich mich einsam.
Ganz schlimm ist es halt am Sonntag. Wenn ich kein Ziel hab', wenn ich nichts vorhab', wenn ich zu keinem hingeh'. Wenn es Sonntag ist, da weiß ich nichts mit mir anzufangen. Wir durften nicht spielen mit anderen Kindern. Wir durften nicht in die Nachbarschaft gehen. Nachbarskinder sollten nicht zu uns ins Haus kommen. Das war alles immer so heimlich. Wir durften noch nicht einmal mit ihnen in ein Zimmer von uns gehen. Da durfte niemand raufgehen in die Schlafzimmer. So heimlich immer. Die könnten was stehlen oder was in der Nachbarschaft erzählen. Druck war das immer und Strenge, vom Vater. Damals war das furchtbar

schlimm alles, weil ich immer gern Freunde gehabt hätte, und ich hab' nie welche gehabt.
Wir durften auch kaum aus dem Haus und auch nicht vom Hof gehen. Manchmal haben wir das zwar geschafft, wegzulaufen. Mit den Nachbarskindern sind wir gelegentlich zum Schlittenfahren gegangen. Dann sind wir wieder zurückgerufen worden.
Ich hab' immer irgendwie so einen Druck verspürt. Und wenn wir mal gestritten haben, wir Kinder untereinander, dann ist unser Vater gekommen: »Nehmt euer Lesebuch heraus und lest was, tut was für die Schule, das ist gescheiter!« Geschrien hat er das. Immer hat er geschrien.
Dann sind wir dagehockt, haben unser Lesebuch herausgeholt und haben verkrampft vorgelesen. Er hat auf der Couch gelegen und hat eigentlich gar nicht zugehört. Der wollte uns nur bestrafen, indem wir das lesen mußten.
Ich kann mich noch erinnern an die ersten Schuljahre. Ich seh' meinen Vater, als wär's der große Nikolaus und ich der kleine Zwerg. Ich hab' mich halt immer schrecklich gefürchtet vor ihm. Ich hab' mal eine schöne Tasse fallen lassen. Da hab' ich die Scherben dann versteckt hinter dem Küchenschrank. Und dann hat's mein Bruder oder meine Schwester pritscht (verraten). Da hab' ich Schläge bekommen auf den Hintern und hab' die Scherben wieder hervorholen müssen.
Wenn so was war, hat mich die Mutter immer mehr oder weniger getröstet und mich ins Bett gebracht. Das war eigentlich ein schöner Zug von der Mutter her. Aber vom Vater her, nur schlechte Erfahrungen.
Wenn eine Vesperpause war, dann hat immer die Mutter die Brote herrichten müssen. Die Männer sind draußen vom Feld gekommen und das Essen hat fertig am Tisch stehen müssen, um drei Uhr, damit sie sich nur hinsetzen brauchten und essen konnten. Und ich war da irgendwie sauer. Da hab' ich den Vater gefürchtet und gehaßt. Dabei hätte ich den Tisch abräumen sollen. Und ich hab' nicht wollen und noch gesagt: »Ich seh' nicht ein, die fressen und ich soll hinter denen das Abgefressene abräumen. Ich muß mir mein

Zeug auch selber wegräumen.« Darauf hat mich meine Mutter geschlagen und gesagt, ich soll' nicht so frech sein.
Einmal hat meine Mutter zum Vater gesagt, wie kann man nur so grausam sein zu den Kindern. Aber vor uns Kindern hat sie das nicht zugegeben. Da hat sie meistens ein bisserl zum Vater gehalten. Wahrscheinlich, um die Ehe zu retten. Oder aus Angst vorm Vater. Sie hat furchtbaren Respekt und Angst.
Mit der Angst, das war schlimm. Und die Unsicherheit. Ich hab' immer gedacht, Kinder sind schlecht. Das war normal für mich als Kind. Ich bin nicht in eine andere Familie gekommen. Erst, als ich dann in die Arbeit gekommen bin, hab' ich das gesehen, wie schlimm der Druck war zu Hause. In der Schule hab' ich auch so schlimm gelitten. Ich war so ziemlich das einzige Kind, das im Sommer keine Sandalen gekriegt hat. Ich hab' hohe Schuhe angehabt, so Schnürschuhe. Im Sommer mußte ich mit der Schürze in die Schule gehen. Die meisten Kinder waren aus der Siedlung. Aus der Landwirtschaft gab's keine. Ich hab' schmutzige Haare gehabt, da haben mich die Kinder ausgelacht und gefragt: »Hat dich ein Kalb abgeschleckt?«
Und ich konnte mich als Kind damals nicht wehren. Im Pausenhof bin ich immer allein gewesen. Aber zu Hause konnte ich das nicht sagen. Ich traute mich nicht. Wenn mich eine Lehrkraft angesprochen hat, hab' ich geheult. Wenn ich nicht die richtigen Farbstifte hatte, konnte ich nichts sagen, ich hab' gleich geheult. Und ich heul' auch oft heute noch sehr schnell. Ich hab' gelitten, weil die anderen hatten Obst in der Schule zum Essen und wir nur immer unser gleiches Brot. Kein Obst. Und auch die Farbstifte haben wir nicht gekriegt. Meine Mutter hat da geschimpft, wenn wir Geld brauchten für die Schule. Dann hat sie immer geflucht, sie mußte das Geld beschaffen und der Vater ist wahrscheinlich auf dem Geld gesessen.
Ich hab' die Kinder so beneidet, die haben einen Spitzer gehabt mit einer Erdkugel, ich hab nicht einmal einen normalen gehabt. Und da hat eine Schülerin den Spitzer mit der

Erdkugel mal vergessen. Den hab' ich geklaut und zu Hause behalten und damit gespitzt. Ich bin da in eine Phase gekommen, da hab' ich so heimlich geklaut. Ich hab' auch der Mutter Geld geklaut aus dem Geldbeutel. Und das war oft schon ganz schön viel. Jeden Tag so eine Mark, eine Mark fünfzig, manchmal sogar zwei. Bonbons gekauft haben wir, jeden Tag. Zehn Tage ist das gutgegangen. Dann hat mich die Mutter erwischt. Ich hab' furchtbare Angst gehabt. Ich hab' mit schlimmen Strafen gerechnet vom Vater. Aber es war dann gar nicht so schlimm. Sie hat mir dann sogar eine Mark gegeben. Ich hab' mich aber geschämt. Furchtbar geschämt habe ich mich. Und dann ist sie auch noch mal auf mich los. Ich soll's nicht wieder machen, soll sagen, wenn ich was brauche. Seitdem habe ich's dann auch gelassen.

*Ein Haus voll Töchter ist ein Keller voll sauren Bieres.*

Niederländisches Sprichwort

Die Lehrer haben mich nicht mögen, weil ich so ungepflegt war. Da hatte ich furchtbare Hemmungen. Und dann habe ich so furchtbar bairisch geredet. Statt »grün« habe ich »grea« gesagt. Ich hab' halt nur so Brocken hingeschmissen, wie's halt zu Hause war, und da haben mich die meisten Lehrkräfte nicht leiden können. Wie ein Aschenbrödel kam ich mir da vor.
Wenn ein Zirkus war von der Schule, dann durften wir Geschwister, wir waren vier Kinder in der Schule, dann durften wir den nicht anschauen, weil das Geld kostete. Da hat die Mutter wieder geschimpft. Da ging es mir nicht so sehr um den Zirkus, nur um das Gefühl, dreißig Kinder gehen jetzt in den Zirkus und du allein sitzt in der Klasse,

nur weil die zwei Mark nicht da sind. Ich hab nicht dazugehört. Das war eine Strafe.
Ich glaube sogar, daß meine Mutter dieses Geld gehabt hätte, es hat ihr nur leid getan, es auszugeben für solche Zwecke. Sie hat furchtbaren Respekt vor dem Vater gehabt, weil mein Vater für Sport oder Freizeitspiele keinen Sinn hatte. Seit ich ihn kenne, seh' ich den nur arbeiten. Er selbst hat sich auch nichts geleistet. Früher mal, den Stammtisch. Aber mittlerweile sind die meisten Stammtischbrüder verstorben. Da geht er nicht mehr hin.

Mit 39 Jahren ist mein Vater aus der Gefangenschaft gekommen, hat geheiratet, meine Mutter ist zehn Jahre jünger, und dann sind wir vier Kinder nach und nach auf die Welt gekommen. Er ist 73, und ich werde jetzt 28. Er könnte also rein rechnerisch mein Großvater sein. Er ist irgendwie ein roher Mensch. Er kann nicht umgehen mit fremden Leuten. Wenn mit dem einer reden will, ist er immer abweisend. Die andern sind alle schlecht. Auch meine Mutter denkt so. Alle andern sind schlecht, und wir sollen uns nichts einreden lassen. Nicht in die Nachbarschaft gehen zum Reden und Quasseln. Nach der Kirche, jeden Sonntag, dann reden die Leute über den und über den, oft gehässig. Daß die andern so ruached (mißgünstig, geizig) sind. Sie haben aber genauso gearbeitet und gelebt. Sie sehen's aber nicht bei sich selber, nur bei den Nachbarn und den Bekannten. Ich hab' das der Mutter mal gesagt. Das hat sie furchtbar tief getroffen. Weil sie eben geglaubt hat, daß sie ihr ganzes Leben alles recht gemacht hätt' und eben nur für uns da war. Und sie haben ja gearbeitet, gearbeitet, vielleicht zu viel gearbeitet, nicht gelebt und nie für uns Zeit gehabt.
Nur am Sonntag haben sie nicht gearbeitet. Kirche, elf Uhr Mittagessen, und dann sind sie ins Bett gegangen. Wir Kinder waren da immer allein. Ich weiß, daß es am Sonntag immer so langweilig war. Um drei sind sie dann aufgestanden. Da ist der Vater ins Wirtshaus, und die Mutter hat dann in der Küche weitergemacht.

Und in der Woch', wenn wir nach Hause kamen von der Schule, haben wir gegessen und dann, wenn eine Feldarbeit fällig war, mußten wir aufs Feld gehen, Kartoffeln ernten oder Rüben oder Heu oder Getreide. Hausaufgaben mußten wir dann während der Nacht machen.
Ich hatt' immer den Druck, das zu machen, was die Freundinnen machten. Da hab' ich immer gehört, die gehen miteinander irgendwohin, aber ich ging aufs Feld. Wir mußten alle ins Feld, raus, damit keiner im Haus allein war. Die Oma mußte auch mit, alle mußten raus. Im Haus haben sie alles zugesperrt. Wenn die schon draußen waren im Feld und wir sind erst nach Hause gekommen, haben die uns nicht reingelassen. Sie haben uns das Essen im Schuppen hingestellt, und da haben wir uns umziehen müssen, und da sind wir ins Feld. Die haben kein Vertrauen gehabt. Die haben Angst gehabt, wir lassen die Haustür offen oder sowas.
Und als Abendessen gab's jeden Tag eine Fastenspeise. Fastenspeise, die sehr viel Arbeit macht. Das hat der Vater so gesagt, das muß sein. Maultaschen, Strudel, geschnittene Nudeln, jeden Abend, mein ganzes Leben lang, in achterlei Gerichten. Und mittags gab's Schweiners (Schweinefleisch) mit Knödl. Jeden Tag.
Die begreifen das auch nicht mehr, daß das nicht richtig ist. Aber die Fastenspeisen waren auch wegen dem Geld. Mehl haben wir gehabt und Schweineschmalz auch. Und wenn vom Tag vorher was übriggeblieben ist, dann haben wir das erst essen müssen, sonst hätt' der Vater das Frische nicht angerührt. Mein Vater war so geizig.
Nun ja, die haben halt früher ganz erbärmlich angefangen. Er kann einem auch das Leben nicht schön machen mit Dingen, die nichts kosten. Er war meistens bittergrantig. Er mag sich sozusagen selber nicht.
Liebe oder Zärtlichkeit zwischen meinen Eltern hab' ich nie gesehen. Wenn er grantig war, dann hat er häufig am Essen was auszusetzen gehabt. Abends, wenn er meistens sauer war, da hat er dann auf dem Teller so rumgestochert, das

Essen so mit der Gabel rumgestoßen, so auf den Tisch gehaut. Da hat er sich am Essen abreagiert, obwohl das gut schmeckte. Die Mutter hat dann einen roten Kopf bekommen, aber nie was gesagt, sondern nur alles geschluckt.
Mit meiner Schwester hab' ich oft gesprochen. Meine Schwester ist da schon arbeiten gegangen. Da haben wir's uns eben schön gemacht, uns ein Eis gekauft. Wir hatten da immer so Illusionen. Wir wollten immer was unternehmen. Meine Schwester war drei Jahre älter. Aber es ist uns nicht geglückt. Mit dem Rad haben wir uns nicht von zu Hause weggetraut. Ich war damals so dreizehn. Wir haben halt immer nur geredet, was wir gerne möchten. Und da war auch mal eine Zeit, wo wir uns ein bisserl sexuell miteinander betätigt haben, meine Schwester und ich. Meine Schwester hat da so Triebe und hat mich da mit reingezogen. Ich hab' mich hinreißen lassen. Ich hab' mir zwar nichts gedacht dabei, aber ich hab' mich hinreißen lassen. Das war aber nur einmal oder zweimal, nicht oft. Meine Schwester wollte immer weggehen zum Tanzen. Wenn's dann Abend wurde, dann traute sie sich nicht.
Die war auch verklemmt, Hemmungen. Die jammert ja heute. Sie ist verheiratet, hat zwei Kinder, klagt, daß sie nichts erlebt hat.
Und dann hab' ich's schon so getrieben. Da war ich sechzehn. Da wollte ich unbedingt weggehen, Fasching oder Silvester. Da hab' ich dann zwei Stunden auf sie eingeredet, und dann ist sie doch mitgegangen. Und dann auf einmal seh' ich sie mit einem ganz Dicken. Den kannte sie aus dem Bus vom Arbeitfahren. Der war gerade 18 Jahre alt geworden und hatte ein Auto gekriegt. Dann ist sie mit dem immer weggefahren. Dann wurde sie schwanger. Das hat mich getroffen wie ein Blitz, als sie das gesagt hat zu mir. Und sie hat eine ganze Woche Anlauf genommen, wie sag' ich's der Mutter. Angst hat sie davor gehabt. Und dann hat sie's ihr doch gesagt, in der Futterkammer. Und dann hat die Mutter geheult, geheult. Und dann ist sie böse geworden. Ob das was ist, wo sie hinheiratet? Sie könnte ja einen schlechten

Griff machen. Darum hat die Mutter sich immer Sorgen gemacht. Aufs Materielle hat sie geschaut.
Nachdem sie dann schwanger war, na, da haben die mit dem Einrichten angefangen bei den Schwiegereltern. Ich hab' ihr mit Vorhängenähen geholfen, und sie hat so ein richtiges Leck-mich-am-Arsch-Gefühl, so gar keinen Geist mehr gehabt. Sie ist jetzt ganz anders. Sie sagt nichts mehr.

Über meine Arbeit, meinen Beruf hat sich keiner Gedanken gemacht. Meine Mutter hat immer gesagt, wir hätten selber genug Arbeit in der Landwirtschaft. Wenn sie mich ernähren könnten, dann würden sie mich zu Hause behalten. Mein großer Bruder war ja schon zu Hause und hat kein Geld bekommen. Er hat immer gearbeitet zu Hause und hat kein Taschengeld gekriegt. Da ist mein Vater sehr geizig.

Ich bin nicht oft in die Stadt gekommen. Aber so drei-, viermal in meiner Kindheit. Zum Hertie, das hat mir so imponiert. Da haben wir was Gutes zum Essen bekommen. Und das hat auf mich einen Eindruck gemacht, und drum wollt' ich da arbeiten. Ich hab' gesagt, ich möchte Verkäuferin werden. Weil mir das so gefallen hat, wie die kassiert haben. Ich hab' gemeint, ich kann da auch an der Kasse stehen und kassieren.
Friseuse war auch einmal im Gespräch. Aber da muß man bei jedem seine Haare anlangen. Das ist unangenehm. Und ich konnt' mir das so gut vorstellen: Verkäuferin. Sonst einen Beruf kannt' ich nicht. Im Arbeitsamt, ja da haben sie mich beraten. Aber da haben sie mir nichts anderes vorgeschlagen. Das wär' schon was, und ob mir bewußt ist, was da alles auf mich zukommt. Ja, hab' ich gesagt, aber nix hab' ich gewußt. Ich war da noch so unreif, so unterentwikkelt. Ich hab' da vielleicht einen Verstand gehabt, fünf Jahre jünger noch.
Dann ist meine Mutter mit mir losmarschiert, zum Hertie. Dreizehn war ich. Im Oktober bin ich vierzehn geworden, aber im September fängt man ja schon mit der Arbeit an.

Da hab' ich mir Illusionen ausgemalt, was das für ein Leben sein könnte. Dann ist es aber gescheitert an der Busfahrt, weil der letzte Bus zu früh ging und ich da noch beim Arbeiten gewesen wär'. Dann sind wir in das andere Kaufhaus. Und das hat geklappt. Ich war dort so enttäuscht von der Arbeit. Ich meint', ich könnt' kassieren, kassieren. Und nix war's. Ich hab' auch keinen Anschluß gefunden mit den Lehrlingen in unserem Alter. Ich ging immer allein in die Pause und bin am Kantinentisch allein gesessen. Immer Kontaktschwierigkeiten. Immer gehabt.
Zu Hause habe ich mich dann nur gestritten. Einfach immer gestritten, aggressiv war ich. Dann hab' ich in der Früh' bei der Stallarbeit dem Kalb oder der Kuh irgendwie auf den Kopf geschlagen. Meistens bei der Stallarbeit habe ich meine Wut rausgelassen. Bei jeder Kleinigkeit, wenn die Viecher das Futter rausgezogen hatten.

Ich war immer so sehr verklemmt, weil ich keinen Freund hatte. Ich konnte auch mit meinem ersten Freund nicht zu Hause sitzen und ein Gespräch finden. Wir sind immer weggegangen, immer in der Stadt irgendwo rumgelaufen. Fünf Jahre lang. Das war eine Plage. Total unglücklich. Aber ich hab' mich so an den geklammert. Der war meine letzte Rettung. Weil ich doch sonst keinen gehabt hab'. Und ich hab' so viele Ängste gehabt, daß der mich versetzen würde. Und wie's mit dem aus war, da hab' ich gemeint, ich muß sterben. Da war ich einundzwanzig. Ich wollt' mich immer ändern, und ich konnt' mich nicht ändern. Da hat er mir immer vorgeworfen unseren alten Stall zu Hause, unser altes Haus und meine Eltern, wie sie leben. Das hat er mir vorgeschmissen. Dann hab' ich immer geheult und geheult. Ich hab' mich halt so an den gehängt, weil ich sonst niemand hatte. Und das hat er eben gespürt und umso schneller hat er sich abgeseilt. Und dann war eines Tages Schluß, und ich hab' gemeint, ich halt's nicht aus, ich muß sterben. Die ganze Nacht konnt' ich nicht schlafen. Zu Hause traute ich mir's nicht zu sagen, und dann bin ich zu der Caritas. Und da gaben die mich zur Psychologin in die Sofortannahme. Und da habe ich mich ausgeheult, und die hat halt dann ein bißchen geredet mit mir. Und dann bin ich noch zum Nervenarzt, der hat mir Tabletten gegeben, die haben aber nix geholfen. Der hat mir die Stunden bei der Psychologin verschrieben. Da ist mir dann bewußt geworden, daß das nicht allein an dem Freund lag, sondern an meinem bisherigen Leben. Ich hab' halt immer die Schuld bei den Eltern gesucht. Ich hab' dann versucht, daß ich das begreif', daß ich die Eltern nicht mehr ändern kann. Daß ich selbst mich ändern soll. Und ich versuch' eben seitdem, an mir zu arbeiten. Es ist besser geworden, aber ich hab' noch immer ein Gefühl in mir, als hätt' ich irgendwas versäumt. Als müßt' ich was nachholen, innere Unruhe. Mir geht es doch besser. Ich bräuchte die Ängste nicht zu haben. Aber ich werd' das nicht los. Die Unruhe, die hab ich heute noch in mir.

# ...ich sei sowas wie ein Heilige.

*Hildegunde Beimer, 47 Jahre alt, Beamtin, verheiratet.*

Er fährt Auto, liest mit Leidenschaft Gedichte, so lyrische Sachen und schreibt für katholische Zeitungen Leserbriefe. Für meinen Bruder schreibt er die Vorträge. Der ist Ausbildungsleiter in einer großen Maschinenfabrik. Und für meine Nichten schreibt er die Schulaufsätze.

Von seinem Schlaganfall merkt man nichts mehr. Wegen dem ist er mit vierundfünfzig in Rente gegangen. Er war Schachtmeister beim Brückenbau.
Also vom Geist her merkt man ihm seine sechsundsiebzig nicht an. Er schaut auch jung aus, ist kräftig und unterdrückt meine Mutter.
Meine Mutter hat meinen Vater gegen den Willen ihrer Eltern geheiratet. Er ist nämlich ein uneheliches Kind. Meine Eltern wissen aber nicht, daß ich das weiß. Keiner von unserer Familie weiß das. Nur ich. Weil ich einmal zufällig beim Aufräumen einen alten Paß von meinem Vater gefunden habe.
Meine Mutter hat schon drei Tage nach der Hochzeit von meinem Vater eine Watschen (Ohrfeige) gekriegt. Mein Vater hat das oft erzählt. Stolz ist er da. Ich weiß auch nie, warum. Die haben damals einige Stunden lang Holz gesägt, und meine Mutter war schon sehr müde, und damit sie nicht mehr weitersägen mußte, hat sie bei jedem Ratscher ein Stückchen den Holzbock angesägt und ihn schließlich durchgesägt. Mein Vater in seiner Wut hat ihr dann eine ins Gesicht geschlagen.

Ich bin ein Jahr nach der Hochzeit geboren worden. Wie sich das gehört. Ich habe noch sieben Geschwister. Die sind alle nacheinander so gekommen. Mein jüngster Bruder wurde 1949 geboren.
Ich finde ja, daß das nicht sehr verantwortungsvoll ist, wenn man so arm ist und so viele Kinder in so einer schlechten Zeit hintereinander macht. So recht und schlecht ist man da gerade aufgewachsen. Brot war rationiert. Da hat jeder nur eine Scheibe zur Mahlzeit bekommen. Einmal gab es drei Wochen lang morgens, mittags und abends breite Nudeln. Ich kann heute keine breiten Nudeln mehr sehen.
Und außerdem hat es nicht gelangt für eine gute Schulausbildung. Damals hat die Oberschule Geld gekostet. Und in die Oberschule habe nur ich gehen dürfen wegen meiner Hüfte. Auch meine Brüder durften nicht in die Oberschule.
Ich bin mal mit vier Jahren im Spreizschritt hingefallen. Dabei habe ich mir die Hüfte ausgekugelt und gebrochen. Dann mußte ich sechs Jahre lang in einem Gipsbett mit gespreizten Beinen liegen. Die ganzen Jahre habe ich auf dem Sofa neben dem Fenster gelegen. Meistens war ich allein. Nur die Geräusche von der Straße habe ich gehört. Ich konnte auch nicht in die Schule. Das hat mir mein Vater alles beigebracht. Und von meinem jüngeren Bruder habe ich die Hausaufgaben gemacht.
Ich habe sehr gern gelernt. Das war der einzige Trost für meine Eltern. Die haben immer gesagt, du mußt sehr viel lernen. Mein Vater hat immer gesagt, daß ich eine gute Ausbildung brauche, weil mich wegen der verkrüppelten Hüfte kein Mann heiraten würde.
Mit zwölf wurde ich dann operiert, und da hat mir ein junger Arzt mit sehr viel Geduld das Laufen beigebracht. Der war sehr lieb. Das war schön, laufen zu können.
Ich bin dann nur ein Jahr in die Volksschule gegangen und habe zwei Klassen auf der Oberschule übersprungen. Da habe ich gleich den Anschluß gefunden. Es war schön für mich, daß ich in die Schule gehen konnte.
Ich sollte einen gescheiten Beruf erlernen, damit ich mich

selber ernähren kann. Aber ich durfte auch nur bis zur Mittleren Reife gehen. Mein Vater hat dann meinen Beruf für mich ausgesucht. Das mußte einer sein, wo ich gesichert bin fürs ganze Leben. Seit ich denken kann, habe ich das im Ohr, daß ich sowieso nicht heiraten werde und daß ich eben schauen muß, daß ich irgendwie so durchkomm'.

Und ich hab' mich immer geschämt. Auf dem Wege zur Schule hab' ich nur die kleinsten Gassen genommen, damit mich keiner sieht. Ich hab' immer gedacht, die Leute schauen mir alle nach, wie ich laufe. Mein linkes Bein ist sechs Zentimeter kürzer. In die Schule und wieder heim. Sonst bin ich nirgends hingegangen. Ich schau' schlimm aus, ich geh' schlimm. Das hab' ich immer gedacht. Heute ist das nicht so schlimm. Aber es sagt mir keiner, daß es nicht so ist. Im Amt meiden mich die Leute auch. Ich finde keinen Draht zu den Leuten. Vielleicht liegt das an mir. Als ich so vierzehn war, da sind die Schulkinder spazierengegangen oder Schlitten gefahren oder haben in einer Höhle gespielt. Ich bin da nicht mit, weil mich keiner mitgenommen hat. Mein Bruder hat mir mal gesagt, die anderen Kinder halten mich für eingebildet, weil ich nie was mitmache. In Wirklichkeit war ich traurig, weil sie mich nicht mitnehmen. Das ist mein Problem auch heute noch. Ich find' da keinen Ausweg.

Aber ich hab' auch früher nicht weggehen dürfen. Bei uns war alles sehr streng. Meine Brüder, die gleich nach mir kamen, sind auch viel geprügelt worden. Ich bin auch geschlagen worden, aber als ich dann im Gipsbett lag, nicht mehr. Meine Brüder haben allerhand angestellt und wurden mit dem Stock auf den Hintern geprügelt, wie das damals noch so üblich war. Wenn meine Mutter wieder ein Kind gekriegt hat, hat mein Vater gesagt: »Schickt Gott ein Häslein, schickt er auch ein Gräslein.«

Mit meinen Geschwistern rede ich sonst kaum über unseren Vater. Mein Vater ist furchtbar jähzornig. Wenn ihm was nicht paßt, schreit er die Mutter an und schimpft mit ihr. Er ist ziemlich dick und kräftig, und wenn etwas zu entscheiden ist, dann entscheidet er das. Meine Mutter macht, was mein

Vater will, und sie macht auch nie was alleine. Manchmal stöhnt sie und sagt, daß es so schwer ist mit meinem Vater. Aber dann sagt sie auch gleich: »Ach, es geht schon.« Sie ist jetzt dreiundsiebzig. Früher ist sie oft weinend aus dem Haus gelaufen. Ich glaube, das war auch wegen der vielen Kinder. Ich habe als Kind oft das Gefühl gehabt, daß ihr alles zuviel war. Wir haben nur eine kleine Wohnung gehabt, und da entsteht so ein Durcheinander bei acht Kindern.

Mein Vater hat meinen Beruf danach ausgesucht, was am sichersten ist. Eine Beschäftigung beim Staat, da gibt's auch mal eine gute Rente. Da hat er sich für Finanzbeamtin entschieden, und das bin ich auch geworden. Das gefällt mit überhaupt nicht, aber ich weiß auch nicht, was ich sonst machen sollte.

Wahrscheinlich, weil mein Vater immer so geredet hat (»Du bekommst nie in deinem Leben mal einen Mann.«), habe ich mir so sehr einen gewünscht. Das war wirklich mein allergrößter Wunsch. Schon in der Schulzeit habe ich jeden Abend zum lieben Gott gebetet, bitte mache, daß ich einen Mann bekomme. Ich habe geschworen, daß ich immer ganz lieb zu ihm sein will und ihn bedienen werde. Und ich hab' geschworen, wenn mich mal einer heiratet, dank' ich dem lieben Gott mit einer Wallfahrt. Das habe ich auch gemacht. Mein Mann weiß das aber nicht.

Ich habe meinen Mann auf dem Amt kennengelernt. Und als ich davon zu Hause erzählt habe und daß wir vielleicht heiraten möchten, hat mein Vater große Bedenken gehabt. Er wollte mir unbedingt das Heiraten ausreden. Und er hat mir verboten, den Mann in meine Wohnung zu nehmen. Ich war damals sechsundzwanzig. Ich hab's auch nicht getan. Mein Vater war der Meinung, daß ich durch meine Hüfte nicht geschaffen war, einen Mann zu heiraten. Weil ich doch auch keine Kinder kriegen könnte. Und ich konnte den Haushalt nicht versorgen, wie sich das gehört. Eine Frau, die so gebaut ist wie ich, kann einen Mann nicht richtig

*Ich habe früher ganz stark gefühlt, daß ich gar nicht das Kind meiner Eltern bin. Sie haben mich adoptiert, das habe ich oft gedacht. Das hat natürlich nicht gestimmt.*
*Ich konnte in meiner Familie nur überleben, weil ich mich ganz verschlossen habe. Ich konnte es nur ertragen, weil ich mir gesagt habe, ich bin mein eigener Mensch und ich tue, was ich will.*

Elke Setzer, 39 Jahre alt, Arzthelferin, geschieden, zwei Kinder.

befriedigen. Das hat er bestimmt auch gedacht. Aber nicht gesagt. Mit meiner Mutter und mit meinem Vater kann ich über sowas nicht reden.
Als ich noch in Ausbildung war, so mit achtzehn, da bin ich einmal im Monat nach Hause gefahren. Jedesmal beim Abschied hat dann mein Vater gesagt, bleib sauber und anständig. Das hat immer geheißen, ich soll mit keinem Mann was anfangen. Die wollen doch bloß das eine, und dann lassen sie dich wieder sitzen.
Nein, richtig aufgeklärt worden bin ich nicht. Meine Mutter hat mir mal ein Buch gegeben, das heißt *Die Storchentante*. Das waren Geschichten, in denen drin stand, daß die Frauen die Kinder unter dem Herzen tragen. Mehr nicht. Wie die Kinder reinkommen und wieder rauskommen, das hab' ich erst von meinem Mann erfahren.
Ich hab' vorher nur Angst gehabt vor sowas. Wenn meine Eltern zu Hause ins Bett gegangen sind, dann haben sie uns fortgeschickt. Was da passiert ist, hab' ich nur geahnt und schreckliche Angst gehabt vor sowas. Einmal bin ich nach Hause zurückgelaufen, weil ich was vergessen hatte und bin ins Schlafzimmer reingestürmt. Da habe ich sie gesehen. Aufeinander. Da habe ich schon das Denken angefangen. Da war ich siebzehn.
Mein Mann hat mir dann alles gesagt, wie's geht. Da war ich sechsundzwanzig, als wir geheiratet haben. Vor der Ehe waren wir nicht zusammen, also nicht richtig. Ich hab' mich nie ausgezogen. Und im Bett waren wir schon gleich gar nicht. Erst nach der Hochzeit. Das war schrecklich. Ich hab' mich ganz blöd angestellt. Erst nach Monaten ist es irgendwie gegangen. Seit achtzehn Jahren sind wir nun verheiratet und für mich ist das nicht wichtig. Für mich ist das sogar grausam. Ich muß danach immer weinen. Und mein Mann beschwert sich oft, daß ich nicht richtig lieb zu ihm bin. Und einmal hat er schon vorgeschlagen, daß wir mal Gruppensex machen sollten, damit ich lerne, wie das die andern machen. Aber ich will nicht. Ich bin immer froh, wenn es vorbei ist. Wenn mein Mann am Tag nicht freundlich zu mir ist und ich

nachts mit ihm schlafen muß, dann ist es am schlimmsten. Eine Qual ist das.
Nachts, wenn ich dann nicht schlafen kann, frag' ich mich auch, ob das richtig ist, so wie wir leben. Jeden Tag das gleiche, seit achtzehn Jahren. Frühstück, dann geht er ins Amt. Ich räume auf und gehe eine Stunde später ins Amt. Im Sommer arbeitet mein Mann abends dann im Garten, im Winter in seinem Hobby-Keller oder er sitzt vor dem Fernseher. Und ich mach' den Haushalt.

Wir haben keine Kinder, weil ich einen Gebärmutterknick habe. Ich wollte immer ein Kind adoptieren, aber mein Mann will keine Fremden im Haus haben – und dann dafür auch noch Geld ausgeben.
Seit zehn Jahren will ich mich von meinem Mann trennen. Wenn ich mit ihm über uns sprechen will beim Abendessen, da bekommt er ein hartes Gesicht, daß die Backenknochen knacken, und dann sagt er immer, ich würde von etwas träumen, was es gar nicht gibt. Ich sehe keine Realität. Ich habe doch alles, was sich eine Frau wünschen kann. Was sollen erst die Frauen sagen, die noch einen Haufen Kinder haben? Ich habe doch das schönste Leben, sagt er immer. Und dann werde ich unsicher und denke mir, daß ich vielleicht doch von etwas träume, was es nicht gibt. Dann habe ich ein schlechtes Gewissen.

Ich hab' mal einen anderen Mann kennengelernt, er ist eigentlich aus unserer Verwandtschaft, aber ich hab' mich sehr gut mit ihm verstanden. Wir haben uns nur ein paar Mal gesehen, aber nicht geschlafen miteinander. Da wollt' ich weg von meinem Mann. Aber da hab' ich Angst vor meinem Vater. Dann denk' ich auch, das übersteht er nicht, das wird für ihn schlimm. Mein Vater hat die Vorstellung, eine Ehe ist fürs Leben. Aber er hat's doch erfahren, durch meinen Mann. Da war er wahnsinnig enttäuscht von mir. Er hat immer gedacht, ich sei sowas wie eine Heilige, eine, der das Leben heilig ist, die alles hinnimmt, so wie es ist. Ich soll zufrieden sein, egal was passiert. Verheiratet ist verheiratet. Es heißt doch, man soll zusammenstehn in guten und in bösen Tagen. Das sagt er dann, wie der Pfarrer in der Kirche. Wenn er mir so eine Predigt hält, dann werde ich ganz klein. Dann bin ich ganz hilflos, wenn er so vor mir steht und befiehlt: »Bring das in Ordnung!« Da fällt mir keine Antwort ein. Da bin ich furchtbar traurig und kann nichts sagen. Und immer, wenn mein Mann Schwierigkeiten mit mir hat, ruft er meine Eltern an.

Ich habe einen Kredit aufgenommen und mir eine Eigentumswohnung gekauft. Und dann habe ich wieder zu meinem Mann gesagt, daß ich so nicht weiterleben kann, daß ich ausziehen möchte. Da hat er zu mir gesagt, dann fahr' ich sofort zu deiner Mutter und mach' einen Riesenkrach. Und meine Mutter hat ein schlechtes Herz, die lag im Krankenhaus. Es ging ihr ganz schlecht. Da bin ich eben nicht ausgezogen.
Die Eigentumswohnung ist jetzt vermietet. Er hat es auch meinem Vater gesagt. Der hat dann eine Art, mich zurechtzuweisen, da komme ich nicht dagegen an.

Und wenn mich etwas beschäftigt, dann höre ich meine inneren Stimmen. Die höre ich immer. Ist das verrückt? Es ist sicher verrückt. Ich kann das keinem erzählen. Dann komme ich vielleicht in eine Klinik, in eine Anstalt. Ich höre die Stimmen aber nur, wenn ich alleine zu Hause bin. Dann bin ich ganz schrecklich aufgeregt, ich fange an zu zittern, weiß nicht warum, und dann kommen die Stimmen. Ich werde bestraft, sagen sie zu mir. Manchmal kann ich die Stimme meiner Mutter heraushören, manchmal auch die von meinem Vater. Die Stimmen warnen mich immer. Und manchmal drohen sie mir auch.
Ich wünsche mir oft, daß mein Mann tot ist. Und wenn er jammert und weint, weil ich so schlecht zu ihm bin, dann tut er mir auch nicht mehr so leid wie früher. Es ist nur schlimm, daß ich so ein schlechter Mensch bin, daß ich dann

auch daran schuld bin, wenn er sich etwas antut. Oder wenn er verkommt. Das sagt er immer, wenn ich ihn verlassen möchte.
Irgendwie ist das ein Teufelskreis. Ich möchte weg, aber ich kann nicht. Ich habe Angst vor dem Alleinsein. Lieber mit einem grausamen Mann leben als allein. Daß ich jetzt die kleine Eigentumswohnung hab', gibt mir ein bißchen Sicherheit. Mein Mann hat unser gemeinsames Haus notariell auf seinen Namen schreiben lassen, weil er mir nicht mehr traut, seitdem ich gesagt habe, daß ich ausziehen möchte. Nun kann er kein gemeinsames Eigentum mehr mit mir teilen. Das Haus haben wir von unserem gemeinsam Erspartem gekauft. Er hat mir solange in den Ohren gelegen, bis ich weich war und ihm gesagt habe, er kann auch meine Hälfte überschrieben bekommen. Am nächsten Tag hatten wir gleich einen Termin beim Notar. Unser Haus ist jetzt sein Haus. Ich bin da nur Gast, aber ich brauche keine Miete zu bezahlen.
»Ich hab dich gern«, das sagt mein Mann schon manchmal. Aber ich sage dann, du hast mich nur mit Worten gern. Ich spüre nichts. Und dann meint er halt, ich würde ihm immer widersprechen. Das stimmt aber nicht. Ich sag' jetzt nur manchmal, was ich denke und was mir nicht gefällt.
Mein Vater sagt auch, er kenne mich nicht mehr. Ich habe mich verändert, zum Schlechten.
Und dann komme ich in innere Schwierigkeiten, ob das richtig ist, wenn ich mich verändere, wenn ich anfange zu denken. Bei den Menschen, auf die es mir ankommt, ist das doch alles negativ.

# Sein Verhalten war reine Schikane.

*Margot Arnold, 26 Jahre alt, Studentin.*

Ich habe zwei Väter. Mein leiblicher Vater heißt Herbert, mein Stiefvater Albert. Mit Herbert lebte ich bis zu meinem vierten Lebensjahr zusammen. Dann folgte ein Jahr chaotischen Umherziehens samt der vorübergehenden Trennung von meiner Mutter. An der war aber Herbert schuld, weil er mich für ein halbes Jahr zu meinen Großeltern steckte. Mit meiner Mutter hat er in der Zwischenzeit um das Sorgerecht für mich gekämpft. Ich glaube, daß die Beziehung zu ihm in den ersten Jahren ziemlich intensiv war. Die ersten drei Monate versorgte er mich hauptsächlich, neben meiner Großmutter. Aber ich kann mich an diese Zeit nicht erinnern. Als mich meine Mutter dann von dem vorübergehenden Exil zu sich nahm, da gab es Albert. Zwischen uns war es von Anfang an schwierig. Ich mochte ihn nicht. Ich lehnte ihn von vornherein ab und war eigentlich sehr auf Herbert fixiert, der mir wohl abging. Ich spürte, daß ich nicht Alberts Kind war. Er behandelte mich auch so. Wir waren uns von unserer Veranlagung her fremd. Obwohl er sich zeitweise, das wurde mir so erzählt, sehr bemühte, zu mir einen Kontakt zu bekommen. Aber er ist einfach kein Vater. Daran hat sich bis heute nichts geändert. Ich kann mich gut erinnern, daß ich sehr viel Angst vor ihm hatte. Er war autoritär und cholerisch. Ich fühlte mich oft ungerecht behandelt. Ich wurde öfters geschlagen, angebrüllt und drangsaliert. Sein Verhalten war reine Schikane, so mußte ich es jedenfalls sehen. Seine eventuell positiven Seiten blieben für

mich unsichtbar. Meine daraus entwickelte Strategie lautete: entziehen, möglichst allen Kontakt vermeiden, keine Konfrontationen heraufbeschwören. Ich war froh, wenn er mich in Ruhe ließ.
Von meiner Mutter hatte ich ihm gegenüber keine Unterstützung zu erwarten. Sie war selbst zu schwach und fühlte sich sehr unterdrückt und ausgeliefert. Ich freute mich immer auf die Ferienzeit und auf die Besuche meines Vaters Herbert. Zu der Zeit war Herbert der »gute« und Albert der »böse« Vater. Wenn ich sehr verzweifelt war, stützte sich meine Hoffnung auf Herbert. Er würde mir aus der gräßlichen Familiensituation heraushelfen.

Während meiner Volksschulzeit war eines der unangenehmsten Dinge, mit Albert Hausaufgaben zu machen oder sie ihm zeigen zu müssen. Er war äußerst ungeduldig. Da gab es oft mittlere bis größere Dramen. Meine Schrift und meine Arbeitsweise entsprachen nicht seinen Vorstellungen. Es flogen die Ohrfeigen. Und oft endete das mit Gebrüll und Tränen und unausgedrückter Wut meinerseits. Ich kam mir hilflos, ja richtig ohnmächtig ihm gegenüber vor.
In der Volksschule war mir alles ziemlich egal. Nach der bestandenen Aufnahmeprüfung für das Gymnasium kam ich an eine reine Mädchenschule. Als ich mit Latein anfing, bekam ich ziemliche Schwierigkeiten. Die Sprache war mir uneinsichtig und lästig. Ich bekam Nachhilfe, die natürlich auch von Albert bezahlt wurde, da Herbert laut meiner Mutter viel zu wenig Alimente zahlte. Das stimmte auch wirklich. Aber ich bekam auch zu hören, daß die Nachhilfe teuer sei und daß ich »vernünftig« lernen müsse, sonst sei sie für die Katz, und ich müßte eben sehen, was passiert. Auch in Mathe ging es eine Zeitlang nicht ohne Nachhilfe. Mir war nur der Druck unangenehm, durch die Nachhilfe gezwungen zu sein, mich damit auseinanderzusetzen und »anständig« zu lernen. Ich wußte nicht, was »anständig« ist. Ich konnte nicht zwischen wichtigem und unwichtigem,

zwanghaften Strebertum und notwendigem Stoff unterscheiden. Irgendwie war's mir auch egal.
In dieser Zeit kann ich mich nicht erinnern, viel Kontakt zu Herbert gehabt zu haben. Ich weiß weder, wie er dazu gestanden hat, noch, ob er es überhaupt mitgekriegt hat. Nur die Sommer in München zählten in unserer Beziehung. Da war ich trotz ambivalenter Beziehung zu seiner Frau gern. Es wurde viel gemeinsam unternommen, im Gegensatz zu meiner anderen Familie. Da war die ganze Familie beteiligt. Sie kümmerten sich um meine Freunde. Sie verschafften mir interessante Bekannte. Mir gefiel das.
Nach der Übersiedelung nach Mainz erwachte ich in einem total anderen Schulsystem. Die neue Umgebung fand ich aufregend und interessant. Aber in der Schule wurde auf einmal viel Eigeninitiative, viel mündliche Mitarbeit und sprachliche Gewandtheit erfordert. All das besaß ich nicht. Zu Hause interessierte sich niemand dafür. Da hieß es nur: »Du mußt den Mund aufmachen. Wieso bist du in Deutschaufsätzen so schlecht? Du drückst dich so ungeschickt aus.«

Albert war dann einige Zeit von der Bildfläche verschwunden. Mutter begann zu arbeiten, und ich wurde noch mehr als früher für Haushalt und Geschwisterbetreuung eingesetzt. Was mich einerseits zwar schon immer mit Stolz erfüllte. Für diese Tätigkeit heimste ich jedesmal viel Lob ein, aber es war auch lästig. Ich geriet in Konflikt zwischen Familieninteressen und meinen eigenen Interessen.

Zur Zeit der Pubertät war bei mir kein Vater präsent. Zumindest scheint mir das jetzt so. Mit Herbert war ich zwar immer im Briefkontakt, aber mein Bild von ihm wurde immer mehr durch Mutters Erzählungen eingefärbt. Offensichtlich bekam ich auch von ihm keine Unterstützung. Mutter machte mich immer mehr zu ihrer Vertrauten und legte mir plausibel dar, wie schlecht die Männer oder eben die Väter doch seien. Der eine, also der Herbert, der zahlt zu wenig, ist arrogant, paßt sich immer mehr seinem Gesell-

schaftsweibchen und dessen Maßstäben an und lacht überheblich. Auf eine bestimmte Art lache ich offenbar wie er, was meiner Mutter immer Anlaß zu Bemerkungen gibt wie: »Lach nicht so wie Herbert, ich mag das nicht.«
Und der andere ist jähzornig, cholerisch, unverantwortlich und überhaupt ein Ekel. Das Herbertbild wurde somit auch immer negativer, obwohl ich es noch lange für sehr positiv halten sollte.
Nach dem Tod meines Bruders siedelten wir nach Nürnberg über. Da war ich sechzehn. Der Schock, der Verlust meiner Freunde und die erdrückende Stimmung zu Hause ließen mich in Depressionen fallen. Nach einem halben Jahr starb auch noch ein Freund, in den ich mich sehr verliebt hatte. Da verlor ich viel Boden unter den Füßen. Zu dieser Zeit zeigte sich Albert sehr verständnisvoll. Zum ersten Mal spürte ich seine emotionale Wärme, obwohl unser Verhältnis nach wie vor sehr schwierig war.
Für meine Schule hat sich keiner interessiert. Sie haben sich zwar gefreut, als ich dann drei Jahre später das Abi geschafft hatte, aber ich war es gewohnt, selbständig zu arbeiten und nicht allzuviel zu erzählen. Ich habe mich irgendwie so durchgewurschtelt, ohne Interesse, ohne Motivation. Mir wurde auch versichert, man habe mich durch die Schule geschoben und immer etwas nachgeholfen. Bei der Berufswahl sagten sie mir, ich solle das wählen, was mir Spaß mache, was mich interessiere. Wir werden das schon finanziell hinkriegen, hieß es. Aber eigentlich mußte ich auf einmal wissen, was ich wollte. Ich wußte es auch. Es war zwar keine bewußte Entscheidung. Das Psychologiestudium war für mich die einzige Möglichkeit. Eine andere wußte ich nicht. Anders reagierte da mein eigentlicher Vater Herbert, der mein Studium finanzieren wollte oder besser mußte. Er schaltete sich plötzlich wieder ganz massiv ein. Die ganze Schulzeit über sprach man mir Ehrgeiz ab, und nun sollte ich meine Berufswahl tapfer gegen die Vorstellungen meines Vaters verteidigen. Ich war immer noch nicht ehrgeizig. Ich wußte nur, ich möchte was mit Kindern arbeiten. Ich wollte

ihnen helfen, ihre Familiensituation besser zu ertragen, sie zu stärken, und ich wollte sie gegen ihre autoritären Väter verteidigen.
Und nun wollte Herbert das Fundament meiner Entscheidung sehen. Aber das konnte ich ihm nicht zeigen. Es war mir selber nicht so klar. Als Techniker konnte er sich unter Psychologie nichts vorstellen. »Was machst du, wenn du fertig bist?« Das war seine immer wiederkehrende und von mir ebenso vage beantwortete Frage. »Psychologen haben schlechte Berufsaussichten«, sprach der mahnende Zeigefinger des Vaters. »Warum studierst du nicht Medizin? Mit Medizin kannst du dir eine Existenz aufbauen, nach deinen Wünschen.« Dieser »Vorschlag« veränderte sich in den Jahren zum Vorwurf: Warum hast du nicht... du wolltest ja nicht... Herbert und ich kämpften. Ich kämpfte um seine Anerkennung und Zuneigung. Mein Defizit war riesengroß und ist es immer noch. Und er kämpfte, um mich vor Unglück zu bewahren, das heißt, er wollte mir seine Vorstellungen von Glück und wie man dahin kommt, vermitteln. Das hat er mit allen Mitteln versucht, mit moralischem Druck, mit Ironie, mit verbaler Aggression und auch mit finanziellem Druck. Er wollte mich dabei finanziell nach seinen Möglichkeiten unterstützen. Diese Möglichkeiten waren aber immer vom Willen seiner Frau abhängig. Ich sei uneinsichtig, undankbar; ich befolgte nicht seine Ratschläge. Ich wehrte mich nur und hatte keine Energie mehr zu schauen, was wirklich für mich richtig ist.
Ich mußte mein Studium verteidigen, meine emotionale Situation verschweigen, mein Nichtweiterkommen selbst vor mir nicht zur Kenntnis nehmen. Dazu kam ein permanent schlechtes Gewissen, von ihm Geld zu erhalten, und der dauernde Kampf in Briefen und Gesprächen und das Ringen um ein bißchen Anerkennung.
Erst als ich Schluß gemacht hab', erst als ich geschrieben habe, ich brauche kein Geld mehr, ich verdien' mir mein Studium jetzt selbst und sorg' allein für mich, hat mich das von den jahrelangen Auseinandersetzungen befreit. Es ist

ein aufwertendes Gefühl, daß ich selbst für mich sorgen kann, selbst für mich verantwortlich bin. Niemandem muß ich Rechenschaft übers Geld ablegen.Das stärkt mich sehr und ermöglicht mir, mein Ich auszuprobieren und unbeschwert zu sein.

Erst in den letzten Monaten bin ich in der Lage festzustellen, daß Arbeit einen befriedigenden, mein Ich stabilisierenden Faktor darstellt. Ich traue mich, eine Motivation zu haben und auch was Eigenes zu tun, hoffentlich kann ich es bald von mir als »leisten« bezeichnen.

Die Kontakte zu meiner Familie oder zu meinem Vater sind aber dadurch nicht inniger geworden. Wenn ich mit denen zusammen war, bin ich jedesmal wie erschlagen. Neulich habe ich sie besucht. Da kam mein Vater mit solchen dummen Fragen wie: »Darf ich fragen, hast du eigentlich vor zu heiraten?« und »Was macht dein Freund, will er immer noch Betriebsrat werden?« und dann die Meldung: »Ich hoffe, wir werden uns mal wieder besser verstehen, wenn der Druck weg ist, der von dir eingebildete Leistungsdruck.«

Und seine dumme, beschränkte Frau arbeitet mit versteckten Vorwürfen: »Das hat ja der Papa immer schon gemeint, daß du damals hättest Medizin studieren sollen.« – »Du hättest ja mit vierundzwanzig fertig sein können.« – Und: »Dein Freund wird deshalb keine Stelle kriegen, weil er schon zu lange aus der Schule draußen ist.«

Und die Mutter vom Herbert, meine Oma also, die sagt dann noch: »Schaff dir ja kein Kind an!« Und ich – ich lächle immer noch gehemmt, versuche die Demütigungen vorbeigehen zu lassen, mache gute Miene zum bösen Spiel. Es hilft mir nichts. Es wird wieder so sein. Das nächste Mal und das übernächste Mal. Warum mach' ich bei sowas noch mit?

Ich bin einfach nicht integriert. Ich fühle mich wie ein Anhängsel, nicht akzeptiert, nicht ernstgenommen. Fragt die dumme Frau noch: »Was ißt du eigentlich, kochst du dir selbst?« Die haben überhaupt keine Vorstellung davon, wie ich lebe. Überhaupt keine. Frauen, die nicht verheiratet sind, keine Kinder haben, keinen richtigen Beruf haben, die gibt's offenbar nicht. Ich existiere offenbar gar nicht richtig. Die haben keinerlei Vorstellung von meiner Welt, meiner Lebensweise. Das merke ich an ihren immer wiederkehrenden dummen Fragen und ihren ungläubigen Gesichtern und Blicken. »Wie kann ein Mensch nur *so* existieren?« Es herrscht bei ihnen nur totales Unverständnis vor. Aber nicht nur das, sondern auch hohe dicke Mauern, die kein Herankommen und Nähern erlauben. Festgefahren. Beschränkt auf einige wichtige *Dinge* und die Familie. Jeder rundherum, dem es nicht so gut geht, ist selber schuld. So, wie ich beispielsweise.

Es gibt kein Interesse, keine Zeit zu schauen, wie ich lebe, wo ich lebe. Die anderen Kinder, die verheirateten, die werden besucht, da wird geschaut, wie sie wohnen. Auch bei der Oma wird hin und wieder vorbeigeschaut. Ich werde ab und zu bestellt und angeschaut. Und nach dem »Wie geht's dir denn...« kommt dann gleich ihr eigener Salat. »Ja, stell dir vor...«, und nach einer Weile höre ich dann wieder die Frage: »Was machst du denn so...«

Es ist purer Hohn. Als ob ich nie einen Brief schreiben würde. Die Briefe, meine Worte, ich komme nicht an. Ich treffe sie nicht. Ich bin von einer anderen Welt, die sie nicht verstehen, die für sie gar nicht existiert. Das kotzt mich an. Alles eine Farce. Warum halten sie das aufrecht? Aus Verantwortungsgefühl? Weil ich auch ein Kind meines Vaters bin, zwar ein Kind aus erster Ehe von der ersten Frau, aber leider nicht zu verleugnen? Und immer noch bekomme ich gute Ratschläge. Daß sie sich nicht absurd vorkommen. Alle lächeln. Alle machen ein freundliches Gesicht. Ich auch, zwar ein gequältes, aber ich revoltiere nicht. Ich spiele mit. Warum? Wozu?

# Sein Tod würde mich nicht berühren.

*Inge Wohlfahrt, 27 Jahre alt, Lehrerin.*

Eigentlich war er nicht anwesend. Aber er hat geherrscht, unser aller Sein beherrscht, wie ein Despot aus der Verbannung. Mein Vater ist Rechtsanwalt und Steuerberater. Er hat hier in unserer Stadt eine sehr große, sehr angesehene Kanzlei. Er macht Wirtschaftsprozesse, darin ist er Spezialist. Er kommt täglich abends um neunzehn Uhr nach Hause, auch samstags, da verbringt er seinen Tag allein in der Kanzlei, wenn alle weg sind, da kann er kontrollieren, ob sie auch alles richtig gemacht haben, so sagt er jedenfalls. Nur am Sonntag ist er zu Hause, und dann liest er Zeitungen. Den ganzen Tag. Meine Eltern bekommen keinen Besuch, und er und meine Mutter besuchen auch niemanden. Ich bin mit achtzehn Jahren ausgezogen. Aber bis heute hat sich da nichts geändert.

Er ist jetzt vierundfünfzig Jahre alt, aber ich empfinde ihn als dermaßen verknöchert, daß er mir wie neunzig vorkommt. Er ist gefangen in seinem Geiz. Er ist unermeßlich geizig. Noch nie hat meine Mutter einen Urlaub machen können. Sie ist noch nicht ein einziges Mal während ihrer Ehe mit meinem Vater – ich hab' echte Schwierigkeiten, dieses Wort auszusprechen – aus ihrer Bude herausgekommen. Mein Vater fährt aber jedes Jahr wenigstens einmal zur Kur, seit ich denken kann, immer nach N. Jedes Jahr. Meine Mutter ist zu schwach, um ihr Leben zu führen. Eigentlich ein verhuschtes Mäuslein, die nur eine Lächel-

maske hat, wenn er kommt, damit er still ist und nicht noch über ihr kummervolles Gesicht ungehalten wird.
Meine Mutter hat keine Putzfrau, keine Hilfe, nichts. Ich muß dazu sagen, daß mein Vater wahrscheinlich mehrfacher Millionär ist, und das ist nicht übertrieben. Sie leben nach wie vor in ihrer alten, kleinen Stadtwohnung. Meine Mutter würde so gern aufs Land ziehen. Es wäre für sie so wichtig, in guter Luft zu leben. Sie hat schwere Kreislaufbeschwerden und ein krankes Herz. Sie kann keine Treppen steigen. Sie wohnen aber in einem alten Haus ohne Lift, im zweiten Stock. Manchmal kommt sie da wochenlang nicht raus, weil sie sich vor den Treppen fürchtet.
Normale Menschen können sich geizige Menschen nicht vorstellen. Geiz ist nicht nur Ausdruck für Geldhaben und Behaltenwollen. Geiz ist irgendwie schikanös für die Mitmenschen, die mit einem Geizigen leben müssen. Ich habe mir als Kind z. B. in der Stunde zehn Pfennig Taschengeld verdient oder verdienen müssen, indem ich abgeschriebenes Blaupapier aus dem Büro bei uns zu Hause über den Toaster halten mußte, damit die letzten Blaureste noch zusammenlaufen und es wieder weiterverwendet werden konnte. Mit Stempelkissenfarbe mußte ich die abgeschriebenen Farbbänder aus den Schreibmaschinen in seinem Büro einpinseln, damit sie wieder brauchbar wurden. Eine Schmiererei war das. Die Sekretärin durfte erst dann ein Farbband wegschmeißen, wenn es in Fetzen herunterhing. Mein Vater hat die Papierkörbe im Büro und unsere zu Hause kontrolliert. Wehe, wenn wir einen Briefumschlag, einen an uns adressierten, weggeschmissen haben! Briefumschläge wurden immer mit dem Messer an den Seiten aufgeschlitzt, und die Innenseite wurde dann als Notizpapier verwendet. Aus fünfzig Stück mußte ich mit einem Bindfaden dann Notizblöcke zusammenbinden.
Er hat auch meine Mutter gemahnt, wenn die Kartoffelschalen zu dick waren, wenn das Klopapier zu schnell verbraucht wurde, wenn die Wurstscheiben von der Verkäuferin zu dick abgeschnitten waren oder wenn die Heizkörper zu

Hause aufgedreht waren. Wenn ich in meinem Zimmer lernen mußte, saß ich im Winter immer mit meinem dicken Strickmantel, weil es zu kalt war. –
Er war ein Tyrann, ein widerlicher Tyrann. ich sage: war, aber er ist es noch. Er lebt ja noch.
Das schlimmste zu Hause war, daß wir alle nicht sprechen durften. Meine Mutter hat stumm ihren Haushalt versorgt. Als ich noch klein war, oder jünger jedenfalls, hat sie auch immer mit dem Vater gedroht, wenn was nicht so lief, wie sie es sich vorstellte. Sie hat nie gesagt, ich dulde das nicht, sie hat immer nur gesagt: »Ich werde das dem Vater sagen, dann wirst du schon sehen!« – Wenn das Mütter nicht machen würden, könnten Kinder ja noch ganz unbefangen und locker auch auf das größte Scheusal zugehen. Sie wissen ja nicht, wo Böses ist. Aber so bekommen sie durch die Unfähigkeit der Mutter Angst vor dem Vater eingetrichtert. Ich glaube, daß da viele Mütter ihre Chancen preisgeben. Eine unbefangene, herzliche, auf den verknöcherten Vater zugehende Tochter könnte doch Freundlichkeit in so einem Menschen auslösen, wie es sonst vielleicht kein anderer Mensch überhaupt vermag. Ein unverdorbenes, unschuldiges Kind könnte doch vielleicht so einen Stein aufweichen, nicht wahr? Aber da läßt die Mutter nichts Unschuldiges zu, vielleicht gönnt sie dem Kind nicht die Liebe, die ihr selbst wohl versagt geblieben ist.
Vielleicht machen schwache Mütter sehr viel mehr kaputt als der stärkste Tyrann, ich meine als der stärkste Vater, wie brutal, rücksichtslos er auch immer ist. Schwäche provoziert ja dieses Verhalten. Eine starke Mutter hätte sich doch nicht in den Abfalleimer gucken lassen. Eine starke Mutter läßt sich doch nicht zum »Putztrampel« versklaven. Eine richtige Mutter läßt sich wenigstens nicht in ihr Terrain hereinpfuschen. Daß mein Kind in seinem Zimmer frieren müßte, das gäb's bei mir nicht.
Ich habe unheimliche Aggressionen gegen meine Eltern, am meisten noch gegen meinen Vater. Da gab's auch noch was. Etwas, was sehr schlimm war für mich und was mir aber

keiner so recht glauben will. Auch mein Therapeut nimmt das nicht so für voll. Er glaubt, meine Probleme seien allgemein durch mein schlimmes Zuhause, durch das stumme Familiendasein und durch die Schikane meines Vaters entstanden.
Einmal war meine Mutter im Krankenhaus, sie hatte eine Nierenoperation, da brachte mein Vater an einem Samstagabend vom Büro einen »Freund« mit nach Hause. Ich sollte ein Abendessen machen. Ich mußte sogar noch eine Flasche Wein einkaufen. Wein gab's bei uns zu Hause grundsätzlich nicht. Bis dahin hatte mein Vater auch noch nie einen Menschen mit nach Hause gebracht. Das war ein einflußreicher Mann vom Elektrizitätswerk, sagte er mir. Ich machte belegte Brote und mußte mich zu ihnen setzen. Ich bekam auch Wein zu trinken, der Freund schenkte mir immer ein. Ich war damals fünfzehn Jahre alt. Ich wurde schnell müde und ging ins Bett. Ich wurde wieder wach, als der Mann nackt auf mir drauflag. Ich schrie sofort. Der drückte mir aber den Mund zu und sagte, mein Vater wisse das, er habe ihn zu mir geschickt. »Du kriegst ab jetzt auch etwas Taschengeld, das hab ich für Dich gemacht«, sagte er noch. Das hat er mir lachend, als ob nichts Besonderes los sei, gesagt. Er hatte so einen schweren Körper, ich dachte, ich müßte ersticken. Ich wollte immer schreien, aber ich konnte nicht. Ich bin dann schwanger geworden und hab's nicht verbergen können. Ich hab' nur gekotzt. Immer und immer wieder. Ich dachte, ich kotz' mir die Seele aus dem Leib. Meine Mutter hat's dann meinem Vater gesagt. Aber ich hatte nicht das Gefühl, daß sie besonders empört gewesen sei. Mein Vater hat dann gesagt, er kümmere sich drum, er würde das erledigen. Das muß man sich mal vorstellen, diese Sau! *Er* wird das erledigen! Dieser unglaubliche Hochmut, diese unglaubliche männliche Borniertheit! Aber wie soll man dagegen an, als Mädchen, wenn man fünfzehn ist?
Zwei Tage später kam er mit einer Spritze an. Das sei was ganz Besonderes und er würde mir sie geben. Ich mußte mich aufs Bett legen, Hosen runter, und da hat er sie mir in

den Po gegeben. Sehr ungeschickt, denn beim Herausziehen hat er mir eine lange Wunde gerissen. Die Spritze hat natürlich nichts genützt. Da hat er gesagt, fünfzig Mark umsonst. Das war das Schlimmste, daß er Geld ausgegeben hatte.
Ich konnte nicht mehr in die Schule gehen, weil mir ständig speiübel war, meine Mutter lief immer mit gesenktem Kopf herum, was die wohl gedacht hat? Mein lieber Himmel, ist das ein armseliges Dasein, nicht wahr? Sie hat wohl auch keinen Menschen gehabt, der ihr oder mir da hätte helfen können. Eines Abends kam mein Vater nach Hause, in mein Zimmer, blieb in der Tür stehen und sprach mit mir, so lange wie noch nie in seinem Leben: Ich solle tapfer sein, und er würde mir helfen, und ich brauche mir keine Sorgen zu machen, ich müsse zu keinem anderen Menschen gehen, ich müsse die Schande nicht tragen, er komme dafür auf. Und, ich erzähl jetzt keinen Unsinn, er sagte, er habe sich informiert in Büchern, früher haben das die Leute mit Stricknadeln gemacht, und ich trinke doch so gern Rotwein, den bekomme ich vorher, damit es nicht wehtut. Um am nächsten Sonntag, wenn er zu Hause sei, würde er das machen.
Als er mir das sagte, war es ein Dienstag. Ich war so schwach, ich habe nur ja gesagt. Aber ich habe panische Angst bekommen. So entsetzliche Angst, ich kann's nicht sagen, so schreckliche Angst. Und in dieser Nacht, ich weiß nicht, wenn es einen lieben Gott gibt, dann hat er mir in dieser Nacht geholfen. Ich habe die ganze Nacht über wachgelegen und mich am Morgen wahnsinnig stark gefühlt, nicht körperlich stark, nur ich wußte, ich mußte raus und in die Schule und ich mußte mit meiner Freundin Ute reden. Das war alles, was ich wußte. Egal, was draus wird, egal, ob sie mich verhaften, ob sie mich einsperren, oder was auch immer. Und es war mir nicht schlecht beim Aufstehen, ich bin in die Schule gegangen und hab' der Ute alles gesagt. Die hat mich in den Arm genommen und geweint. Die war damals schon sechzehn. Und mittags bin ich dann mit zu ihr nach Hause gegangen. Sie hat alles ihrer Mutter erzählt. Ich

hab' nur da gesessen in der Küche und geheult. Aber es war ein gutes Heulen, es war so ein Rausheulenkönnen. Da war mir keiner böse, da hat mir keiner Vorwürfe gemacht. Da hab' ich keine Angst gehabt. Die Mutter hat dann meine Mutter angerufen, und darauf ist wohl meine Mutter am Telefon zusammengebrochen und hat selbst geheult. Jedenfalls hat die Mutter meiner Freundin alles organisiert. Sie hat auch ihren Mann einbezogen. Der war Zahnarzt. Irgendwie haben die alles organisiert. Ich kam da eine Woche lang in eine Klinik. In der Schule wurde gesagt, ich habe Gastritis. Ich habe heute keinen Kontakt mehr zu den Leuten. Aber ich bin ihnen nach wie vor so dankbar. Die haben mir das Leben gerettet. Ich hätte das nicht über mich ergehen lassen können, das mit den Stricknadeln. Meine Mutter hat in jener Zeit furchtbar viel geweint. Später ist mir mal der Gedanke gekommen, daß er das vielleicht bei ihr auch schon gemacht hat, denn, daß ich ein Einzelkind bin, ist ja nicht so normal. Die Pille gab's ja zu ihrer Zeit noch nicht.

Mit achtzehn habe ich einen Jungen kennengelernt. Er war ein Jahr älter als ich und sehr schüchtern. Wir haben uns sehr lieb gehabt. Er hat mich angehimmelt, und ich fand es schön, daß er mich nicht bedrängte. Als er mich dann aber so innig umarmte und mich näher berühren wollte, bin ich zur Salzsäule erstarrt. Es überkam mich ein großer Ekel. Nicht vor ihm, aber vor den Berührungen und vor mir selber. Ich war doch gar nicht mehr so unschuldig, wie er das von mir glaubte. In Wirklichkeit aber war ich es doch. Ich habe mich so sehr geschämt. Ich wußte nicht, wie ich es ihm beibringen sollte. Er ist eines Tages einfach nicht mehr gekommen.
In jener Zeit ist es mir gesundheitlich auch sehr schlecht gegangen. Ich habe mich nachts meistens übergeben. Zweimal bin ich von einem Internisten auf Magengeschwüre untersucht worden, aber er hat nichts gefunden. Ich wurde immer dünner. Und eines Tages bin ich wieder bei einem

Arzt gelandet. Ein Taxifahrer hat mich da einfach hingebracht. In dessen Taxi soll ich eingestiegen sein, und angeblich wollte ich zum Ende der Welt fahren. Ich kann mich daran nicht mehr erinnern. Er hat mich sicher für verrückt gehalten, wahrscheinlich war das eine kurze Bewußtseinsstörung, hat der Arzt gesagt. Und bei dem hab' ich geredet. Über meine Misere mit meinem Freund, über die Geschichte mit dem Freund von meinem Vater. Ich sollte dann in eine psychiatrische Klinik kommen. Als das mein Vater erfuhr, hat er mich zu sich gebeten. Er hat sehr verständnisvoll getan, daß es mir so schlecht geht, über den Vorfall von damals wurde aber nicht gesprochen. Und ich brauchte keine Hilfe von anderen anzunehmen. Ich sei ja nun schon ein vernünftiges Mädchen,und ich wünsche mir doch schon so lange, selbständig zu sein. Wenn ich ihm unterschreibe, daß ich zu keinem Therapeuten oder in keine Klinik gehe, dann richtet er mir eine kleine Wohnung ein und ein Konto mit monatlich tausend Mark für Miete und Essen. Und ich hab' geglaubt, es tut ihm alles leid, er will wieder gutmachen, er kann nicht darüber sprechen, aber er will wieder gutmachen. Ich war sogar gerührt, ich hab' das mit großer Freude angenommen. Ich war kurz vor dem Abitur damals und hab' das prima gefunden. Erst später, durch ein Gespräch mit einem Freund, ist mir klar geworden, daß er ganz einfach nur Angst hatte, daß ich in der Therapie von ihm erzählen würde.

Meine Eltern sind beide streng katholisch erzogen worden. Sein Vater war Bahnbeamter, ihr Vater Metallarbeiter. Sie sind beide bei einem Autounfall ums Leben gekommen. Ich habe an beide keine Erinnerung mehr. Mein Vater hat sich in seinem Starrsinn und in seiner Unmenschlichkeit nur deswegen so festfahren können, weil er keinen Widerstand gehabt hat. In seiner Kanzlei war er der Chef, da hat er bestimmt, und zu Hause war meine schwache Mutter, die hat auch keinen Widerstand geleistet. Und sonst gab es keine Freunde, mit denen meine Eltern Kontakt hatten. Wahnsinnig einsam haben die gelebt. Nie hatten wir Gäste,

und ich weiß auch nicht, daß wir zu Besuch bei Freunden oder Bekannten waren. Wir haben immer zu Hause allein gelebt. Deswegen war meine Mutter wohl auch so isoliert. Sie kannte niemanden. Und wegen ihres schlechten Herzens kam sie auch nicht raus, einkaufen mußte immer ich, später hat sie jemanden aus dem Haus gefunden, der das für sie machte. Sie haben auch kein Telefon zu Hause. Meine Mutter darf nur für sich am Sonntag Fleisch kochen. Er bekommt täglich seine volle Mahlzeit mit Fleisch gekocht. Logisch, als ich noch zu Hause war, hab' ich auch kein Fleisch bekommen. Männer müssen denken, Frauen nicht. Das war die Begründung.
So ein halsstarriger Mensch wie mein Vater ist nicht mehr zu ändern. Ich hab' mal gelesen, man soll die Mühe mit seinen Eltern nie aufgeben. Aber was bringt das? Ich würde mich nur unendlich aufregen, wenn ich versuchen würde, mal mit meinem Vater zu reden. Er würde mich doch überhaupt nicht verstehen. Wenn er einsehen müßte, was er alles falsch gemacht hat in seinem Leben, bliebe ihm doch nur der Strick. Und jetzt ist er ja auch noch älter geworden. Im Alter werden solche Leute nicht milder, sondern nur noch halsstarriger. Er muß eigentlich ein guter Anwalt sein, sonst würde er ja nicht so bedeutende Klienten haben. Aber er ist ja auch nicht allein in seiner Kanzlei. Da arbeiten noch über zehn Leute, also mit Referendaren und Sekretärinnen. Mein Vater würde von mir nur erwarten, daß ich klein beigeben sollte, dann wäre ich seiner Meinung nach »vernünftig« geworden.
Als ich nach dem Abitur z.B. Architektur studieren wollte, drohte er mir, die Wohnung und den monatlichen Scheck zu entziehen. Entweder ein vernünftiges Studium, oder es gibt keinen Pfennig mehr. Leider habe ich mich gefügt. Völlig umsonst. Den Scheck hat er mir bald gesperrt. Ich bin Lehrerin geworden. Das ist ein anständiger, weiblicher Beruf. So hat er damals gesagt. Heute bin ich anständig arbeitslos, nur gelegentlich werde ich als Aushilfe eingesetzt.
Ich gebe Nachhilfestunden, damit komme ich ganz gut

zurecht. Und einmal in der Woche habe ich Therapie, seit zwei Jahren. Mein Selbstbewußtsein war total im Eimer, vor drei Jahren schon. Obwohl es dafür überhaupt keinen Grund äußerlich gab. Ich hatte meine Prüfungen alle gut bestanden, ohne Schwierigkeiten, ich bekam sogar gleich eine Aushilfsstellung auf Zeit. Da fiel mir ein Buch in die Hand über Gewalt an kleinen Mädchen. Meine nächtlichen Kotzereien fingen wieder an, ich bekam Migräne dazu. Ich habe ausgesehen wie eine Leiche, wenn ich morgens in die Schule bin. Es war eine Tortur. Über eine Freundin bin ich dann bald bei dem Therapeuten gelandet. Der hat damit angefangen, erst einmal mein Selbstbewußtsein zu stärken, ohne nach meiner Vergangenheit zu fragen. In der Phase sind wir erst jetzt drin. Und es fällt mir ganz leicht, darüber zu reden. Irgendwie geht es mir körperlich jetzt viel besser, hab' ich mehr Kraft.
Zu meinen Eltern habe ich gefühlsmäßig keine Bindung. Einmal im Jahr, möglichst, wenn mein Vater nicht zu Hause ist, besuche ich meine Mutter. Finanzielle Unterstützung bekomme ich nicht, ich habe auch während meines Studiums arbeiten müssen. Die tausend Mark im Monat hat er mir nach einem Jahr gestrichen, obwohl ich auf das Architekturstudium verzichtet hatte. Das Papier, das ich da unterzeichnen mußte, hat er mir nicht zurückgegeben.
Wenn meine Eltern sterben, werde ich bestimmt nicht weinen, sondern erleichtert sein. Das klingt schrecklich. Aber ihr Tod würde mich nicht berühren. Ich habe da schon oft darüber nachgedacht, deswegen kann ich das auch mit Sicherheit sagen. Das ist nicht nur heutiges modisches Gerede. Das ist so. Sie haben mich mein Leben lang fühlen lassen, daß ich etwas bin, das ihr Leben einschränkt, das ihnen Geld wegnimmt. Na ja, das war die Einstellung meines Vaters. Aber meine Mutter hat das im Laufe der Jahre auch so gesehen. Immer war man für irgendetwas schuldig. So hat doch mein Vater jede Rechnung, ob für Strom oder Gas oder für Heizung laut vorgelesen, mit mahnender Stimme schritt er da durch die Wohnung.

Es hat Augenblicke gegeben, da habe ich ihn gehaßt. Ich meine, so gehaßt, daß ich ihm körperlich hätte etwas antun können. Ich glaube, wenn Männer körperlich nicht stärker wären, sie hätten eine ganz andere Rolle. Vielleicht hätten wir dann das ganze Emanzipationsproblem nicht. Meine Güte, ist das primitiv, wenn ich mir vorstelle, daß das nur darin begründet liegt.
Einmal im Winter, da ist bei uns vom Haus eine sogenannte Dachlawine heruntergekommen. Das war eine zwanzig Zentimeter dicke Eisscholle, riesengroß. Als es anfing zu tauen, da rutschte das Ding runter, das war vier Minuten vor neunzehn Uhr. Es hat einen unwahrscheinlichen Krach gemacht. Wir sind alle zum Fenster gerannt. Und eine Minute nach dem Sturz kam mein Vater. Da hab' ich mir gedacht, warum ist er nicht eine Minute früher gekommen oder warum hat das Ding nicht noch eine Minute länger da oben bleiben können.

Seit einem halben Jahr habe ich ein lesbisches Verhältnis. Vor kurzem bin ich auch zu meiner Freundin gezogen. Und ich muß sagen, daß es mir sehr gut geht. Irgendwie habe ich das Gefühl, ich finde da jetzt zu mir selbst. Vielleicht gebe ich auch bald die Therapie auf. Seit ich meine Freundin habe, brauche ich den Therapeuten eigentlich nicht mehr. Die Gespräche mit meiner Freundin sind so locker und selbstverständlich, nie oberflächlich und dennoch auch heiter. Bei uns gibt es kein Programm, keinen Zwang. Sie ist Bibliothekarin. Wir lesen gemeinsam Bücher und reden darüber. Wir gehen viel ins Theater und überhaupt viel aus. Ich habe eine Menge nachzuholen. Das lerne ich erst jetzt von Brigitte. Niemals bin ich von zu Hause ins Kino gegangen oder ins Theater. Ins Café schon gleich gar nicht. Alles, was Geld kostet und was es zu Hause billiger gab, war tabu. Da wurde nicht darüber gesprochen, das war ein unausgesprochenes Verbot.
Ich hab' mal lange mit meiner Freundin darüber gesprochen: Es müßte eine Vertrauensstelle für Kinder geben, eine

Stelle, zu der Kinder gehen können, wenn sie gequält werden. Die Macht der Eltern ist doch wirklich grenzenlos. Erst wenn ein Kind tot ist, erst dann schreiten die Behörden ein. Ich bin ja nicht geschlagen worden, körperlich wurde ich von meinem Vater und auch von meiner Mutter nicht berührt, weder im guten noch im bösen Sinne. Berührungen gab es bei uns überhaupt nicht. Es war bei uns immer eiskalt, im doppelten Sinne.

Ein Kind hat doch keine Möglichkeit. Es verrät ja auch die Eltern nicht. Weil es sich doch immer nach ihrer Liebe sehnt und deswegen die Hoffnung nicht aufgibt. Aber wenn es vielleicht schon in der Schule erfahren würde, daß es eine Vertrauensstelle gibt, bei der es um Hilfe bitten könnte, dann würde das vielleicht auch das Bewußtsein mancher Eltern verändern. Daß Eltern Kinder quälen können, ist ein wahnsinniges Armutszeugnis für erwachsene Menschen. Und wenn solche Eltern dann wüßten, jedes Kind hat die Möglichkeit, sie praktisch zu verraten, dann würden sie sich vielleicht zusammennehmen.

Ich empfinde heute Männern gegenüber keinen Ekel mehr, aber sie sind neutral für mich. Ich empfinde gar nichts. Zur Zeit ist es jedenfalls so. Ich mach' mir da keine Sorgen. Vielleicht ändert sich das auch wieder einmal. So wie es jetzt ist, gefällt mir mein Leben. Ich lebe gern mit meiner Freundin zusammen. Ich habe durch sie Wärme, Rücksicht, Freundlichkeit, Sanftmut und Zärtlichkeit kennengelernt. Sie ist verständnisvoll und tolerant, sie hat Geduld und ist immer ansprechbar. Auf einmal bin ich ein richtiger Mensch, und ich fühle keine Schuld mehr.

# Als Vater gefürchtet – als Mann vergöttert.

*Ilona Mangold, 44 Jahre alt, Sekretärin, geschieden, ein Sohn.*

Als ich meinen Vater kennenlernte, war ich fünf Jahre alt. Ich wurde 1940 geboren. Mein Vater war Berufssoldat bei der Waffen-SS. Wir hatten eine Wohnung in Berlin, aber ich wurde in Bayern bei meiner Großmutter geboren. Nach ein paar Wochen ging meine Mutter nach Berlin zurück. Ich blieb in Bayern bei der Großmutter und drei unverheirateten Tanten. Da waren sonst keine Kinder, und ich bin entsprechend verhätschelt und verwöhnt worden. Meine Mutter pendelte zwischen Berlin und Italien hin und her, weil sie in Italien meinen Vater besuchte, und manchmal war sie auch bei mir.

Ich habe sie zwar schon als meine Mutter empfunden, aber ich hatte ja meine Vasallen um mich herum. Vier Frauen, die ich angeblich ziemlich drangsaliert haben soll.

Dann war der Krieg zu Ende. Mein Vater kam. Und ich kann mich an eine sehr dramatische Zeit erinnern.

Plötzlich war ich zusammen mit einer Frau, einem Mann und einem Bruder. Wir sollten als Familie in einer Wohnung in Berlin leben. Ich war davon nicht begeistert. Ich wollte lieber da sein, wo ich aufgewachsen war. Da war ich freier. Mein Vater war ein immens autoritärer Mann. Die Kinder hat man streng zu erziehen, damit sie später lebenstüchtig sind, das war seine Einstellung. Damit kam ich nicht klar. Ich hatte Autorität in dieser Form nicht kennengelernt und war überwältigt, irgendwie eingeschüchtert von dieser großmächtigen Persönlichkeit. Ich verstummte, wurde ratlos, gab nichts mehr von mir. Das war eine andere Welt, von der ich vorher nichts wußte. Diese autoritäre Familienhierarchie, – daß es das gibt!

Und dann habe ich noch etwas für mich völlig Neues kennengelernt. Das war die Beziehung von meiner Mutter zu meinem Vater. Das war irgendwie grandios. Mein Vater hat meine Mutter wohl sehr, sehr geliebt. Er hat sie nie bei ihrem Namen genannt. Er hat sie immer »mein Kindchen« genannt. Das war für mich sehr unverständlich. Das Kind war doch ich. Er hat sie irgendwie vergöttert. Sie durfte nichts Schweres heben. Sie wurde gehätschelt und umsorgt. Sie wurde behütet und verwöhnt, alles Unangenehme wurde von ihr ferngehalten; eigentlich all das, was mir zugestanden hätte.

Ich habe zu meiner Mutter keine gute Beziehung gehabt. Ich war tierisch eifersüchtig. Sie war das Trennende zwischen mir und meinem Vater. Einmal habe ich im Schlafzimmer ein Fenster aufgemacht, als meine Mutter sich bückte. Als sie wieder hochkam, stieß sie mit dem Auge dagegen. Sie hatte sich verletzt und keifte los. Mein Vater kam angestürzt. »Um Gottes willen, um Gottes willen, Kindchen, was hast du dir getan?« – »Ja, Ilona hat das Fenster aufgemacht.« Der Teufel war los. Alles über mein Haupt. Die Mammi hat sich verletzt. Und ich bin schuld.

Aus dieser Zeit hat sich für mich ein globales Bild des Elends schlechthin geprägt. Als Vater war er für mich nicht annehmbar. Seine Autorität wurde von mir nicht akzeptiert. Ich habe mich total zurückgezogen. Er hat mir unheimliche Angst eingeflößt. Er hat für mich überhaupt kein Verständnis gehabt. Ich habe mich mit diesem Vater nicht auseinandergesetzt. Das wäre auch sicher über meine Kraft gegangen, als Siebenjährige.

Vorher hatte ich das Bild von ihm als Mann meiner Mutter. Das war überwältigend in meiner Erinnerung. Unheimlich positiv. Er war ein sehr bedeutender Mann für mich, gut

aussehend, ein unglaublich verläßlicher, unheimlich starker Mann, wie ein Fels in der Brandung, einfach irgendwie überwältigend.
Dieses Bild habe ich, glaube ich, in sich ausgebaut. Ich war immer der Meinung, daß meine Mutter diesen Mann nicht verdient, daß sie viel zu oberflächlich und weiß der Teufel was für ihn ist. Ich war der Meinung, daß ich besser war für ihn als sie. Ich habe ihn als Vater gefürchtet. Als Mann habe ich ihn vergöttert. Ich habe mir immer nur gewünscht, daß er zu mir mindestens so liebevoll und zärtlich sein sollte, wie er es zu meiner Mutter war. Er war für mich so überdimensional, daß er gar keine Person mehr war, mit der man sich auseinandersetzen konnte. Er war wie ein Naturereignis, gegen das man nichts machen kann. Einmal ist er weggegangen, und ich habe mich hinter der Tür versteckt, ich weiß nicht warum. Die anderen saßen da und kicherten so. Er kam und bemerkte mich hinter der Tür. Da geschieht etwas Ungewöhnliches. Er lacht und streichelt mir über den Kopf. Ich bin aufgegangen wie eine Sonne. Er hat mich positiv aufgenommen. Er hat mich gestreichelt. Ich war selig. Das vergesse ich nie in meinem Leben. Das war überwältigend für mich. Wirklich, das war für mich ein fundamentales Erlebnis.

Mein Vater kam nirgendwo mehr unter. Er bekam keine Arbeit nach dem Krieg. Für ihn war mit dem verlorenen Krieg auch seine innere Welt zusammengebrochen. Er war Berufssoldat. Sein Leben war die Männerwelt, die Soldatenwelt. Er hat sich auch für seine Soldaten verantwortlich gefühlt. Er war bei schlimmen Einsätzen dabei. Monte Casino und Afrika. Meine Mutter hat mal erzählt, daß er schon ganz abgemagert war, weil er sein Essen seinen Soldaten weitergegeben hatte. Die müssen kämpfen, dann müssen sie auch was zu essen haben, hat er gesagt.
Es war für mich sicherlich gar nicht möglich, meinen Vater nicht als Helden zu sehen. Er hat einmal erzählt, wie er von einer Schlange ins Knie gebissen worden ist. Da hat er sein

Messer genommen, einen Kreuzschnitt ins Knie gemacht, und das Gift ausgesaugt. Ein Mensch, der sich selbst ins Bein schneiden kann, das ist auch ein Übermensch.

Im Krieg hat er mich mal in Bayern besucht, und da hat er mir eine Negerpuppe mitgebracht. Da war ich das einzige Kind im Dorf, das eine Negerpuppe hatte. Das war mein größter Schatz. Und später dann, wenn er nach Hause kam, hob er mich bei der Begrüßung hoch und hat als erstes gesagt: »Muß mal sehen, ob meine Ilona schon eine schwarze Haut hat«, weil ich doch immer mit der Negerpuppe geschlafen habe.

Mein Vater war bei seiner Familie nur Gast. Nach dem Krieg mußte er plötzlich mit einer Frau und zwei Kindern leben. Und meine Mutter mußte mit Mann und zwei Kindern leben und einen Haushalt versorgen. Und ich mußte plötzlich mit Bruder und Eltern leben, was ich ja auch nicht gewohnt war. Ich war maßlos verzogen. Ich bin ein jähzorniges Kind gewesen. Das bestätigen alle meine Verwandten. Das hat er natürlich nicht akzeptiert. Da hat er versucht, mit seiner Autorität mich so zu formen, wie er mich als Tochter haben wollte.

Als Familie waren wir wohl zum Scheitern verurteilt.

Die Zeit, die wir zusammen verbracht haben, war sehr kurz, drei Jahre. Er kam dann ins Krankenhaus. Er hatte Krebs. Er hat diese Krankheit mit so viel Würde, mit so viel Stolz ertragen, ohne daß ich das jetzt allzusehr glorifizieren möchte. Er hatte Magenkrebs und hat auch im Krankenhaus keine Schmerzmittel genommen. Er wollte nicht der Verlierer sein. Gestorben ist er dann aber trotzdem. Ich kann das nicht genau erklären. Für mich war das nicht vereinbar. Daß ein psychisch so starker Mann einen so schwachen Körper hat, so schwach, daß der Körper nicht mehr lebt. Daß Deutschland den Krieg verloren hat, das hat er nicht verkraftet. Er war ein glühender Nationalsozialist, im positiven Sinn. Seine ganzen Ideale waren dahin. Das hat er nicht verkraftet.

Als mein Vater tot war, hat meine Mutter sehr schnell Beziehungen zu anderen Männern aufgenommen. Ich war wie wahnsinnig auf sie. Wie konnte sie einen anderen Mann anschauen?! Für mich waren das alles solche Jämmerlinge, solche Schwächlinge. Wie konnte sie es nur wagen, und ich wurde sehr aggressiv, sogar bösartig zu meiner Mutter. Ich habe sie überwacht und hinter ihr hergeschnüffelt. Ich wollte es nicht wahrhaben, daß sie sich einen anderen Mann sucht. Da kommt nichts mehr nach, nach meinem Vater.
Das hat nichts gewirkt. Meine Mutter hat wieder geheiratet. Und ich habe diesem Mann gezeigt, was er für eine jämmerliche Figur machte.
So positiv hätte er sich gar nicht darstellen können, als daß ich ihn in irgendeiner Weise als Nachfolger meines Vaters akzeptiert hätte. Und in der Erinnerung habe ich angefangen, meinen Vater zu glorifizieren.
Einmal, da habe ich mit meiner Großmutter seine Bilder angeschaut, alle in Uniform, andere gab es nicht, da hat sie mir die Geschichte erzählt, wie er mit ihr eine lange Korrespondenz geführt hat, damit ich Ilona getauft werden sollte. Da ist ein langer schriftlicher Krieg zwischen den beiden entbrannt, weil der Name damals ganz ungewöhnlich war. Ich wurde bis dahin zu Hause immer »Mädi« gerufen. Und als ich diese Geschichte hörte, bin ich fuchsteufelswild geworden. Von da an wollte ich Ilona heißen. Ich war unerhört stolz, ganz selig, daß mein Vater so viel eingesetzt hat, daß es ihm so wichtig war, wie ich heißen sollte.
Ich habe nur das Gute gesehen. Die Angst, die ich vor ihm hatte, die habe ich verdrängt. Die Angst vor Strafe und die Angst vor seinem ungeheuren Perfektionismus, wenn es um unsere Schulleistungen ging oder wie man Schuhe putzt oder weiß der Teufel was. Es blieb nur dieser Mann, dieser große, blonde, gutaussehende, absolut selbstsichere Mann, der niemals jämmerlich, niemals lächerlich war, also dieses Bild habe ich ausgebaut. Und das hat auch mein Bild von Männern bestimmt. Das ist auch noch heute so.
Mein Mann aus erster Ehe war auch sehr autoritär, sehr for-

dernd, sehr diktatorisch. Das hat mir gefallen. Ich wurde schwanger, und da hat er mit einer Vehemenz die Hochzeit in einer Woche durchgezogen. Das hat mir gefallen. Ich habe ihn tun lassen und gedacht, jetzt kommt das, was du dir vor so vielen Jahren so sehr gewünscht hast.

Wir haben dann zusammengelebt. Das Kind war geboren, und dann habe ich gemerkt, daß dieser Mensch im Grunde eigentlich feig ist. Wenn Unangenehmes zu erledigen war, da hat er mich geschickt. Wir hatten Streit mit unserem Hauswirt, weil das Haus feucht war und schimmelte und unser Kind krank wurde. Da sind wir ausgezogen, und er war zu feig, den Schlüssel dem Hauswirt zu übergeben. Da hat er mich geschickt.

Ich habe die Welt nicht mehr verstanden. Wo war ich hingeraten? Das gibt's doch gar nicht. Das war doch kein Mann. Viele Schwächen kamen so zusammen. Er ist doch gar nicht anders als ich. Und irgendwann kam ich dann zu der Erkenntnis, daß ich eigentlich sehr viel stärker bin als er. Und dann war er für mich gestorben. Ich bin in der ersten Zeit in eine gewisse Panik geraten. Man lebt ja sehr isoliert. Man kommt nicht heraus. Du hast den Irrtum deines Lebens begangen. Du mußt aber weiterleben.

Ich bin dann schon wieder herausgekommen. Schwer war das. Nach neun Jahren. Ich hab' dann sehr schnell meinen zweiten Mann kennengelernt. Ich war sicher, das mußte der Richtige sein. Er war sehr erfolgreich im Beruf, hatte Angestellte, Macht. Und – er war es natürlich wieder nicht. Er hat genauso seine Schwächen wie jeder Mensch. Ich bekam wieder diese Angst. Jetzt ist es gelaufen für dich, dachte ich. Auf der einen Seite ist er schwach, auf der anderen Seite aber hatte er vor allem materiell die Mittel in der Hand, mich in Abhängigkeit zu halten und unter Druck zu setzen. Dieselbe Panik wie in meiner ersten Ehe ist wieder ausgebrochen. Ich habe wirklich wahnsinnige Angstzustände bekommen. Ich konnte das nicht erklären.

Es wurde so unerträglich, daß ich zu verschiedenen Ärzten ging und zuletzt zum Psychoanalytiker geschickt wurde. Da lernte ich, über mich zu sprechen. Ich lernte, das zu sagen, was ich vorher nur dachte. Und der Arzt hat mich gezwungen, über meinen Vater zu sprechen. Dagegen habe ich mich lange, sehr lange gewehrt. Das war fast wie Blasphemie. Er wollte mir immer klarmachen, daß ich Schwächen akzeptieren muß. Und er wollte mir klarmachen, daß ich nicht im Recht bin, nur nach Stärke zu suchen. Und da habe ich die Behandlung abgebrochen. Weil ich nicht einsehe, daß ich mich aufgeben soll. Ich will keine mittelmäßige Ehe führen. Ich möchte meine Idealvorstellung von einem Mann behalten, und sei sie noch so übersteigert. Sie allein bewahrt mich ja vor der Mittelmäßigkeit einer Ehe. Ich bin nicht bereit, alles zu akzeptieren. Ich möchte mir meinen Traum erhalten.

Früher habe ich mich oft gefragt, warum kannst du nicht glücklich sein mit dem Vater deines Kindes?

Warum kannst du nicht glücklich sein, Kinder haben, neben deinem Mann herlaufen, manchmal zankt man sich, versöhnt sich wieder, eben weil man miteinander auskommen muß? Diese Bereitschaft geht mir total ab. Entweder ich bekomme das ganz Besondere, oder ich will gar nichts. Ich mag nicht manipuliert werden. Ich brauche Offenheit. Lieber lose Verhältnisse. Ich ziehe diesen Zustand einer Ehe vor.

Mein Vater war mit Sicherheit kein mittelmäßiger Mann. Er war sicher auch nicht dieser Übermann, den ich da vor Augen habe, aber zumindest ein ungewöhnlicher Mann. Und das schwebt mir eben vor. Ich kann mich nicht mit etwas Zweitklassigem abfinden.

Ich habe mir oft überlegt, was wäre aus der Beziehung zu meinem Vater geworden, wenn er nicht gestorben wäre. Ich glaube nicht, daß sich diese Beziehung normalisiert hätte, das heißt, daß ich meine Angst vor ihm verloren hätte. Und daß er vielleicht akzeptiert hätte, daß ich in den Jahren, bevor er zu uns kam, bereits geformt wurde. Der Druck, den er ausgeübt hat, war für mich übermächtig. Übermächtig ganz besonders deshalb, weil ich doch die Jahre zuvor mit sehr viel Liebe und Eingehen auf mich erzogen wurde. Es gab einen Mann im Hause meiner Großmutter, einen polnischen Kriegsgefangenen, der Hironymus hieß. Der muß ein ziemlich junger Mann gewesen sein, ein Arzt, vielleicht war er auch mit dem Studium noch nicht ganz fertig. Hironymus hatte die Aufgabe, für mich als Kindermädchen zu fungieren. Er ist mit mir in den Wald gegangen, hat mir Blumen und Pilze gezeigt. Alles, was ich so über die Natur gelernt habe, das habe ich von Hironymus. Und das habe ich wohl über meine Tanten mitgekriegt, daß dieser Hironymus steuerbar ist. Wenn ich dann sagte, ich will dies und das, dann hat's Hironymus getan. Das war meine erste Erfahrung mit einem Mann. Und dann kam mein Vater – das absolute Gegenteil. Ich war einfach wie erschlagen.

Weil das so übermächtig war, habe ich mich nicht gewehrt; ich war wehrlos wie ein gelähmtes Karnickel. Die Angst war so groß, daß ich still gehalten habe. Und meine Mutter, wäre sie nicht so oberflächlich und dumm gewesen, hätte das erkennen müssen. Es wäre eigentlich ihre Aufgabe gewesen, diesen Mann, der plötzlich Vater sein sollte, und dieses Mädchen, das sehr wenig Gehorsam gelernt hatte, irgendwie einander näherzubringen. Aber da war nie ein vermittelndes Wort. Sie hat mir nie erklärt, warum mein Vater so autoritär war. Ich empfand das als Ablehnung. Und ich habe nicht verstanden, warum er mich ablehnte. Vorher hat mich doch jeder geliebt. Und er doch auch, wenn er zu Besuch kam. Sonst hätte er keine Spielsachen mitgebracht. Und dann war davon auf einmal nichts mehr da. Keine Zärtlichkeit, kein Streicheln. Nur noch Gehorchen und Anweisungen, die zu befolgen waren. Und zwar exakt. Meine Mutter hatte mal den Arm verletzt, da sollte ich was zusammenkehren. Das hatte ich noch nie gemacht. Mein Vater war entsetzt, weil ich mich so ungeschickt anstellte, schimpfte und war bitterböse mit mir. Ich habe da nicht geweint. Da war ich nur stumm.

Oder ein andermal: Ich war mit meiner Mutter im Garten. Es war Sommer, heiß. Ich half meiner Mutter Brennesseln

auszureißen, mit Handschuhen. Ich ging über den Hof, da sah mich mein Vater, und peng!, da hatte ich eine Ohrfeige weg, weil ich Handschuhe anhatte.
Ein Kind denkt da wohl nicht nach, warum mag der mich nicht. Er lehnt mich ab, weil ich so häßlich ausschaue. Ein Kind bezieht Ablehnung nur auf das Aussehen. Ich habe mich als furchtbar häßlich empfunden. Meine Haare habe ich gehaßt, weil sie so glatt waren, glatt wie Schnittlauch,

> *... das Blut allein*
> *Macht lange noch den Vater nicht!*
> *macht kaum*
> *Den Vater eines Tieres! gibt zum*
> *höchsten*
> *Das erste Recht, sich diesen*
> *Namen zu*
> *Erwerben!*
>
> G. E. Lessing, 1779

grauenvoll. Ich bin sicher, daß mein Vater zu mir auch so hätte sein können, wie er zu meiner Mutter war, nämlich zärtlich und liebevoll, wenn die Umstände anders gewesen wären.
Ich habe diese Probleme heute noch. Wenn mich etwas sehr erschreckt, wenn ich das Gefühl habe, dagegen kannst du dich nicht wehren, verstumme ich absolut. Ich kämpfe nicht. Ich verhalte mich still. Ich wehre mich nicht. Ich bedaure das sehr, daß wir nicht die Chance hatten, eine gute Vater-Tochter-Beziehung aufzubauen. Mir fehlt da eine ganze Menge.

Wofür ich eigentlich dankbar bin, ist das Bild, das er mir vermittelt hat, das Bild von der Ehe mit meiner Mutter. Ich habe meine Ansprüche daran orientiert. Ich habe vielleicht als Kind vieles nicht mitbekommen, schwierige Phasen, Krisen. Ich habe nur die schönen Seiten mitgekriegt. Aber selbst wenn so eine Ehe für mich nicht realisierbar ist, einfach weil sie viel zu idealistisch ist, allein die Vorstellung, daß es machbar sein könnte, die ist gigantisch. Besser ein schöner Traum als gar keiner. Wenn ich mir anschaue, wie andere Leute leben: Dieses furchtbare stupide Nebeneinander, diese Gewöhnung und das Akzeptieren dieser Gewöhnung und das Fehlen jeglicher Ansprüche aneinander und Erwartungen. Das Leben geht vorbei, und was ist geblieben? Man hat seine Rente und einigermaßen seine Ruhe gehabt.

Ich erwarte vom Leben so viel. Immer noch so viel, und ich glaube, so wird es bleiben, bis ich sterbe.

Ich glaube, daß ich mit dieser Erwartung im Endeffekt glücklicher bin, auch wenn sie vielleicht unerfüllbar ist, als mit dem, was machbar wäre, wenn ich auf dem Boden der Realität stehen würde.

Eine 08/15-Ehe zu führen, erscheint mir nicht erstrebenswert. Ich finde es wichtig, diesen hohen Anspruch zu stellen. Weil man dann vielleicht das Glück hat, auch jemanden zu finden, der annähernd diesem Ideal gerecht wird. Es ist einfach mein Traum, und ich empfinde es als legitim. Ich glaube nicht, daß es mir dienlich wäre, mit Hilfe eines gescheiten Doktors meinen Traum abzubauen.

Gerade das Bild dieses Mannes hat mein Leben sehr unruhig gemacht. Auch ein bißchen abenteuerlich. Ich möchte nicht diesen Gleichlauf. Ich brauche das Gefühl der Höhen und der Tiefen. Ich brauche nicht die Mitte. Ein Leben, das viel offenläßt, das Überraschungen zuläßt, abenteuerlich, nicht langweilig, nichts Vorprogrammiertes. Daß ich in zwanzig Jahren mein Häuschen abgezahlt habe, so ein Leben erscheint mir nicht erstrebenswert.

Mein Vater war ein Mann mit sehr viel Abenteuerlust.

Wenn die Theorie stimmt, daß wir in erster Linie von den Genen geformt sind, dann habe ich von meinem Vater eine Menge mitbekommen. Und das freut mich. Das ist mir lieber, als wenn ich sehr viel von meiner Mutter hätte. Ich möchte nicht sein wie sie. Das wäre das Schlimmste, was mir passieren könnte.
Wenn ich meine Chefs so sehe, wie sie nach unten treten und nach oben buckeln, wenn der andere nur ein Treppchen über ihnen steht, das ist alles so jämmerlich. Und ich bin einfach der Meinung, es muß auch anders geartete Männer geben.
Vielleicht bin ich zuwenig in der Welt herumgekommen, um die Chance zu haben, so einen Mann kennenzulernen. Die, die ich kenne, will ich nicht. Ich werde jetzt unheimlich nachdenklich. Es ist ein faszinierendes Thema. Bei mir ist es eine Art Liebe zu meinem Vater, die immer offen geblieben ist, die nie erfüllt wurde, ein ewiger Traum. Deswegen bin ich vielleicht so schwer zufrieden. Das Angebot ist eher kläglich.

# Seine Seele liegt in der Wüste.

*Rose Heinemann, 26 Jahre alt, Goldschmiedin.*

Meiner war meistens blau oder verkatert. Spät in der Nacht oder früh morgens kamen irgendwelche Leute oder ein Taxi angefahren und haben meinen Vater ausgeladen. Meine Mutter hat ihn dann ins Bett geschleift. Manchmal hat sie ihn auch davor liegengelassen, denn er war ziemlich schwer. Dann hat er seinen Rausch auf dem Bettvorleger ausgeschlafen. Um die Mittagszeit, wenn er so allmählich zu sich kam, hörten wir ihn stöhnen, das hieß, wir mußten ganz leise sein. Meistens schlief er bis zum frühen Abend, dann lag er so zwei Stunden in der Badewanne, immer mit der Zeitung und einer Flasche Bier. Manchmal haben wir dann zusammen abends das gegessen, was andere Leute zu Mittag essen.
Wenn er dann wieder fit war, haben wir ihn nur noch von hinten gesehen.
Seitdem ich denken kann, war das der übliche Tagesablauf bei uns. An den Wochenenden blieb er meistens zu Hause und wollte »nie wieder einen Tropfen trinken«. Fast immer gab's da Krach. Das war die einzige Gelegenheit, in der die Mamma mit ihm sprechen konnte. Denn in den letzten Jahren ist sie ja nicht mehr mit ihm ausgegangen. Warum, weiß ich nicht. Ich glaube, es hing ihr zum Halse heraus. Sie hätte ja gehen können, wir waren groß genug. Wenn so ein Krach im Anzug war, und das spürt man ja gleich, haben wir uns nur angesehen, meine Schwester und ich, und uns aus dem Staub gemacht. Die Szenen mit Krach haben wir gefürchtet. Meine Mutter hat versucht, jede nüchterne Minute meines Vaters für sich auszunutzen. Da fühlte er sich bedrängt. Wie

ein Wilder hat er da manchmal um sich geschlagen und die Wohnung zertrümmert. Sie hätte wissen müssen, daß das nicht funktioniert. Sie hat es immer und immer wieder versucht.

Meine Mutter hat mit ihm natürlich ganz schön viel mitgemacht. Er war ihr zweiter Mann. Ihr erster Mann ist nach der Heirat schwul geworden. Das lag wohl in dem drin. Er war sanft und zärtlich. Die Mamma fand ihn rührend rücksichtsvoll. Sie waren immerhin vier Jahre miteinander verheiratet. Ihre Scheidung war ganz friedlich. Da gab's eine kleine Feier mit Sekt und sogar eine Abschiedsreise nach Florenz. Das hat mein Vater aber nicht wissen dürfen, den hat sie damals schon gekannt. Er war da gerade für zwei Wochen in Schweden.

Die Liebe mit meinem Vater, oder besser die Beziehung meiner Mutter zu meinem Vater, das war wohl so eine Liebe mit Donner und Getöse. Er war ein Draufgänger, sehr vital, sah sehr gut aus, und er mimte in jeder Beziehung den Erfolgreichen, und manchmal war er es dann auch.

Als ihn meine Mutter kennenlernte, war er ein verkrachter Architekturstudent, der Filmproduzent werden wollte; er träumte jedenfalls immer von den ganz großen Produktionen. Meine Mutter hat das damals nicht durchschaut. Sie haben sich in einem Atelier kennengelernt. Und in dieser Branche ist es wirklich schwer, den Könner vom Hochstapler zu unterscheiden. Sie war Tänzerin und hatte das »Schinderleben«, wie sie das nannte, satt. Ihre Begeisterung für die Tanzerei war eines Tages vorbei. Sie arbeitete dann als Fotomodell und machte nebenher noch Werbeaufnahmen. Bei so einer Aufnahme hat sie ihn getroffen. Mein Vater hat die Dekorationsbauten für dieselbe Produktion gemacht. Er hat unheimlich gut ausgesehen, sogar die Frau von dem Produzenten damals ist ihm nachgelaufen. Und er hat ihr überhaupt nicht den Hof gemacht, wie andere Männer. Er hat sie nicht höflich gefragt, er hat sie nur angesehen und bestimmt: Heute gehen wir zusammen essen. Da hat sie

weiche Knie gekriegt und Ja gehaucht. Oft hat sie erzählt, was er für eine ungeheure Ausstrahlung gehabt habe. Hypnotische Kräfte seien das gewesen. Sie war ja verheiratet, aber sie lebte mit ihrem Mann ja wie Brüderchen und Schwesterchen, und es war auch vereinbart, daß jeder jederzeit gehen könne. Darin waren sie sich einig.
Mein Vater muß für meine Mutter wirklich das ganz große Erlebnis gewesen sein. Er war ein Hoppla-Jetzt-komm-ich-Typ mit ewig lachenden Augen. Nichts hat er richtig ernst genommen. Alles, was er sich vornahm, das hat er auch durchgeführt. Ich glaube, da gab's für ihn nicht einmal moralische Grenzen. Als er die Mamma noch nicht kannte, ist er angeblich sogar mal als Schiffsarzt auf einem großen Passagierdampfer nach Amerika gefahren. Er brauchte Geld und wollte unbedingt nach Hollywood. Als ich ihn zu dieser Geschichte einmal fragte, ob er denn da Papiere gefälscht habe, um diesen Job zu bekommen, da hat er nur gegrinst und gesagt: »Mein Kind, es gibt bessere Bewerbungsunterlagen als Papiere.«
Er hat natürlich ganz richtig kalkuliert, daß unter einigen hundert Passagieren in Notfällen immer ein Arzt zu finden ist. Und schon am zweiten Tag drohte ihm eine Blinddarmoperation. Da hat er einen Treppensturz inszeniert, bei dem er sich beide Handgelenke »gebrochen« hat. Mit verbundenen Händen konnte er natürlich nicht arbeiten. Er wurde von jedermann bedauert und verwöhnt. Er bekam sogar seinen eigenen Boy zum An- und Ausziehen.
Mein Vater kam aus bürgerlichem Hause. Sein Vater war Anwalt in Berlin; seine Eltern sind im Krieg umgekommen. Meine Mutter ist auf dem Land in der Oberpfalz aufgewachsen. Ihr Vater war Schreinermeister, aber ihre Mutter wollte aus ihrer einzigen Tochter mal was Besonderes machen. Mit vier Jahren kam meine Mutter in die Ballettschule. Das Besondere war wohl dann die Ehe mit meinem Vater. Da hat sie wirklich was mitgemacht. Das fing schon mit der Hochzeit an. Die war in Wien, und die Hochzeitsreise haben sie im Ballon nach Ungarn gemacht. Das war eines

ihrer ersten großen »Glückserlebnisse« mit ihm, wie sie immer sagte. Glücksüberlebnisse nannte sie das, wenn sie beide wieder lebendig zu Hause waren. Viele Male sind sie dem Tod von der Schippe gesprungen, sagte sie. Jede Reise, auch die kleinste, war ein Abenteuer für sich. Durch die Art meines Vaters und seine Lebensweise passierte einfach immer irgendetwas. Und wenn sie nur im Zug von München nach Hamburg gefahren sind, da hat er die Kellner im Speisewagen betrunken gemacht und mit falschen Lautsprecherdurchsagen die Leute im Zug mit den Koffern hin- und herlaufen lassen. Im Flugzeug hat er mal an alle Passagiere Haschzigaretten verteilt, auch an die Stewardessen. Jeder andere wäre vielleicht sogar im Kittchen gelandet, er nicht. Er hat nicht einmal Schwierigkeiten bekommen.
Wann immer er Publikum hatte, auch wenn das nur Gäste von uns zu Hause waren, da verströmte er Charme und Witz, solange er noch nicht betrunken war. Er stand immer im Mittelpunkt. Das brauchte er. Es konnte ihm aber keiner böse sein. Auch die Mamma letztlich nicht. Er hat sie auch betrogen. Aber nie heimlich. Er hat es ihr immer erzählt. Und wenn die Sache aus war, hat er sie umarmt und gesagt, sie sei die Beste. Vielleicht war seine bestechendste Eigenschaft, daß er nie log. Eine Zeitlang hatte er sogar einen regelrechten Wahrheitsfimmel. Da hat er noch mehr erzählt, als er in Wirklichkeit angestellt hatte. Irgendwie war er damals sehr weinerlich, so selbstbezichtigend. Das war wohl schon ein frühes Alkoholikerstadium.
Ich wurde 1957 geboren, meine Schwester ein Jahr später, da waren meine Eltern schon drei Jahre lang verheiratet. Wir haben am Stadtrand gewohnt in einem älteren Haus mit großem Garten ringsum. Ich glaube, das war sehr notwendig. So konnten wir einigermaßen ungestört leben. Die Leute hätten uns sonst ziemlich oft die Feuerwehr oder die Polizei ins Haus geschickt, so laut ging es manchmal bei uns zu. Meine Eltern haben sich oft ganz wahnsinnig angeschrien.

Fast bis zuletzt, also bis zur Scheidung meiner Eltern, war für uns die dicke Paula eine sehr wichtige Person. Ihr haben wir alle sehr viel zu verdanken. Der Vater hat von ihr immer mit großem Respekt gesprochen, ich glaube sie hat ihn nicht ernst genommen, jedenfalls kamen seine Eskapaden bei ihr nicht an, weder positiv noch negativ. Der beste eiserne Besen von der ganzen Welt – so hat der Vater sie manchmal genannt. Er hat sehr gern mit ihr in der Küche gegessen. Sie hat wunderbar gebacken. Und er hat leidenschaftlich gern von ihren Sachen genascht und es dann im Spaß auf uns Kinder geschoben. Einmal hatte die Paula zu seinem Geburtstag eine Torte mit weißem Zuckerguß darüber gebacken. Als die Mamma die Torte aus dem Kühlschrank holen wollte, schrie sie laut auf. Da hatte der Vati seine große Hand über die ganze Torte gedrückt. »Nur, wenn ihr die Torte, ohne zu murren und ohne Ekel, so eßt, wie sie ist, dann liebt ihr mich wirklich.« Jeder von uns hat natürlich, ohne zu murren, wenigstens ein Stückchen gegessen.
Die Paula hatte bei uns zu Hause eigentlich mehr zu sagen als die Mamma, und ihr war das gar nicht so unrecht. Dadurch konnte sie abends auch mit dem Vati weggehen. Sie wußte immer, daß wir gut versorgt waren. Die Paula hätte ja unsere Oma sein können, vielleicht hat sich meine Mutter in ihrer Gegenwart als ihre Tochter gefühlt.
Und sicherlich hat die Paula auch dafür gesorgt, daß wir viele Saufeskapaden unseres Vaters auch nicht mitbekommen haben. Und ich bin auch sicher, daß die Paula zu unseren Gunsten manchmal auf ihren monatlichen Lohn verzichtet hat. Ich weiß ja, daß wir oft einfach kein Geld hatten, aber die Paula blieb bei uns. Sie hatte eine kleine Erbschaft gemacht und hatte es von daher wirklich nicht nötig, sich mit so einer chaotischen Familie herumzuschlagen.
Die meiste Zeit unserer Kindheit hat mein Vater als Filmarchitekt gearbeitet. Er war nicht fest angestellt, sondern wurde immer von Produktion zu Produktion beschäftigt. Finanziell ging es uns da ganz gut. Meine Eltern sind aber

nicht auf die Idee gekommen, von dem Geld etwas zu sparen, es wurde immer noch ein bißchen feudaler gelebt, als man es sich vielleicht hätte leisten können. Bei uns gab's große Partys und viele Beschwerden von den Nachbarn. Mein Vater war nämlich lange befreundet mit einer Jazzband. Die mußten dann immer mit dabei sein.
Die schönste Erinnerung an meinen Vater habe ich, na, da war ich so zwischen sechs und zehn Jahre alt, vielleicht auch noch ein bißchen älter. Abends, wenn sie weggegangen sind, durften wir immer in ihren Betten schlafen. Da stand die Mamma vor dem Spiegel, hat sich schön gemacht und der Vati hat bei uns am Bett gesessen und »wahre Märchen« erzählt. Das waren Reisegeschichten, die er selbst erlebt hat, oder vielleicht auch nicht. Damals war ich überzeugt, daß das alles wahr gewesen ist, und es war so spannend, daß wir uns an ihm richtig festgekrallt hatten, weil wir uns sonst gefürchtet hätten. Irgendwie war das immer eine unheimlich schöne Stimmung: Die Mamma im Spiegel, und der Vati erzählt uns was. Und in Gedanken sind wir dann auf Reisen gegangen: Auf eine geheimnisvolle Dschunke in Hongkong, oder wir wohnten als Gefangene in einem Baumhaus im afrikanischen Dschungel. Ich weiß, da hätte ich ihn festhalten wollen für immer. Da hat uns der Vati total gehört und nur für uns erzählt. Vielleicht hat er damals meine große Reiselust geweckt. Vielleicht habe ich deshalb eine Freude am Herumziehen entwickelt.
Getrunken hat mein Vater immer. Er muß nur unglaubliche Mengen vertragen haben. Sowas geht ja über Jahre. In der Branche trinkt ja jeder. Da gehört das einfach dazu. Heute vielleicht nicht mehr so wie früher. Ich weiß nicht. Es haben doch wohl viele kläglich geendet. Es hat ihn auch einmal sehr beeindruckt, wie ein Produktionsleiter mit 42 Jahren morgens beim Zähneputzen tot umfiel, zu Tode gesoffen. Eine Woche lang hatte er damals wegen seines Freundes keinen Tropfen angerührt. Bis er ihm dann wieder zugeprostet hat. Er war natürlich davon überzeugt, daß ihm sowas nicht passieren könnte.

Mich überzeugt die These der Ärzte überhaupt nicht, daß Alkoholismus eine Krankheit sei. Sauferei ist eine Angewohnheit und sonst gar nichts. Es kommt auch keiner auf die Idee zu sagen, Nikotinismus ist eine Krankheit. Dafür gibt's keine Kliniken. Mein Vater hat getrunken, weil's ihm schmeckte. Weil jeder in der Produktion am Tag so ein paar Gläser Whisky trank, Whisky war damals jedenfalls in. Und möglichst immer die teuersten Sorten, dann war man ein Mann von Welt, einer mit Lebensart.
Den Kaffee nach dem Mittagessen trank er grundsätzlich nur mit Cognac, bis zum Abend gab's dann so einige Biere, und am späteren Abend gab's die härteren Sachen. Jahrelang. Das war so die Norm. Und dazwischen waren dann exzessive Sauftouren. Anlässe dafür ließen sich reichlich finden. Wenn er einen neuen Vertrag bei einer Produktion unterzeichnet hatte, wenn die erste Klappe gefallen war, das hieß für ihn dann erst mal anständig Pause machen. Oder einer seiner vielen Freunde hatte Geburtstag.
Irgendwann hat meine Mutter gegen ihn einen heftigen Ekel entwickelt. Kann ich schon verstehen, manchmal lag er morgens vollgekotzt im Garten. Mir hat er da ganz schön leid getan. Und irgendwann begann dann auch die Zeit, wo die Aufträge in größeren Pausen kamen. Oft haben ja Produzenten nach ihm gefragt, und meine Mutter wußte selbst nicht, wo er war. Er hatte ja noch seinen Motorradtick. Vier Motorräder standen bei uns in der Garage. Eines davon war höchstens angemeldet. Aber alle vier hat er irgendwie benutzt, er hat dann nur die Schilder umgeschraubt. Manchmal hat er auch noch nicht mal das gemacht. Der Mann muß wirklich einen Schutzengel gehabt haben. Er ist sogar öfters nachts besoffen durch die Stadt gerast. Unverantwortlich, nur weil er seine fünf Sinne nicht zusammen hat und nicht weiß, wie er seine Aggressionen loswerden soll. Furchtbar. Diese »männliche« Eigenschaft ist für mich unheimlich abstoßend. Männer, die so sein können, rieche ich schon auf riesige Entfernungen. Ich meine, da können sich solche Typen noch so charmant und verständnisvoll

geben, wie sie wollen, wenn das Tünche ist, falle ich da nicht drauf rein. Und für Alkoholiker habe ich bestimmt größeres Verständnis als vielleicht andere Frauen, aber als Partner wäre ein Alkoholiker, auch ein trockener, für mich unvorstellbar. Die Angst, der Abscheu vor dem Zustand, sitzt so tief in mir drin, daß der andere das sicher spüren und dies zwangsläufig immer ein Problem sein würde. Mit so einer Angst im Leibe provoziert man möglicherweise höchstens, daß ein Trockener wieder rückfällig wird.

Als die nüchternen Tage oder Stunden im Leben meines Vaters immer seltener wurden, da hat meine Mutter versucht, beruflich seinen Ruf zu retten. Da haben sie zu Hause bei uns eine Firma gegründet. Die »Rasende Requisite« hieß die. Das war so ein Filmausstattungsgeschäft, das alles besorgt, was in einer Filmdekoration notwendig war, und das möglichst schnell. Beim Film muß es immer schnell gehen.

Das lief so gut an, daß er gleich noch eine und noch eine Firma gründete. Ich sehe die Briefbogen noch vor mir. Das war eine Film- und Fernsehproduktion und eine Weiße-Maus-Produktion. Heute kann ich darüber lachen, aber damals meinte er, in der Art der Mainzelmännchen oder wie die Micky Maus mit seiner weißen Maus, die er selbst entworfen und gezeichnet hatte, Millionen zu verdienen. Eigentlich makaber, daß das gerade eine weiße Maus war, das fällt mir heute auf. Vielleicht stammte das Tier aus seinem Delirium. Er sagte damals immer, das sei die weiße Maus von der Polizei.

Einmal sind wir wie eine ganz normale Familie zusammen in den Urlaub gefahren, da war ich so zehn Jahre alt. An der Adria wohnten wir dann noch zusammen mit Freunden in einem sehr schönen Hotel. An einem der Tage, da war schlechtes Wetter, haben wir alle zusammen einen Ausflug zu einem alten Schloß gemacht. Unterhalb von dem Schloß gab es ein Café, und der Vati ging mit der Mamma auf das Schloß. Wir Kinder blieben mit den anderen im Café. Die Mamma hat mir das später mal erzählt. Das Schloß war

*Warum können Vater und Mutter nicht auch Menschen sein? Warum müssen sie immer Übermenschen sein? Unser Vater hat immer gesagt – und das ist für mich wie ein rotes Tuch –: »Ihr seid Epigonen. Ihr werdet nie das erreichen, was ich erreicht habe.« Das habe ich als die größte Beleidigung meines Lebens empfunden. Er hat das nicht im Zorn gesagt, nur ein bißchen spöttisch. Ich glaube nicht einmal, daß er damit zeigen wollte, wie stark er war. Mein Vater hat ganz für sich allein gelebt. Er war sich selbst genug, und daraus war er einfach stark. Er war ein wahnsinniger Egoist. Was er brauchte, das hat er sich genommen.*

Susanne Hoffmeister, 45 Jahre alt, verheiratet, Hausfrau, zwei Kinder.

aber gesperrt, wegen Einsturzgefahr. Meinen Vater hat das nicht gekümmert, er ist mit meiner Mutter in dem Gebäude herumgeklettert. Sie war vorsichtig und schaute immer nach oben, ob ihr nicht die Steine auf den Kopf fallen würden. In einem Turm kamen sie an einen Erker, in den von außen eine kleine Statue eingelassen war, die wollte mein Vater unbedingt näher anschauen. Dazu mußte er auf einen Mauervorsprung heraustreten. Meine Mutter hatte vorher gesehen, daß der Stützbalken von dem Mauervorsprung einen tiefen Riß hatte. Sie sagte nichts, mein Vater trat darauf, faßte die Statue nur kurz an und kam plötzlich wieder herein, und eine Sekunde später stürzte der Mauervorsprung krachend in den Abgrund, mehrere hundert Meter tief hinunter.
Meine Mutter hatte sich damals gewünscht, daß er da hinuntergefallen wäre. Sie konnte ihn nicht mehr ertragen. Er war ihr gleichgültig geworden. Sie hätte nicht mal mehr Mitleid mit ihm empfunden. Da war schon nichts mehr. Sie hatte sich schon vorher oft gewünscht, daß er eines Abends einfach nicht mehr nach Hause kommt. Sie hat sogar damit gerechnet, daß er mal mit dem Motorrad verunglückt. Wahrscheinlich hat sie sogar seinen Schutzengel verflucht, denn den muß er wirklich gehabt haben. Sie hat bestimmt auch versucht, Verständnis für seine Marotten aufzubringen. Allein seine Rallyes in die Sahara. Da ist sie oft mitgefahren. Seltsamerweise war er da der normalste Mensch. Da machte er keine Faxen, das war das Einzige, was er ordentlich vorbereitete, da war er nie leichtsinnig. In der Sahara liege seine Seele, hat er immer gesagt. Da hat's ihn magisch hingezogen, und meine Mutter ist die ersten Male gern mitgefahren, weil er da ganz normal war, so wie sie sich ihren Mann immer vorgestellt hat. Vier- oder fünfmal hat sie so eine Tour mitgemacht. Auf einer Fahrt wären sie beide beinahe draufgegangen. Da ging die Maschine kaputt, und weil tagelang anhaltende Sandstürme waren, auch nachts, konnte der Vati die Maschine nicht reparieren. Ich glaube, vier oder fünf Tage waren sie da ohne Wasser. Es muß fürchter-

lich gewesen sein. Da war aber auch die Mamma die richtige Frau für ihn, wer fährt schon mit seinem Mann in die Wüste und läßt die Kinder daheim? Wir haben ihr das übrigens nie übelgenommen. Sie wäre auch sofort geblieben, das weiß ich genau, wenn wir nur ein Wort gesagt hätten. Aber uns ging es mit der Paula immer gut. Sie ist mit uns in den Tierpark gegangen und hat uns vorgelesen. Die war sehr lieb zu uns. Logisch, kein Ersatz für Vatis Märchenstunde und auch kein Ersatz für die Mamma. Und wenn sie wiederkamen, haben wir zwei, drei Tage nur gefeiert. Das war jedesmal ein riesiges Fest.

Bevor unsere Familie so richtig im Eimer war, hat die Mamma versucht, über die Firmen wenigstens unser Einkommen zu retten. Der Vati blieb immer öfter und länger weg. Die Mamma hat es irgendwann aufgegeben, hinter ihm herzutelefonieren. Einmal sollte er noch einen großen Auftrag von einer amerikanischen Filmproduktion bekommen. Er war nicht auffindbar; damit der Auftrag aber nicht futsch ging, hat die Mamma den Produktionsmanager von denen immer vertröstet. Bis es ihr eines Tages zu bunt wurde, der Gerichtsvollzieher war da schon öfters da, da hat sie den Schreinermeister, mit dem der Vati sonst immer zusammengearbeitet hat, gefragt und ist mit ihm zu den Amis gegangen. Das muß sie so geschickt und selbstbewußt gemacht haben, daß die ihr einen Vorvertrag und einen Vorschuß gaben. Da war für ein paar weitere Wochen der Unterhalt mal wieder gesichert. Sie hatte damit spekuliert, daß der Vati schon irgendwann wieder auftauchen und die Entwürfe dann machen würde. Nach zehn Tagen tauchte er auch wieder auf. Schlimm. Also schrecklich, wie ein Mensch so verkommen kann. Er hat dann eine Woche lang nur im Bett gelegen. Die Mamma fand dann in seinen Sachen Schuldscheine über vierundzwanzigtausend Mark.
Ich weiß noch genau, zu dieser Zeit wollten wir gerade einen Schulausflug machen. Das werde ich nie vergessen. Ich habe das Geld nicht bekommen. Wir hatten es einfach nicht. Und

alle Leute, die die Mamma so kannte, waren schon angepumpt. Es war ja wichtiger, daß wir Strom hatten. Die sperren ja rigoros, wenn man mal nicht zahlt. Und das Telefon war auch lebenswichtig für uns. Die einzige Chance, einen Auftrag zu bekommen. Es war zum Heulen, vierzehn Tage sollte ich in die Parallelklasse gehen. Die Mamma war aber gnädig, die Hälfte davon habe ich krank gemacht.
Die Paula war auch nicht mehr da. Sie war zu ihrer kranken Schwester nach Dänemark gegangen, vorerst nur vorübergehend, aber sie ist nicht mehr wiedergekommen. Ob es wirklich an der Paula gelegen hatte, ich weiß es nicht, aber nach ihr ist unser Leben zusammengebrochen. Der Vati sah dermaßen aus, ich hab die Mamma verstanden, sie hat sich nur noch vor ihm geekelt. Und sie hat sich da auch nicht überwinden können. Sie war verzweifelt.
Heute weiß ich, daß wir Kinder eigentlich keine Rolle gespielt haben. Die Eltern haben so gelebt, wie sie auch ohne uns gelebt hätten. Ich will nicht ungerecht sein, aber die Mamma war letztlich vielleicht auch zu hilflos. Sie hat ihn angeschrien, wenn er besoffen auf der Wiese lag. Einmal hat sie ihn sogar mit dem Besen geschlagen. Er hat sich nicht gerührt. Er hat sicher nichts gespürt. Freunde von Vati kamen schon lange nicht mehr zu uns nach Hause. Und Feste gab es auch keine mehr. Auch die Anrufe blieben aus. Später habe ich erfahren, daß die Requisitenfirma schon lange pleite war und daß es da mal eine krumme Sache mit einem chinesischen Teppich für mehrere hunderttausend Mark gegeben haben soll. Genaues hat mir die Mamma auch nicht gesagt, aber er soll ihn unterschlagen haben.
Die Mamma hat sich auch Unterlagen über Entziehungskliniken beschafft. Irgendein Freund hat es auch mal geschafft, ihn zu einem Psychotherapeuten zu schaffen. Zusammen sind sie dahin gegangen. Und als der Psychologe meinem Vater sagte, er sei krank, da hat er sich totgelacht. Dann sei die ganze Welt krank, dann seien die Supermärkte mit ihren großen Alkoholregalen Giftmärkte. Er hat sich richtig mit dem Psychologen angelegt. Er hat ihm erklärt,

daß er nicht krank wäre, wenn er mit Genuß seinen Whisky trinke. Und daß er sich diese Sauferei angewöhnt habe, sei das normalste von der Welt, und so ein »Milchbubi«, der nicht weiß, wovon er spricht – damit meinte er den Psychologen – sei ja staatsfeindlich. Schließlich lebt der Staat von den Millionen an Alkoholsteuer, die er immer brav und anständig bezahlt habe.
Zu diesem Termin mußte er ja nüchtern sein, und im nüchternen Zustand war er immer aggressiv. Zwei Monate später war er so erledigt, daß er weinend vor meiner Mutter zusammengebrochen ist und ihr versprochen hat, in eine Klinik zu gehen. Es war soweit, daß er wohl nicht mehr weiter wußte. Unser Klavier war versetzt, die Stereoanlage, die Motorräder und Mammas ganzer Schmuck. Die Mamma hatte dann die Idee, sie wollte Hunde züchten. Sie beschaffte sich eine Malteserhündin, von was weiß ich auch nicht mehr, und ließ sie von einem teuren Rüden decken. Als die kleinen Hunde da waren, schrie mein Vater wie wahnsinnig und schimpfte auf unsere »Pißbude« und warf die kleinen Hunde zum Fenster raus. Sechs waren es insgesamt, vier habe ich retten können. Na, jedenfalls, eines Tages fuhr die Mamma mit ihm los in die Entziehungsklinik, irgendwo im Rheinland lag die. Sechs Wochen waren da vorgesehen, wenigstens. Nach vierzehn Tagen wurde er dort gefeuert. Keiner weiß wie, aber er hatte es geschafft, Whiskyflaschen im Garten zu vergraben. Die Leute durften dort im Park spazierengehen. Und natürlich galt strengstes Alkoholverbot. Auch Besucher hatten da ohne Kontrolle keinen Zutritt. Der Witz ist ja überhaupt, daß die Menschen freiwillig und vor allem mit dem Willen, sich wirklich heilen zu lassen, also ohne Alkohol in der Klinik leben. Wie jeder, stand auch er unter strengster Bewachung und zwei Wochen lang war er immer betrunken, aber nirgends konnte Alkohol gefunden werden. Bis eines Tages eine Schwester den Auftrag bekam, ihn unbemerkt einen ganzen Tag lang zu beobachten. Na, da kam es raus; an einer dunklen Stelle im Park hinter einem großen Baum hatte er seinen Vorrat in die Erde gegraben.

Sie haben ihn sofort entlassen. Ich kann es letztlich nicht verstehen. Ich kann diese Willensschwäche von den sogenannten starken Männern nicht verstehen. Jeder weiß, welche Wirkung Alkohol hat, jeder weiß, daß Gewohnheit süchtig macht und wenn sie dann soweit sind, betrügen sie sich selbst am meisten und sagen glatt: »Ich kann jederzeit aufhören. Ich bin kein Alkoholiker.«
Meinem Vater ist aber selbst in der Klinik Unglaubliches passiert. Wieder hat es da sein Schutzengel wohl gut mit ihm gemeint. Als er entlassen wurde, randalierte er in der Empfangshalle. Da wurde eine Schwedin, eine Besucherin, auf ihn aufmerksam, die das wohl herzlos fand, daß man einen armen kranken Mann nun auf die Straße setzt. Sie hat ihn einfach mitgenommen. Sie sah gut aus, war außerdem offensichtlich wohlhabend. Jedenfalls haben die nach zwei Jahren geheiratet. Der Vati hat dann noch ein paar kurze Briefe geschrieben. Angeblich trinkt er jetzt nicht mehr. Es soll ihm gut gehen. Einmal habe ich ihn besucht. Sie leben jetzt auf Bornholm auf einem Bauernhof, und er malt. Er hat schöne Bilder gemalt. Eines habe ich zu Hause. Aber irgendwie möchte er mit seinem alten Leben nichts mehr zu tun haben. Meine Schwester möchte ihn sehr gern besuchen, sie ist Schauspielerin geworden, aber sie will warten, bis sie ein großes Theaterengagement ergattert hat.
Von ihm aus gesehen, hat der Vati doch wirklich wieder unglaubliches Glück gehabt. Denn die Frau gefällt ihm sicher, sonst hätte er sie nicht geheiratet. Die Scheidung von der Mamma war kein Problem. Die Mamma war froh. Sie hat auch mal der neuen Frau geschrieben und ein paar Sachen von ihm nach Schweden geschickt.
Der Mamma geht es heute auch wieder gut. Ein Freund von ihr, ein Anwalt, hat Ordnung in die ganzen Schulden gebracht. Sie konnte sich in Ruhe dann um eine Stelle kümmern. Ihr erster Mann tauchte wieder auf und hat ihr geholfen. Er war auch sehr nett zu uns. Heute arbeitet sie beim Fernsehen als Produktionssekretärin und lebt mit einem Mann ohne Trauschein zusammen. Der Vati war ein aufre-

gender, aber vor allem ein aufreibender Mann für sie. Wir sind alle froh, daß es vorbei ist. Wir hätten es im Rahmen der Familie sicher nicht geschafft, ihn trocken zu bekommen. Man hat da zuviel mitgemacht, die Vorwürfe sind zu groß. Man kommt da nicht raus.

Ich kann mich nicht erinnern, daß mein Vater jemals irgendwelche Erziehungsversuche an uns gemacht hat. Wenn er in guter Stimmung war und zufällig zu Hause, da hat er mit uns gescherzt, da haben wir uns in die Küche geschlichen und haben der Paula was weggenascht. Auch wenn er zu Hause randaliert hat, einmal hat er sogar die Vitrine total zertrümmert, da hatte das nichts mit uns zu tun. Es war da höchstens unsere Angst, daß er uns versehentlich mit erwischen könnte, deswegen sind wir dann geflüchtet, aber mit Absicht hat er nie die Hand gegen uns erhoben. Manchmal hat er uns auch was mitgebracht, wenn er mal verreist war. Als ich dreizehn war, hat er mir ein Abendkleid aus Paris geschenkt, das hat mir erst mit achtzehn gepaßt.

Väter sind ahnungslos, in allem. Sie haben keine Beziehung, oder sie sind unfähig, eine richtige menschliche Beziehung zu anderen Menschen zu entwickeln. Das sind entweder nur gleichgesinnte Saufkumpanen oder mütterliche Versorger, na, und Sexbefriedigungsobjekte. Ich weiß nicht, aber ich glaube, Menschen wie meinem Vater geht der Respekt und die Achtung vor einem anderen Menschen total ab. Er kennt sich ja selber nicht, wie soll er überhaupt den Wunsch haben, andere kennenzulernen? Manchmal kann ich nicht begreifen, warum das nicht möglich ist. Dumm war doch mein Vater nicht. Er konnte so witzig und schlagfertig sein. Er hat soviel Überzeugungskraft gehabt. Er konnte so gut reden. Aber diese Haltlosigkeit, diese Unmäßigkeit ist irgendwie selbstzerstörerisch. Sein ganzes Talent, – er hat es in den Dreck geworfen. Er hätte bestimmt ein guter Architekt werden können.

Vielleicht sollten Männer schon als Jungen in der Schule ein Fach mehr haben, das müßte heißen: Menschlichkeit, oder

wie lerne ich den Umgang mit anderen. Sie tun einfach Dinge, die haben mit dem Leben nichts zu tun. Sie bauen Hochhäuser und Raketen. Sie akzeptieren das Leben nicht. Da muß es auch sehr schwer sein, etwas Einfaches, Schlichtes anzunehmen. Ich glaube, kein Mann kann wirklich lieben. Sie lieben nur sich selbst, und was dieser Selbstliebe nicht dienlich ist, wird zerstört. Der eifersüchtige Mann ersticht seine »geliebte« Frau, weil sie nicht sein Besitz sein will. Mensch, die Kerle sind doch zu bedauern.
Mit meinem Beruf habe ich großes Glück gehabt. Der Vater meiner besten Freundin ist Goldschmiedemeister, und er hat mir angeboten, bei ihm eine Lehre zu machen. Ich war schon immer so gern in seiner Werkstatt, das ist kein stupides Arbeiten. Das ist ein Handwerk, in dem man viel Phantasie einsetzen kann. Ich entwerfe viele Sachen selbst. Ich mach' nur einfachen Schmuck, der einfache klare Stil ist mir wichtig. Keine Prunksachen. Ich habe auch keine Probleme, die Sachen loszuwerden. Seit zwei Jahren lebe ich auf Ibiza und verkauf' dort meinen Schmuck in dem Laden eines Freundes. Davon kann ich gut leben. Manchmal, wenn ich mal wieder grünen Wald oder Schnee sehen möchte, besuche ich meine Schwester oder meine Mutter. Ich glaube nicht, daß ich heiraten möchte. Es gibt für mich keinen Grund. Auch ein Kind wäre keiner. Ich bin nicht bereit, mein Leben für einen Mann zu ändern. Da hat sich ja nichts geändert; die Männer meinen heute nach wie vor, die Frau hat sich den Lebensumständen des Mannes anzupassen; sie zieht dahin, wo er seinen Arbeitsplatz hat. Ich nicht. Mir ist noch kein Mann begegnet, der frei von Chauvi-Allüren *und* selbstbewußt ist. Klar, wenn man verliebt ist, da ist der Verstand total ausgeschaltet, da sieht man auch den Macho durch die rosa Brille, aber da kann ich nur allen Frauen wünschen, daß sie rechtzeitig wieder aufwachen. Ich kann gut mit mir alleine sein. Ich glaube, das ist sehr wichtig, man ist dann von einem Mann nicht abhängig.

# Wahrscheinlich muß ich verlassen und verstoßen werden, wie von meinem Vater.

*Monika Morgner, 39 Jahre alt, eine Tochter, Textildesignerin, alleinerziehend.*

Sie hat mir erzählt, mein Vater sei in Kriegsgefangenschaft in Rußland. Da war ich so fünf Jahre alt. Da ja viele Kinder keine Väter hatten, habe ich mir da auch nicht weiter Gedanken darüber gemacht. Das war eine normale Situation damals. Da gab's aber den Suchdienst vom Roten Kreuz im Radio, und da haben sie immer Namen durchgesagt von Vermißten. Da war ich so zehn Jahre alt. Da habe ich mir sehr gewünscht, daß er nun mal endlich kommt. Ich habe es mir so sehr gewünscht, daß ich mir immer vorgestellt habe, wenn ich von der Schule nach Hause komme, daß da ein kahlköpfiger Mann auf einem Bein mit Krücken durch unsere Straße humpelt und mich anspricht. Und in meiner Vorstellung hat er mich gefragt: »Wo wohnt Frau Morgner?« Und ich hab da gesagt: »Ich kann Sie gleich hinbringen.« Und da hat er mich dann umarmt. Er hat mich erkannt und gesagt: »Ach Kind, du bist es, meine Tocher.« Und ich habe dann meinen Vater zu uns nach Hause gebracht. Das habe ich mir viele, viele Male so vorgestellt. Es wäre mir auch egal gewesen, falls er beinamputiert gewesen wäre oder wie man sich eben die Kriegsgefangenen vorgestellt hatte. Hauptsache, daß er wieder da gewesen wäre, daß er bei uns wohnen würde.
Und dieses Suchdienstabhören wurde meiner Mutter eines

Tages zuviel. Sie wußte ja, daß niemals der Name Morgner auftauchen würde. Und da hat sie mir die Wahrheit gesagt. Da hat sie gesagt: »Wir waren gar nicht verheiratet. Dein Vater lebt. Er lebt in Südtirol, ist dort verheiratet und hat mit der Frau selbst zwei Kinder.« Das war ein ziemlicher Schlag für mich. Weniger die Tatsache, daß mir das meine Mutter so lange verschwiegen hatte. Das konnte ich ja noch verstehen. Das hat sie mir auch irgendwie erklärt. Sie wollte mir halt die Härte der Wahrheit vorenthalten. Ich war entsetzt damals. Ich hab da meine Mutter total entsetzt gefragt, ob sie niemals ein Hochzeitskleid angehabt habe. Das war für mich eine unfaßbare Tatsache.

Ich war so enttäuscht. Und ich dachte mir, wenn er in Südtirol wohnt, das ist ja von uns gar nicht so weit weg. Warum hat er sich trotzdem nie gemeldet – egal, ob sie nun verheiratet waren oder nicht? Dann hat sie mir so nach und nach den zweiten Teil der Geschichte geliefert.

Sie hatte mit meinem Vater in meinen ersten vier Lebensjahren Kontakt. Er war wirklich in Kriegsgefangenschaft gewesen. Und da hat er auch immer an sie geschrieben und gefragt: »Wie geht's meiner Prinzessin?«, also er hat nach mir gefragt.

Als ich vier war, mußte meine Mutter operiert werden. Da hat sie sich gedacht, was ist, wenn ich aus der Narkose nicht mehr aufwache? Dann kann das Kind nie erfahren, wer sein Vater war. Sie hat den Namen auch niemals ihrer Familie preisgegeben, sie hatte niemandem von ihm erzählt.

Als es herauskam, daß sie ein Kind erwartete, wurde sie von ihrer Familie hinausgeschmissen. Sie durfte nicht mehr nach Hause. Sie wohnten in Köln damals. Die haben das als große Schande empfunden. Na, sie war ja nicht mehr sechzehn, sie war schon dreißig Jahre alt, aber dennoch, es war sicher kein angenehmes Gefühl für sie, nicht mehr nach Hause kommen zu können.

Bei der Operation hat sie ihm dann also einen Brief geschrieben, er möchte doch bitte privat bei einem Notar hinterlegen, daß er der Vater von mir sei. Daraufhin muß

ein Brief von seiner Frau gekommen sein, daß ihr Mann immer eine weiße Weste gehabt habe und so eine Sache nicht in Frage käme. Er hat damit sozusagen die Vaterschaft geleugnet. Meine Mutter meinte aber, daß er zur Anerkennung schon bereit gewesen wäre, nur aber durch die Frau so manipuliert wurde. Daß er aber die Vaterschaft auch praktisch leugnete, das war natürlich ein Schlag für meine Mutter. Sie mochte ihn ja. Und ich war ja ein Wunschkind. Als ich gezeugt wurde, so sagt er heute, da ging die Welt drunter und drüber, man hat gar nicht gewußt, was morgen sein würde, bedenkenlos hat er sich da der Liebe zu meiner Mutter hingegeben. Er hatte ja damals schon zwei kleine Kinder. Sie haben zu der Zeit zusammen gearbeitet. Sie war Dolmetscherin und er technischer Leiter einer Munitionsfabrik.
Daß sie das Kind alleine aufziehen würde, darauf hatte sie sich eingestellt. Es war sehr schwierig für sie. Überall fielen Bomben, meine Mutter kam in ein Entbindungsheim nach Bayern. Und dort sind wir geblieben.
Wir hatten nix: Kein Geld, keine Möbel, keine Wäsche, rein gar nix. Die Wohnungsbehörde hat ihr dann ein Zimmer zugewiesen in einem großen verfallenen Haus auf einem Berg. Da mußte sie immer eine Stunde zu Fuß hochsteigen, immer mit dem Kind unter dem Arm. Und dann unten im Ort Schlange stehen, stundenlang mit dem Baby unter dem Arm. Es muß schon ganz schön schlimm gewesen sein. Aber sie sagt, das sei ihre schönste Zeit im Leben gewesen. Die Zeit mit dem kleinen Kind, wo alle rundherum auch arm waren, da wäre irgendwie so eine Gemeinschaft gewesen. Da hat sie Solidarität erlebt. Da war auch ihr Status kein Problem. Frauen mit Babys waren da normal. Wo die Väter dazu steckten, danach fragte keiner.
Mit den Hausbesitzern ergaben sich schon eher Probleme. Es gab ja sehr viele Flüchtlinge. Und in allen Einfamilienhäusern und überhaupt in Häusern, die nicht auf Mieter eingerichtet waren, wurden -zig Leute untergebracht. Und da entstand von den Einheimischen her gegen alle Fremden eine gewisse Feindschaft. Die hatten ja auch die ganze Bom-

berei nicht mitgekriegt. Weil sie weitgehend verschont geblieben sind, hatten sie wohl auch kein Verständnis für die Ausgebombten.
Weil mein Vater die Vaterschaft bestritt, bedeutete das, daß wir zum Jugendamt wegen einer Blutabnahme mußten.
Später, als Erwachsene, wenn ich mir die Geschichte nachts durch den Kopf gehen ließ, da fand ich das Ablehnen, diese Verweigerung, am schlimmsten, die Tatsache, daß ein Mann dazu fähig ist. Meine Mutter hat damals wohl auch sehr verbittert darüber gesprochen. Ich erlebte ihre Einstellung: Ach, die Männer taugen nichts. Sie sind nur verantwortungslos.
Ich habe nun selbst ein uneheliches Kind, eine Tochter. Sie ist jetzt zehn Jahre alt. Ich bin da sehr vorsichtig mit solchen Pauschalverurteilungen. Ich mache sie bewußt darauf aufmerksam, wenn sich ein Mann unheimlich nett verhält. Denn ich weiß, daß mir der Satz von der Verantwortungslosigkeit der Männer sehr zu schaffen gemacht hat und daß ich mich später ganz bewußt dagegen gewehrt habe, und deshalb vielleicht auch manchen Blödsinn machte. Da muß man sehr aufpassen, was man bei den Kindern anrichtet.
Ja, es war schon schlimm, daß der Vater mich verleugnete; ich konnte es nicht verstehen, von einem Mann, der so viele Briefe schrieb, große Love-Story und so. Es war ja nicht nur eine flüchtige Begegnung, sondern vielmehr eine starke Beziehung; zumindest hat meine Mutter das gedacht und er hat es wohl auch in dieser Zeit so empfunden. Durch die Blutuntersuchung wurde die Vaterschaft dann eindeutig festgestellt. Wenn man uns nebeneinander sieht, ist das auch offensichtlich, ich sehe ihm nämlich sehr ähnlich.
Aber diese Geschichte hat ihr einen Knacks auf ewig versetzt, was Männer angeht.
Mir gegenüber hat die Mutter aber immer wieder gesagt, daß ich ein Wunschkind war. Und wenn man wenigstens von einer Seite hört, daß man gewollt war, das finde ich dann auch schon tröstlich. Daß man nicht so ein Zufallsprodukt ist, so von niemandem gewollt.

Es hat mich aber dann sehr beschäftigt, daß mein Vater in der Nähe wohnt. Ich wollte ihn unbedingt mal sehen, kennenlernen. Mit sechzehn war ich in einem Skilager in Tirol, und da dachte ich, jetzt muß ich irgendwas unternehmen. Ich hatte von meiner Mutter eine Telefonnummer von einem Freund von ihm. Ich konnte dann Briefe an diesen Freund schicken. Er war der beste Freund meines Vaters und wurde dann unser Mittelsmann; denn die Post durfte natürlich nicht an seine Familie kommen. Er muß offenbar seiner Frau geschworen haben, daß er niemals mit mir und meiner Mutter Kontakt aufnimmt. Sein schlechtes Gewissen war nicht unbegründet. Nach mir wurde er wieder Vater von einem anderen Kind. Also hab' ich noch einen Bruder; das hab' ich erst vor drei Jahren erfahren. Da hatte er, also mein Vater, eine Operation vor sich und da wußte er nicht, ob er wieder daraus aufwache, und da hat er an meinen Bruder geschrieben: »Übrigens, du hast noch eine Schwester...«, und an mich hat er geschrieben: »Du hast noch einen Bruder.« Wir haben uns getroffen. Er ist ein Jahr jünger als ich. Unheimlich nett, lebt im Rheinland, ist aber oft in Frankfurt.
Meine Geschwister, also die ehelichen Kinder meines Vaters, sind Anfang 1940 und 1942 geboren. 1944 kam ich und 1945 mein Bruder.
Die Ehefrau war sauer, daß da zwei uneheliche Kinder waren, Unterhalt zahlen und so, da hat sie versucht, das abzublocken. Erfolglos.
Mein Bruder wurde gezeugt, als mein Vater versetzt wurde. Da arbeitete er mit der Frau zusammen und dachte wohl immer, daß es am nächsten Tag zu Ende ist. Weltuntergangsstimmung war das. Für diese Frau ist er überhaupt die große Liebe ihres Lebens bis heute. Ich habe sie inzwischen auch kennengelernt. Mein Bruder hat mich mal zu ihr mitgenommen. Sie ist auch verheiratet inzwischen, hat drei Kinder aus dieser Ehe. Ich fand das so lieb, die hat mich in den Arm genommen und hat geweint. Es ist doch verrückt: die Nachfolgerin meiner Mutter, die noch dazu ihre eigentli-

che Rivalin ist. Sie hat immer gemeint, sie sei das große Liebeserlebnis dieses Mannes. Reine Täuschung, natürlich. Aber sie ist mir sehr sympathisch gewesen.
Mein Bruder hat die gleichen Empfindungen meinem Vater gegenüber wie ich: unheimlich enttäuscht, wie er sich all die Jahre verhalten hat. Auch als ich die Adresse hatte und Briefkontakt mit ihm aufnehmen konnte, war da nichts zu spüren. Ich hab in den Briefen so mein ganzes Leben erzählt, von der Schule und von meinem Vorleben. Und dann bekam ich halt so ein paar Zeilen. Es freut mich, sei tapfer und mach weiter so. Immer so in dem Stil. Daß irgendwann mal ein Geschenk gekommen wäre oder irgendwas mehr oder ein bißchen Interesse, nein, da war nix.
Einerseits habe ich auch den Zorn meiner Muter auf ihn geteilt. Andererseits hatte ich eine große Sehnsucht nach ihm. Als nach zwei Jahren immer noch die gleichen drei Sätze kamen, da hab ich dann auch nicht mehr geschrieben. Ich fühlte mich von ihm im Stich gelassen.
Als ich zwölf war, ist meine Mutter schwer krank geworden. Sie war monatelang in der Klinik. Ich bin dann von einer anderen Familie aufgezogen worden. Meine Mutter war irre. Sie hat halt irre geredet. Sie hat geschrien. Sie hat mich bedroht. Da hab' ich Angst gekriegt. Einmal nachts bin ich dann runter zu der Familie, die noch in unserem Haus wohnte. Ich hatte einfach Angst, daß irgendwas passierte. Da haben die mich gleich aufgenommen. Es war ein Uhr nachts. Dann klingelte es nach einer Stunde. Da kam jemand aus dem Haus und schrie: »Frau Morgner ist zum Fenster heruntergesprungen.« Da habe ich nur gefragt: »Ist sie tot?« Da war sie aber, Gott sei dank, nicht tot. Sie war einen Stock tiefer auf den Holzbalkon gefallen. Darauf kam sie dann lange Zeit in eine Klinik. Und da bin ich bei der Familie geblieben. Dasselbe ist später noch einmal passiert. Da ist sie mit dem Brotmesser auf mich losgegangen. Da habe ich »Hilfe« geschrien. Die Polizei kam, und sie wurde wieder abgeholt. Es war schlimm.
Da denkst du nur, wie kann ein Vater da nicht darauf rea-

gieren? Ich hab ihm das doch alles geschrieben. Du bist ein Kind. Meiner Mutter wurde die Vormundschaft weggenommen. Andere Leute hatten plötzlich die Vormundschaft. Damals hat man gesagt, sie sei schizophren. Aber sie hatte das nur zwei- oder dreimal, und dann war's weg. Beim erstenmal waren wir beide krank, da saßen wir tagelang mit Grippe im Bett, und sie hat immer gesagt, da ist der Teufel. Sie hat immer auf die weiße Wand gezeigt, den Belzebub angeschrien, Lateinisch geredet und den *Faust* zitiert.

Ich war fast erleichtert, als sie wegkam, aber hinterher hatte ich wieder große Schuldgefühle. Ich kann auch heute kaum darüber sprechen, weil ich das Gefühl habe, ich schade meiner Mutter.

Als ich dann bei der anderen Familie blieb, da war es unheimlich gemütlich, großes Familienleben, ein Kind in meinem Alter. Und bei uns war es nie gemütlich, denn es war so ein großes Haus, ein riesiges Haus, fast keine Mieter drin. Dort war es immer eiskalt im Winter. Zu Weihnachten mußten wir mit dem Bügeleisen die Leitung vom Klo auftauen. Bei uns glitzerte die Wand immer, weil es dermaßen kalt war, daß der Atem sich an den Wänden niederschlug und dort gefror. Und bei den Leuten war es immer so schön herrlich warm. Da war ich gern. Und einmal kam meine Mutter zurück, sie hatte aber die Vormundschaft nicht mehr und durfte mich nicht sehen, da klopfte sie draußen an die Tür und rief: »Moni, Moni!« Die Familie hat die Tür zugehalten, damit sie nicht reinkonnte. Es war furchtbar!

Sie war gebrochen, wurde aber dann wieder gesund. Sie lebte allein in dem großen Haus, und ihr Kind war wenige Meter weiter, sie durfte aber nicht mit ihm zusammenkommen. Und wenn sie da draußen schrie, da tat sie mir furchtbar leid, aber Angst hatte ich auch. Sie hat es dann aber mit großer Energie geschafft, daß sie die Vormundschaft wieder bekam. Irgendwie war ich froh, man umarmte sich, Happy-End und so, aber dann kam ich wieder in das Zimmer, in die Eiseskälte.

Und da hab ich mir immer gedacht, warum kümmert sich

der Vater nicht mal um mich? Man ist doch da in einer Waisenkindsituation, wenn man bei fremden Leuten aufgezogen wird. Den anderen Leuten um mich herum ging es schon gut, da fuhren die Kinder mit ihren Eltern schon an den Gardasee. Und wir hockten in dem eiskalten Loch. Ich hatte Sehnsucht, aber ich hatte auch Wut auf den Mann, der sich um nichts kümmert.

Ich weiß noch, daß ich im Winter für die Schule keine Hausaufgaben machen mußte, weil es bei uns so kalt war und wir es nachmittags nur im Bett aushalten konnten. Es stand ein Ofen im Zimmer, aber der kam irgendwie nie richtig durch. Nachträglich muß ich sagen, daß ich mit meinem Kind niemals da hingezogen wäre. Meine Mutter macht sich nichts aus Besitz, aus Geld. Auch zu meinem Haus sagt sie: »Das sind doch nur Steine, wozu brauchst du das? Du belastest dich!« Sie hat nie Wert darauf gelegt, aus dieser Kälte herauszukommen. Als ich einundzwanzig war, hab ich mal gesagt, jetzt müssen wir hier weg. Es ist wirklich das Mieseste, was man sich vorstellen kann. Außen alles toll, aber verrottet. Innen, da hab ich mich immer geniert, Kinder mit nach Hause zu bringen. Bei meinen Freundinnen war ich zum Geburtstag in der schönen Villa am See, und dann sollte ich die mit zu uns nehmen. Das habe ich nur mit den besten Freunden gemacht.

Das nehme ich ihr übel, na, heute nicht mehr. Ich hätte geguckt, daß ich eine andere Wohnung bekommen hätte. Sie hat ja auch etwas verdient. Sie hat damals zu Hause Laufmaschen aufgenommen. Gut, sie hat auf andere Dinge Wert gelegt. Sie hat darauf bestanden, daß ich das Abitur mache. Obwohl alle Leute gesagt haben, geben sie doch das Kind in die Lehre, dann verdient sie bald was. Das war ihr wichtig, und da bin ich ihr auch sehr dankbar. In dieser Zeit habe ich von ihr immer wieder gehört, da siehst du mal, die Männer, die taugen nichts. Und ich hab mich immer wieder gefragt, warum kümmert er sich nicht um uns?

Als ich einundzwanzig war, haben wir unsere erste gemeinsame Urlaubsreise gemacht. Mutter und Tante habe ich da eingeladen in meinen Käfer, da sind wir nach Italien gefahren. Na, wenn wir schon nach Italien fahren, da kommen wir ja durch Tirol, da schauen wir doch einfach mal bei ihm vorbei, sagte ich da zu meiner Mutter. Als wir dann in Bozen waren, hat sie ihn angerufen, in seiner Firma, und wir haben uns verabredet. Sehr aufregend. Da gab es eine ergreifende Szene. Die haben sich umarmt, meine Mutter und er. Ich hatte ihn noch nie gesehen, meine Mutter hatte ihn über zwanzig Jahre nicht gesehen. Wir haben da auch Fotos gemacht. Es war ergreifend, und er hatte dann versprochen, jetzt komme ich euch besuchen. Es hat dann aber wieder neun Jahre gedauert. Wir hatten da nur eine halbe Stunde Zeit. Das war nur ein Abfragen, nach Schule und Beruf und so. Auch für meine Mutter und für ihn muß es wohl ergreifend gewesen sein. Meine Mutter hatte zwar immer Schuft und so gesagt, aber sie hat auch immer gesagt, wie beliebt er überall gewesen sei, daß er sogar Flugzeuge steuern konnte. Er muß ein Mann gewesen sein, der den Frauen einfach imponierte. Er konnte Hohe Schule reiten. Sie hat ihn schon als eine Art Held gesehen. Und ich war stolz darauf, daß ich einen Vater hatte, der fliegen und reiten konnte. Aber das war ja noch verlockender, so ein toller Vater, und der ließ sich nicht blicken. Er ist ein Traummann, den sich jedes Teenagermädchen als Vater wünschen würde, aber er ignoriert dich.

Von zwölf Jahren an habe ich mich pausenlos mit meinem Vater beschäftigt. Ich habe mir vorgestellt, ich fahre einfach dorthin, stelle mich vor das Haus und beobachte ihn. Ich will mal die Frau sehen und will mal meine Geschwister kennenlernen. Das habe ich aber alles nicht gemacht.

Ich habe das solange durchgespielt und mir plastisch vorgestellt, daß es dann für mich so war, als ob es Wirklichkeit gewesen wäre. Ich habe mir immer Szenen mit ihm ausgemalt. Und damit konnte ich dann leben. Ich war ja auch eifersüchtig auf die unbekannte Schwester und den unbekannten Bruder. Die haben den jetzt immer, und ich sitz hier und habe nix.

Vor drei Jahren kam ich aus dem Urlaub zurück, da lag ein Brief mit einem unbekannten Absender da. Ein ungarischer Name. Das war ein Brief von meiner ehelichen Schwester. Die hat einen Mann aus Ungarn geheiratet. Sie schrieb mir, daß sie mit meinem Vater auf einer griechischen Insel gewesen sei und da habe mein Vater irgendwelche geheimnisvollen Andeutungen gemacht, bis schließlich herauskam, daß sie Geschwister hat. Da hat er von meinem Bruder erzählt und von mir. Spontan kam dieser sehr liebe Brief. Ich mußte heulen, weil sie das so toll geschrieben hatte. Ich habe sofort zurückgeschrieben, und da ergab sich kurz so ein toller Briefwechsel. Blöderweise hat sie das ihrer Mutter erzählt, und die hat es sofort kaputtgemacht. Sie hat eine Art Nervenzusammenbruch bekommen, jedenfalls hat sie so ein Theater gemacht, daß der Kontakt abgebrochen wurde. Sie sagte, sie könne das ihrer Mutter nicht antun, die würde sich so aufregen. Das ist doch gemein! Wir hätten jetzt alle einen Bruder, ich hätte sogar zwei und die beiden ehelichen Geschwister hätten eine Schwester dazu. Für mich ist die der böse Drachen. Und sie ist die Schuldige an der ganzen Sache. Mein Vater ist wohl der gutmütige, ein bißchen labile Luftikus, der gerne in die Berge geht. Er war bestimmt nicht böse und bei den Frauen hat er bestimmt gemeint, die sind glücklich mit ihm. Das haben ja auch beide Frauen so empfunden. Wie das bei seiner Ehefrau war, das weiß ich nicht. Sie hat multiple Sklerose seit den Kriegsjahren. Angeblich hat sie die wegen uns bekommen, sozusagen. Durch die seelische Belastung. Die Kinder haben das verinnerlicht. Die Schwester von mir hat gesagt, sie haben es nie gewußt, aber immer gespürt, daß mit ihrer Familie irgendwas nicht stimmt. Es war da was Unbekanntes in der Atmosphäre. Es gab Gespräche zwischen den Eltern, und wenn die Kinder kamen, wurde nichts weiterbesprochen. Aber sie hatten keine Ahnung, was es hätte sein können. Die Mutter geht auf Krücken, manchmal braucht sie auch den Rollstuhl. Sie ist halt irgendwie behindert, und das muß sie in all den Jahren meinem Vater gegenüber ausgespielt haben.

Sie hat ihm immer die Schuld gegeben. Er muß aber oft die Flucht ergriffen haben. Ich habe jetzt gerade einen Brief aus den Anden bekommen. Also er flieht sehr viel. Seitdem er pensioniert ist, ist er pausenlos unterwegs in der Weltgeschichte. Er wandert und sammelt Grillen in Sri Lanka. Er flieht, er will sich der Realität nicht stellen. Und wenn er nach irgendwo auf der Durchreise ist, dann kommt er hier vorbei. Er bleibt dann ein, zwei Tage, da freue ich mich jedesmal, und wir haben dann auch Gespräche über früher. Die ersten Male habe ich ihn dann auch gefragt, warum er sich nicht gekümmert hat.
Er sagte dann immer, es tut ihm furchtbar leid und daß er einen großen Fehler gemacht habe. Er gibt sich gleich so zerknirscht, daß du gar nicht mehr weiterreden kannst. Man kann nur sagen, na, ist ja gut. Nichts sonst. Man tröstet ihn fast noch. Mein Bruder ist genauso enttäuscht über das Verhalten unseres Vaters. Für ihn wäre das auch so wichtig gewesen, in einer gewissen Zeit mit dem Vater Kontakt zu haben, weil er auch mit seinem Stiefvater nicht auskam.
Ich möchte eigentlich auch nicht in seiner Haut stecken. Sofern es ihm nicht gelingt, alles abzuschütteln, muß es in ihm ganz schön arbeiten. Seiner Frau hat er ja auch Kummer gebracht. Ihm geht es eigentlich am besten. Seine Frau ist betroffen, die beiden anderen haben auch einen Knacks fürs Leben. Die andere Frau hat ja dann geheiratet, aber nur so einen Brutalo, aus Sicherheitsgründen und damit das Kind eben einen Vater hatte.
Ich hatte als uneheliches Kind keine Schwierigkeiten. Nur als ich meinen ersten Freund kennengelernt habe, da fiel mir das schwer, das zu sagen. Der war aus so einer stockkonservativen Familie. Aber da hat er gelacht, der hat das gar nicht tragisch genommen.
Es hat mir aber immer Probleme gemacht, wenn ich bei Schulfreundinnen war und nachmittags um fünf kam der Vater nach Hause und wenn der unheimlich nett war. Na, die meisten waren ja nicht nett, aber bei einer Freundin hab ich das erlebt. Und die ist dann immer gleich an ihm hochge-

sprungen, Papi und so, da habe ich gedacht, Mensch, die hat's gut.

Und ich habe auch gesehen, daß es den Familien, in denen es Väter gab, wirtschaftlich einfach viel besser ging als uns. Da habe ich bei meinem Kind sehr aufgepaßt, daß es ihr mal nicht so geht. Meine Mutter hat fast nie Leute zu sich eingeladen. Es gab keine Gäste, kein schönes Essen wurde mal für andere gemacht. Das gab's einfach nicht.

Wie nun mein Vater mein Männerbild geprägt hat, das weiß ich nicht, das frag ich mich oft. Unbewußt, von vornherein nehme ich an, daß kein Mann richtig nett zu mir sein kann. Jede Nettigkeit starre ich ungläubig an, das kann doch nicht echt sein. Es ist für mich nicht selbstverständlich, daß ein Mann nett zu mir ist.

Der Vater meiner Tochter ist unheimlich nett. Er ist vierundzwanzig Jahre älter als ich. Wir haben einen sehr lockeren Kontakt, aber es ist jedesmal schön. Er lebt in der Schweiz, ist verheiratet und hat vier Kinder. Ich habe mein Kind auch ganz bewußt gekriegt. Ich hatte vorher sogar noch eine Fehlgeburt, auch von ihm. Ich war da sehr unglücklich, habe geheult und bin sofort wieder hin zu ihm und war auch gleich wieder schwanger. Er hat sich auch so gefreut, aber er ist Italiener, die sind halt ganz anders; netter zu den Kindern.

Männer, die so richtig nett zu mir sind, abgesehen vom Vater meiner Tochter, sind ziemlich schnell uninteressant für mich. Ich weiß nicht, warum. Wahrscheinlich muß ich verlassen und verstoßen werden, wie von meinem Vater. Ich suche mir die, bei denen mein Herz klopft, aber die auch leichtsinnig sind.

Ich will schon alles besser machen, als es mit mir gemacht wurde, auch was den Vater angeht. Ich versuche, meiner Tochter ein realistisches Bild zu vermitteln. Ich will sie da so wenig wie möglich beeinflussen. Sie sagt aber heute schon, daß sie später nie heiraten will. Und sie sagt auch, daß sie nicht darunter leidet, den Vater nicht ständig hier zu haben. Der würde mir ja doch nur alles verbieten, sagt sie. Und irgendwie stimmt das auch. Ohne Mann lebt man doch freier. Mit Mann geht alles so nach Programm. Wir beide tun, was uns Spaß macht. Deswegen leben wir nicht im Chaos. Ohne Mann ist es einfach lockerer.

Als ich den Vater meiner Tochter kennengelernt habe, habe ich mir keine Sekunde lang gewünscht, daß er sich scheiden lassen sollte. Ich mochte ihn sehr, wir haben auch darüber gesprochen. Ich kannte ja auch die Frau, die war mir unheimlich sympathisch, aber ich hätte mich niemals in diese Familie eingemischt. Außerdem war ich damals verlobt. Aber nicht einmal die Aussicht, damals heiraten zu können, hat mich von Tonio abgebracht. Wenn man verliebt ist, kennt man keine Rücksicht, da ist man stur. Man denkt überhaupt nicht nach, was man dem anderen damit antut. Ich hab' da nicht an meinen Verlobten gedacht. Ich hätte es aber auch der Frau von Tonio nicht antun können. Wir waren sehr diskret. Wir haben uns immer nur heimlich getroffen. Seine Familie weiß bis heute nichts.

Das mit dem Heiraten hatte ich mir auch schon während meiner Verlobung mit meinem ersten Freund überlegt. Heiraten, oh, Gott! Das Dorf. Und die Familie ist so katholisch. Dann muß mein Kind Maria oder Joseph heißen. Da war der Tonio, den ich im Urlaub in Meran kennengelernt hatte, die richtige Möglichkeit zum Absprung. Ich hatte Angst vor der Ehe. Ich fühlte mich bereits so eingeschränkt. Fünf Jahre lang sind wir am Wochenende zusammengewesen; da kam ich auch nicht zu den Dingen, die ich tun wollte.

Und das hab ich so richtig genossen, frei in Frankfurt, die große Liebe in Italien. Hin- und herfahren. Treffen in Venedig. Wir haben uns oft in Venedig getroffen. Aber auf der anderen Seite tun und lassen können, was man will, endlich am Wochenende lesen und Musik hören können.

Ein Mann in der Wohnung, nein, das hätte mich gestört. Als das Kind zwei Jahre alt war, da hatte ich Ehegedanken. Weil ich einfach von der Versorgung her verzweifelt war, weil man da denkt: »Mensch, wie soll das alles weitergehen?« Ich hatte reine Existenzängste.

Ich glaube schon, daß meine Partnerbeziehungen durch meine Vatergeschichte stark beeinflußt sind. Wenn ich mich spontan in jemanden verliebe, dann ist das Ende von vornherein schon absehbar. Das sind so tolle und interessante Männer, die eben dann auch leichtfertig sind. Es gibt ja auch Männer, die unheimlich nett sind, die sich in mich verlieben, aber bei denen hab ich dann überhaupt kein Herzklopfen. Die sind nett, das langt für einen Kinobesuch, aber nicht für mehr. Das aber gerade wären die Zuverlässigen.
Ich kann mir aber heute immer noch nicht vorstellen, mit einem Mann zusammenzuleben. Es ist schön, ein Kind zu haben, und es ist auch schön, gelegentlich mit einem Mann zusammenzusein. Ich war damals so schrecklich verliebt in Tonio – ich wollte einfach auch einen kleinen Tonio von ihm haben. Meine Tochter sollte eigentlich ein Sohn werden. Ich wollte den Tonio einfach nur in klein haben. Als die Hebamme aber sagte, ich gratuliere Ihnen zu Ihrer Tochter, da war ich sofort ganz glücklich. Ich wollte ihn wirklich nur in klein und für mich haben.
Meine Mutter hat mir auch keine Zärtlichkeit vermitteln können. Sie war eine kalte Person. Ich kann mich nicht erinnern, daß sie mich als Kind mal in den Arm genommen hätte. Und später, als das war mit ihrer Krankheit und sie mir mal näher kam, da konnte ich es nicht mehr ertragen. Und heute muß ich mich überwinden, sie bewußt zu umarmen. Sie tut es auch nicht von sich aus. Wir haben da beide Hemmungen.
Es war mir aber mit meiner Tochter wichtig, mit ihr zärtlich zu sein. Ganz wichtig war das. Wir haben da keine Probleme. Sie kommt auch auf mich zu. Ich gehe auf sie zu. Die Dinge, die ich meine, die ich besser gemacht habe, die haben auch wirklich angeschlagen. Sie ist nicht schüchtern, sie geht offen auf jeden zu.
Ich war ein schüchternes Kind. Wenn mir meine Mutter eine Mark gegeben hatte und ich mußte Zigaretten in der Kneipe holen, das war ein Spießrutenlaufen. Ich dachte immer, die gucken alle. Meine Tochter ist da ganz frei. Sie spielt jetzt

sogar in einer Schülertheatergruppe die Hauptrolle. Ich glaube, man kann ein Kind selbstbewußt machen, aber man kann es nicht total formen. Man kann aus einem Extrovertierten keinen Introvertierten machen. Meine Mutter sagt zwar immer, ich mache alles falsch. Von ihr kriegte ich pausenlos eins um die Ohren. Aber ich versuche, mich von ihr frei zu machen. Ich glaube, es ist wichtig, ein Kind nicht zu verbiegen. Die ganze Erziehung sollte eigentlich nur ein Aufpassen sein, daß man nicht allzuviel kaputtmacht. Meine Tochter soll es warm und gemütlich haben, und ich freue mich, daß sie die Freiheit hat, sich die Zärtlichkeit zu holen, die sie braucht. Ich sorge dafür, daß sie Kontakt zu ihrem Vater hat und zwar so oft, wie sie das möchte.

In letzter Zeit habe ich merkwürdige Zusammenbrüche beim Autofahren. Ich bekomme ein starkes Schwindelgefühl, Sehstörungen und Übelkeit, rasenden Puls. Ich kann dann nicht weiterfahren. Es ist ein sehr schlimmer Zustand, den ich sonst überhaupt nicht kenne. Ich deute das so, daß ich eben manchmal einfach zu schwach bin, das Steuer in die Hand zu nehmen, also für alles alleine zu sorgen. Vielleicht brauche ich auch nur ein paar Tage Urlaub.
Es kann sein, daß ich sehr viel aus meiner Kindheit verdrängt habe. Ich werde aber nicht in psychologische Behandlung gehen oder gar eine Analyse machen lassen. Davor hätte ich große Angst. Ich will es alleine schaffen. Vielleicht werde ich alles einmal aufschreiben.

# Mit den kleinen grünen Männchen vom Mars hätte ich mich besser verstanden.

*Judith Mann, Fotojournalistin, 43 Jahre alt, ein Sohn, lebt in Scheidung.*

Über mein peinlichstes Erlebnis würde ich noch lieber nachdenken als über die Beziehung zu meinem Vater. Da sträubt sich alles in mir. Ich will es versuchen, aber das bringt unerträgliche Ohnmachtsgefühle wieder hoch, ganz bestimmt auch massive Anschuldigungen.
In den letzten Jahren war ich immerhin schon so weit, daß ich Zorn, Wut und Traurigkeit überwunden hatte. Manchmal empfand ich auch nur Mitleid. Aber Mitleid ist so eine Sache. Ich bin mir da nicht sicher, ob ich mich durch Mitleid nicht selbst erhöhen möchte. Es geht einem innerlich besser, wenn man den anderen für einen armseligen Schweinehund hält. Mitleid bringt mich wohl nicht weiter – das bringt mich nur weg von der Wahrheit, weil einen das so drüberstehen läßt. Ich möchte aber auch nicht nur Zorn ausspucken. Ich möchte versuchen zu differenzieren.
Vater – das war für mich Unterdrückung und Gewalt. Auch wenn ich ganz ruhig darüber nachdenke, es gibt für mich keinen positiven Begriff, den ich mit meinem Vater in Verbindung bringen kann. Meine Entschuldigung für ihn ist nur, daß er seine Erfahrungen an seine Kinder weitergegeben hat. Ich glaube, daß bei den Eltern unserer Generation der abgewandelte Bibelspruch zutrifft: »Denn sie wußten nicht, was sie taten«. Das klingt sehr arrogant. Wissen wir's aber denn?

Ich glaube, inzwischen schimmert da ein Fünkchen Licht in der finsteren Landschaft Pädagogik, und wir sind schon in der Lage, ein bißchen mehr zu erkennen. Im Moment ist es auch unsere Aufgabe, Schuld zu akzeptieren. Und wenn das noch so schwerfällt. Ich muß bereit sein, wenn mein Kind mit Vorwürfen zu mir kommt. Ich muß sie mir anhören, nachdenken, mit ihm darüber sprechen. Ganz gleich, wie absurd mir der Gedanke zunächst auch erscheinen mag.
Durch mein Kind habe ich sehr viel über mich und meine Beziehung zu den Eltern nachgedacht. Vor der Geburt meines Sohnes habe ich die Gedanken über meinen Vater erfolgreich verdrängt. Da war er einfach nur das Scheusal, mit dem man nicht auskam. Er war der übermächtige Vater, von dem man sich entfernte, weil er beständig unterdrückte. Als mein Sohn geboren war, habe ich Stunden neben seinem Bett gesessen und ihn einfach nur angeschaut. Und von der ersten Minute an hatte ich das Gefühl, da liegt ein vollkommenes Wesen. Das ist ein fertiger Mensch, der wahrscheinlich im Laufe seines Lebens einfach nur verstümmelt wird. Und da habe ich mir vorgenommen, meinen Sohn so wenig wie nur möglich zu verstümmeln. Dabei steht aber nicht Wissen über die sogenannte Pädagogik im Vordergrund, sondern nur das Gefühl für das Kind. Wenn ich mein Kind liebe, spüre ich mit allen Poren, was es braucht.
Und wenn ich dann an meinen Vater denke, an seine Beziehung zu mir, dann weiß ich, daß er mich nicht geliebt hat, daß er dazu gar nicht fähig war. Das ist aber keine Erkenntnis, an der ich zerbreche. Er wurde auch nicht geliebt. Das weiß ich. Er hat niemals liebevolle Fürsorge erfahren. Er hatte eine herrschsüchtige Mutter, die ihn und seine zwei Geschwister mit dem Rohrstock erzog. Ihr Mann war im Ersten Weltkrieg gefallen. Da war mein Vater zwei Jahre alt. Eine Witwe mit drei Kindern, das ist selbst heute noch ein soziales Drama, wie war das wohl erst damals? Aber ob nun schuldfähig oder nicht, in mir sitzt der Vorwurf, daß er mich nicht hat Mensch sein lassen, daß er meine Würde verletzt hat.

*Ich war völlig entmutigt. Und diese Entmutigungserlebnisse haben mich auch in der Schule immer wieder befallen. Ich bin ein Mensch, der einfach aufgibt, wenn er Schwierigkeiten hat. Ich fall' da plötzlich völlig in mich zusammen und werde sofort mutlos. Mein Vater hat mir immer die Möglichkeit genommen, mich fair mit etwas auseinanderzusetzen. Das, was er von mir verlangt hat, das war irre. Das war überhaupt nicht möglich.*

Karin Häubler, 43 Jahre alt,
Pädagogin, geschieden, ein Kind.

Mein Vater war nicht väterlich. Jedenfalls nicht das, was ich mir darunter vorstelle. Ich wurde 1940 geboren, mein Bruder zwei Jahre später. Wir lebten in B., und der Vati war bei den Soldaten. Ich war ein Wunschkind, Bernd ein Urlaubskind. So sagte das meine Mutter später einmal.
In den Kleinkindjahren war er gelegentlich anwesend. Das waren die chaotischen Kriegsjahre, von denen ich nur so ein paar Erinnerungsbilder im Gedächtnis habe, wenn er gelegentlich nach Hause kam. Da gab's bei der Begrüßung stürmischen Jubel. Ich wurde hoch in die Luft geworfen und nach dem Auffangen kräftig in den Po gekniffen. Ich wußte zwar, daß das Spaß sein sollte, aber es tat trotzdem weh. Und wenn ich weinte, lachte er und erdrückte mich fast. Das war seine Begrüßungsherzlichkeit. An eine andere kann ich mich nicht erinnern.
Wenn er nicht da war, benutzte ihn unser Dienstmädchen als Drohgespenst. »Ich sag's deinem Vater«, schimpfte sie, wenn ich ihr den Wäschekorb durcheinander gebracht hatte.
Wenn der Vater bei uns war, herrschte immer eine Atmosphäre, als ob der Heiland persönlich niedergegangen wäre. Alles, aber auch alles wurde durch seine Anwesenheit geprägt. Wir durften nicht mehr durch die Zimmer rennen, weil der Vater schlief oder einfach Ruhe brauchte. Wir durften uns nicht erwischen lassen, wenn ein Spielzeug oder sonst irgendetwas kaputtgegangen war. (Was bei meiner Mutter kein Problem war, wir wurden von ihr nie geschimpft.) Und wir durften mit ganz bestimmten Kindern nicht auf der Straße spielen.
Mein Vater kam vom Krieg direkt in russische Gefangenschaft. Unsere Stadt war ziemlich zerbombt – aber unser Viertel blieb heil. Meine Mutter hatte viele Freunde auf dem Land. Sie schaffte damals Schmuck, Teppiche und Bettwäsche zu den Bauern und schuf ein großes Meisterwerk – anders kann ich das nicht nennen: Ihre Kinder waren wohlgenährt, rotwangig, hatten Handschuhe, warme Mäntel und trugen handgemachte Lederschuhe. Ich kann mich nicht an

Hunger, aber an herb-süßen, feuchten Geschmack von Kaffeesatztorte erinnern. Meine Mutter selbst war so dünn, daß ich als Kind immer fürchtete, sie würde in der Taille auseinanderbrechen.

In dieser Zeit war ich manchmal neidisch auf Freunde, die einen Vater hatten. Wer einen hatte, der konnte frech sein. Und Familien mit Vätern lebten in großen Häusern mit warmen Zimmern. Und wer einen Vater hatte, der hatte auch eine Mutter, die den ganzen Tag zu Hause war. (Meine Mutter arbeitete damals ganztags als Buchhalterin, und wir wurden von unserem Kindermädchen versorgt.) Und zu meinen Kleinmädchenträumen gehörte auch die Vorstellung, ein Vater ist klug und stark. Ein Vater hält, was er verspricht. Ein Vater spielt mit seinen Kindern auf dem Boden. Ein Vater erzählt aufregende Geschichten, die wahr sind. Ein Vater schreibt der Mutter Gedichte und bringt seine Kinder zum Lachen.

In der Schulzeit wurde mein Vaterbild sehr viel blasser. Ich glaube sogar, daß ich ihn von dieser Zeit an nicht mehr vermißt habe. Viele Kinder hatten ja keinen Vater.

Wir lebten zu dritt in einem großen, alten Mietshaus. Irgendwo gab es eine Oma, woanders ein paar Tanten, Kusinen und Vettern und überhaupt auch viele Freunde. Sonntags bekamen wir meistens Besuch oder wir waren zu Besuchen unterwegs. Unser Leben war friedlich.

Irgendwann wurde in unserem Haus ein Schreibwarenladen frei. Meine Mutter verschuldete sich und kaufte ihn. Nun waren wir den ganzen Tag zusammen. Unsere Mutter war immer für uns da. Auch wenn sie im Laden stand. Wenn einer von uns »Mammi« schrie, ließ sie die Kunden im Laden stehen und sah nach uns. Unsere Mutter bedeutete für uns absolute Sicherheit. Da konnte die Welt einstürzen – sie war da. Wir wurden nicht geschimpft und niemals geschlagen.

Kein Mensch ist perfekt. Ich weiß, daß mir ein Wesenszug von ihr auf den Wecker ging. Sie war weinerlich.

Ich hatte in der Schule mal eine Physikarbeit verhauen,

bekam einen Vierer, den meine Mutter unterschreiben mußte. Reaktion: »Wie kannst du mir das antun?« Dahinter spürt ein Kind Vorwurf (»Ich bin doch eine alleinstehende Mutter. Du kannst doch mein schweres Schicksal nicht noch schwerer machen.«), und schon hat man Schuldgefühle. Ich habe mir damals bestimmt keine Gedanken über ihr widersprüchliches Verhalten gemacht. Es muß wohl die Einsicht gewesen sein, daß sie mit ihrer Tüchtigkeit eigentlich gegen sich selbst arbeitete. Irgendwie muß sie das unbewußt empfunden haben. Sie war doch dazu erzogen worden, als Glück zu empfinden, gutversorgte Ehefrau und Mutter zu sein. Der Krieg, der gewaltsame Emanzipator, hat diese Glücksvorstellung zerstört. Sie mußte von heute auf morgen die Versorgerrolle übernehmen.

Ich glaube, in dieser Zeit sind für viele Frauen nicht nur die Häuser, sondern auch ihre Weltbilder zertrümmert worden. Das, was die Männer als ihre Domäne den Frauen gegenüber ausgespielt hatten, das erledigten sie damals praktisch nebenher. Und ganz bestimmt nicht schlecht, auf jeden Fall menschlicher.

Die Kinder waren damals wichtiger als heute. Ich kann mich nicht erinnern, meiner Mutter jemals lästig gewesen zu sein. Selbst in den schlimmsten Zeiten nicht.

Meistens war meine Mutter spontan, aktiv und herzlich. Ich weiß, daß wir es als Kinder genossen haben, wenn manchmal abends nach Ladenschluß fröhliche Leute herumstanden, die Wein mitgebracht hatten, sich aus Klopapier Hüte bastelten und mit uns Kindern herumalberten. Das Wichtigste war für uns immer, daß wir zusammen waren, daß wir gesund blieben und in der Schule gut über die Runden kamen. Damit gab es nie Probleme. Also, von mir aus gesehen nicht. Sie sprach nicht darüber, aber ich glaube schon, daß meine Mutter sich ihren Mann aus der Gefangenschaft nach Hause gewünscht hat. Gelegentlich kam eine Postkarte mit kleiner lila Handschrift. Die hat sie dann immer ganz aufgeregt gelesen. Und eines Tages, nach neun Jahren, hieß es dann: Der Vati kommt.

Es war die sogenannte Adenauer-Amnestie. Viele Kinder bekamen ihre Väter wieder. Die Spätheimkehrer kamen in Zügen aus der Sowjetunion.
Als wir den unseren vom Bahnhof abholten und von uns Kindern nichts als überschäumende Freude erwartet wurde, sträubte sich in mir etwas. Da stand ein Fremder, der unser Leben total verändern sollte. Das spürte ich, und dieses Recht habe ich ihm nicht zugestanden. Bei jedem anderen Mann, den uns unsere Mutter als »ihren Mann« vorgestellt hätte, hätten wir genauso empfunden.
Und von da an ging's mit uns bergab. Wirklich. Es war eine Katastrophe.
Die Freude meiner Mutter hielt nicht lange an. Einerseits war jetzt ihr ewig angestrebtes Weltbild – wieder eine komplette Familie zu sein – in Ordnung. Aber nachdem der Mann wieder zu Kräften gekommen war, die Begrüßungsfeste mit den Verwandten abgeebbt waren, blieb keine Minute lang auch nur der Hauch eines Zweifels, nach wessen Kommando nun der Hase hier zu laufen habe. Und bei uns hatte es doch bisher nie ein Kommando gegeben. Und damit kam gleich auch der Konflikt. Er wußte natürlich nicht, was für ein Kommando er austeilen sollte. Er kannte sich nicht aus. Er hatte noch nie im Leben Spaghetti gegessen, bekam einen Wutanfall, weil die Dinger nicht auf der Gabel blieben, und klatschte die ganze Schüssel an die Wand (»so ein Fraß«). Er wurde im Bus eingeklemmt, weil er nicht wußte, daß sich die Türen automatisch schließen.
Er erzählte nicht, wie es war, wo er gewesen ist. Sibirien und für uns unvorstellbare Kälte, das war alles, was wir hörten. Ich war fünfzehn, Bernd dreizehn Jahre alt. Und ab sofort hatten wir durch die Wohnung zu schleichen, mußten höllisch aufpassen, daß keine Tür laut ins Schloß fiel. Lieder von Elvis und unsere Musik überhaupt konnten wir nur in seiner Abwesenheit spielen. Hausaufgaben mit Schulfreunden bei uns zu Hause waren auch gestrichen.
Bernd kam immer später nach Hause, er war tagsüber bei einem Freund, und zuletzt kam er nur noch abends zum

Schlafen. Es gab keine Diskussionen oder Gespräche, nur einfach Verbote. Die wurden nicht ausgesprochen. Wir wußten instinktiv, was wir nicht durften. Es war eine bedrückende Atmosphäre. Ich glaube, wir liefen 'rum wie die aufgescheuchten Hühner mit eingezogenen Köpfen.

Meine Mutter mußte ihren Schreibwarenladen (»Scheißladen«) verkaufen, weil sie zu Hause sein sollte, den Vater bedienen mußte. Ich habe meinen Vater nicht ein einziges Mal auch nur ein Geschirrtuch in die Hand nehmen oder mal ein Brot machen sehen. Ich glaube, er hat nie die Küche betreten. Nach einem halben Jahr nahm mein Vater eine Arbeit an. Er wurde – auf Vermittlung von Freunden meiner Mutter (!) – in einem mittelgroßen Bauunternehmen Betriebsleiter.

Eines Tages war mein Vater verschwunden. Am nächsten Tag lag im Briefkasten ein Zettel, auf dem er uns mitteilte, daß er in Urlaub gefahren sei. Nach drei Wochen kam er wieder, und meine Mutter wurde mit einem Nervenzusammenbruch ins Krankenhaus eingeliefert: Er hatte das ganze Geld von ihrem Laden mit Frauen in Hotels und Spielbanken verjubelt.

Drei Jahre währte das Ehe- und Familienchaos. Dann ließen sich meine Eltern scheiden. Aber diese drei Jahre langten, um mein Leben zu verpfuschen, ja, anders kann ich das nicht nennen. »Du bist nichts. Du hast nichts. Du kannst nichts. Was willst du überhaupt?«

Diese Worte sind an meine Grundfesten gegangen. Sie haben mich damals durch und durch ratlos gemacht. Überhaupt – alles, was ich dachte, war Unsinn. »Werde du erst einmal älter und zeige, daß du auch was leisten kannst.« Was immer ich auch tat, ob in der Schule – da habe ich an der Schülerzeitung mitgearbeitet – oder auch außerhalb, ihm erschien es als Firlefanz. Ich weiß noch, daß ich mich für eine Zigeunertruppe mal eingesetzt habe, die am Stadtrand ihr Lager aufgeschlagen hatte und weggejagt werden sollte. In ein paar kleinen Zeitungsartikeln schrieb ich über

die Menschen und ihr Leben in den Wohnwagen. Und mit ein paar Freunden habe ich dann bei den Behörden erreicht, daß sie im Sommer bleiben durften. Meines Vaters Kommentar: »Jetzt bringst du das Gesocks auch noch in die Stadt.«
Vor dem Erscheinen meines Vaters wäre mein Lebensweg niemals in Frage gestellt gewesen. Schule, Studium, Beruf nach meiner Wahl war selbstverständlich. Niemand und nichts hätte mich daran hindern können. Von meiner Mutter kannte ich nur Unterstützung. Wir wurden einfach grundsätzlich von ihr bestätigt. Wenn sie Bedenken hatte, äußerte sie sie, gleichzeitig aber immer: »Du mußt das wissen«; »Entscheide du – du mußt damit leben«. Selbst wenn sie starke Zweifel hatte, sagte sie letzten Endes doch: »Na, du machst das schon richtig.«
Bei meinem Vater waren Studierwünsche idiotische Flausen. Er hat schließlich die Lebenserfahrung. Ich kann überhaupt noch nicht wissen, was ich will. Ich habe noch nichts geleistet. Ich kenne das Leben nicht.
Das, was damals zählte, war das, was man zusammenzählen konnte: Geld. Und alle Erwachsenen in den Fünfzigern und Anfang der sechziger Jahre, die ich kannte, dachten nur ans Kaufen (»Nächsten Monat können wir uns dann eine Couchgarnitur anschaffen.«).
Und im übrigen brauchen Langhaarige sowieso nichts zu lernen. Langhaarige – das waren nicht die Halbstarken, Gammler oder später die Hippies –, Langhaarige waren die mit dem kurzen Verstand, die Mädchen. Mädchen brauchen nur einen Mann mit einem ordentlichen Beruf, damit aus den kleinen Fräuleins anerkannte Ehefrauen wurden. Bildung ist für Mädchen Geldverschwendung, weil sie heiraten und Kinder kriegen. Das alte Lied. Wirklich, mit dem Wachstums- und Fortschrittsglauben in den fünfziger Jahren gedieh alles, nach was die Leute damals verlangten: Kühlschränke, Nähmaschinen, Ecksofas und Autos. Nur die Kinder, die »gediehen« im Abseits. Bei meinem Vater gab's Empfänge mit Kaviar und Krabben, und ich bekam

mit sechzehn Jahren 2,50 Mark wöchentlich Taschengeld. Das war ein Kinobesuch – ohne Cola. Irgendwann kommt man sich dann wahrscheinlich auch blöd vor. Mit siebzehn verließ ich das Gymnasium. Ich wollte Ärztin, Schauspielerin oder Malerin werden. Nur wie, das wußte ich nicht.

Mein Vater hat sicher auch nur das falsch gemacht, was die meisten Eltern – heute noch – mit ihren Kindern falsch machen: Sie handeln ausschließlich nach ihren Prinzipien und Vorstellungen, die von ihren Wünschen geprägt sind. Mein Vater ist nie auf die Idee gekommen, auf die Ausbildungswünsche seiner Kinder zu hören oder gar auf ihre Begabungen oder Anlagen zu achten. Ich habe schon immer gemalt, seit der Pubertät geradezu exzessiv. Mein ganzes Ich war aufgelöst in Formen und Farben. Es gab damals für mich eigentlich nur Malen und Lesen. Für meinen Vater aber war es selbstverständlich, daß ich mal Chefsekretärin in einem großen Betrieb werden sollte, so eine mit langen, übereinandergeschlagenen Beinen an einem Schaltpult. »Die haben alles in der Hand, und was meinst du, was die verdienen.« Und in einem solchen Betrieb würde ich dann auch gleich seriöse Männer mit soliden Berufen kennenlernen.

Das waren überhaupt zwei sehr wichtige Begriffe: seriös und solide. Mein Bruder mußte sich alle zwei bis drei Wochen den Kopf kahlscheren lassen, und ich hatte mich zu bescheiden, das hieß, mich möglichst schweigend im Hintergrund zu halten. Und es war auch selbstverständlich, daß man als zurückhaltende Tochter nichts davon zu wissen hatte, daß der Vater zwei Monatsgehälter in der Spielbank verjubelt oder daß er mit der Ehefrau des Tankstellenwartes ein Verhältnis hatte. Mit den Widersprüchen hatte man zurechtzukommen. Einmal in der Woche gab's Taschengeld für einen Sissy-Film, und nachts bekam ich in der Bar vor seinen Geschäftsfreunden mit großmütiger Geste einen Blankoscheck für einen neuen MG-Sportwagen ausgeschrieben, der natürlich noch auf der Heimfahrt vernichtet wurde.

Geld war der Götze. Na, das ist ja wohl noch heute so. Aber mir wird immer noch schlecht, wenn ich an die Bemerkung meines Vaters denke, als ich zum ersten Mal hundert Mark nach Hause brachte, die ich als Aushilfe in einem Büro verdient hatte. »Na, siehst du, du taugst ja doch zu was.« Das war die erste Anerkennung. Ich hab' da an Prostituierte gedacht: So müssen die sich fühlen, wenn sie's zum ersten Mal gemacht haben.

Ich hatte immer so ein wahnsinniges Ohnmachtsgefühl. Da verfügt ein Mensch über mich, den ich nicht wegen seiner Klugheit schätzen, sondern nur wegen seiner körperlichen Überlegenheit und seiner Macht fürchten mußte. Ich fühlte mich in meinem ganzen Sein mißachtet und hilflos.

Es gab keinen, mit dem man hätte sprechen können. Meine Mutter war beständig mit Haushalt und Arbeit überfordert, und mein Vater schwamm in seiner Wachstumsherrlichkeit, die einfach Maßstab aller Dinge war. Wir Kinder standen daneben und waren lästig. Wir hatten uns unsichtbar zu machen. Das wurde uns wörtlich gesagt.

Es ist grotesk, ich habe unter seiner Primitivität gelitten, tat aber dennoch alles, um ihn bewundern zu können. Ich weiß, daß ich zu anderen in den höchsten Tönen von ihm gesprochen habe. Ich habe auch viele Anläufe gemacht, um Wunschvorstellungen Realität werden zu lassen. Immer wieder versuchte ich, mich mit ihm auseinanderzusetzen. Wenn ich allein war, legte ich mir lange Reden und Dialoge zurecht, um mir selbst Mut zu machen. Ich hatte Angst vor seinen Wutausbrüchen, auch Angst vor Schlägen, aber noch mehr Angst und Bedrohung empfand ich durch seine Verachtung – »Das ist doch alles Unsinn, was du sagtst.« Es war immer so eine indolente Sattheit in dem Ton, in seiner ganzen Art – da halfen mir weder Mut noch Intelligenz. Da prallte einfach alles ab. Sinnlos war das. Mit den grünen Männchen vom Mars hätte ich mich besser verstanden.

Manchmal dachte ich, seine Aggressivität war Zorn darüber, daß wir eben nur wir waren und nicht die strammen Söhne, so tolle Teufelskerle, wie er sie sich immer

gewünscht hatte. Ich weiß, daß sich auch mein Bruder immer mißverstanden und überflüssig fühlte. Unsere bloße Anwesenheit war eine Belästigung.
Gelobt wurden wir nur vor anderen. Wenn er sozusagen seine Vatervorstellung gab. Da wurde dann das »verwöhnte Töchterchen« mit dem neuen Kleid (das meine Mutter genäht hatte) präsentiert und lobend in den Po gekniffen: »Na ja, siehst ja ganz hübsch aus.« Und wenn seine Freunde Stielaugen bekamen, plusterte sich mein Vater auf und sagte: »Na, wenn's nicht meine Tochter wäre...«
Das hat ihn aber nicht davon abgehalten, mich nachts im Schlaf zu überfallen. Zweimal ist das passiert. Er war betrunken. Seltsamerweise hatte ich beide Male keine Angst, erfaßte mich keine Panik. Ich glaube, das hatte ich seinem lächerlichen Anblick zu verdanken, denn er hatte lange Unterhosen an. Ich wog nur halb so viel wie er, aber ich fühlte mich stärker. Instinktiv habe ich wohl auch richtig reagiert. Ich habe ihn nicht ausgelacht. Da hätte er rabiat werden können. Ich habe die mütterlich fürsorgliche Tour angeschlagen (»Ist dir schlecht?«) und so laut gesprochen, daß es die anderen im Haus hören mußten. Da war wohl der Reiz der Tochter dahin. Mit vernichtenden Blicken hat ihn dann meine Mutter ins Bett gebracht.
Das zweite Mal hat mich mein Bruder befreit. Es ist zwar nichts »passiert«, aber Ekel und Verachtung kamen zu den widersprüchlichen Gefühlen, die ich für meinen Vater empfand, noch dazu. In erster Linie war es ja Angst, dann das ewige unbewußte Schuldgefühl, der inständige Wunsch nach Anerkennung, ein aufkeimendes Gefühl der intellektuellen Überlegenheit, mit der man aber nichts anfangen konnte, und die Ohnmacht des Ausgeliefertseins.
Die Frage, ob mich mein Vater liebt, hat sich mir niemals gestellt.

Einmal hatte er viel Zeit – da war er wegen einer Kleinigkeit im Krankenhaus und langweilte sich offensichtlich. Er bestellte mich zu sich, allein und teilte mir sehr umständlich

mit, daß er mich nun aufklären wolle. Das sei seine Pflicht. – Ich weiß nicht mehr, was er im einzelnen da erzählte. Ich weiß nur, daß es peinlich und armselig war. Und bestimmt war ich nur Ersatz für ein nichtvorhandenes Pornoheft.
Ich weiß aber nicht mehr, ob das nun vor oder nach seinen Vergewaltigungsversuchen war.
Das Klischee vom eifersüchtigen Vater kenne ich übrigens nicht. Meiner hat seit meinem sechzehnten Lebensjahr versucht, mich zu verkuppeln. Der Mann, den ich mal »anbringe«, müßte überhaupt nichts Besonderes sein, sagte mein Vater immer, er müsse nur einen anständigen Beruf haben. Und da ich sowieso nichts vom Leben verstand, brachte er aus seiner Firma gelegentlich »großartige Chancen« mit nach Hause.
Der Anstandsbegriff ergab sich aber nicht aus dem Inhalt der Arbeit, sondern ausschließlich aus dem Einkommen. Das hätte auch ein Automatenaufsteller mit Neandertalerhirn sein können. Mit diesen Typen – die waren so um die Dreißig, alles Opas für mich – hätte ich eine ganze Nacht wegbleiben können. Das wäre in Ordnung gewesen. Es war aber nicht in Ordnung, als ich einmal eine Stunde zu spät, nämlich um elf Uhr abends, nach Hause kam. Ich war mit einem Freund weg. Da wurde ich zu Hause in den Keller gesperrt, getreten, geschlagen und als Hure beschimpft.
Ich glaube nicht, daß solche Erziehungsakte meine Psyche nachhaltig beeinflußt haben. In dem Moment war ich unglücklich über die Gewalt, über die eigene Ohnmacht, gewiß. Aber der Ärmere war doch wohl mein Vater. Durch ihn habe ich auch begriffen, was ein Nazi ist. Er hat immer bestritten, einer zu sein, und angeblich hat er auch nie ein Parteibuch besessen. Aber was bedeutet das? Er empfand nationalsozialistisch. Er hatte die Einstellung, daß jüdisch aussehende Menschen widerwärtige Untermenschen sind. Unsere Väter hatten Ekelgefühle beim Anblick von Juden. Richtigen körperlichen Ekel, wie man ihn eben bei Ungeziefer empfindet. Sie haben damals nicht gemordet, sie haben sich von Ungeziefer befreit. So haben sie sich doch auch

ausgedrückt. Ich glaube, daß mein Vater aktiv an sogenannten Selektionen beteiligt gewesen ist. Ich glaube nicht, daß dies für ihn später ein Problem war. Er hat es sicher verdrängt. Seinen Freunden gegenüber hat er sich immer als unschuldiger Mitläufer dargestellt. Durch seine strenge Mutter war ja sein Zuhause eine Art Zucht- und Disziplinarzelle gewesen. Er wurde nach den Erziehungsregeln Zucht, Ordnung, Gehorsam und Pflicht geprägt. Diese Worte hat er täglich geatmet, geschluckt, verdaut. Die sind ihm ins Fleisch gebrannt. Der Schädel war kurzgeschoren, der Matrosenkragen tadellos – da war man ein anständiger Junge. Und als er sich dann mit zwanzig aus der Disziplinarzelle befreien konnte, saß er schon in der nächsten: in der großen braunen, und mit ihm saßen da noch viele andere drin.

Man muß sich natürlich auch die Zeit vergegenwärtigen. Es waren die dreißiger Jahre. Plötzlich fühlte sich der einfache Mensch, der durch die Erziehung und auch als Arbeiter in der Industrie so viel persönliche Unterdrückung erfahren hatte, als anerkannte Persönlichkeit. Dazu kam die Überwindung der desolaten wirtschaftlichen Situation. Hitler muß von der Generation unserer Väter wie der himmlische Vater in Person empfunden worden sein. Noch nie hatten die vielen einfachen, meist ungebildeten Menschen eine solche Bestätigung erfahren wie durch die Naziparolen. Hitler war kein Hexer, er war ganz einfach nur ein verhaltenstherapeutisches Naturtalent.

Die Historiker rätseln noch heute über das ›psychologische Phänomen‹ und sprechen von Massenhypnose, zumindest aber von einem gewissen hypnotischen Einfluß, den Hitler auf die Massen gehabt haben muß. Das Geheimnis des Phänomens liegt meines Erachtens hinter den Wohnungstüren. Die Chronisten tun so, als sei ein Wähler eine statistische Zahl und nicht ein Mensch, der von den Eltern Liebesentzug, Schläge, schlimmste Unterdrückung erfahren hat. Die repressive Erziehung hat unseren Vätern Gehorsam und Pflichterfüllung als höchstes moralisches Gut eingeimpft, und damit wurde doch ein idealer Boden für Vernichtungsstrategien bereitet. Da sind Kanäle gelegt worden, durch die sich die Unterdrückten durch Unterdrückung haben befreien können.

> *Vielleicht ist noch nie ein Vater gewesen, der nicht irgend einmal sein Kind für etwas ganz Originelles gehalten hat.*
>
> G. Chr. Lichtenberg, 1806

Daß die Historiker natürlich gewachsene Empfindungen der Menschen von damals als Massenhysterie hochstilisieren, liegt meiner Meinung daran, daß sie Historiker und keine Historikerinnen sind. Ich meine damit, ein Mann sieht das ausschließlich intellektuell. Man muß aber versuchen, sich vorzustellen, was in den damaligen jungen Menschen, unseren Vätern, vorgegangen ist. Wenn ich mir meinen Vater vorstelle, wie er sich mit zwanzig von seiner herrischen Mutter befreite, aus der gemeinsamen Wohnung auszog und plötzlich auf dem Marktplatz bei der Kundgebung »als großartiger deutscher Junge« gefeiert wurde, da muß ihm doch die Brust geschwollen sein. Es war sicher zum ersten Mal in seinem Leben, daß er gelobt worden war. Und seinen Freunden erging es nicht anders. Und allen anderen Jubelschreiern auch nicht. Unterdrückung und Kleinbürgermief vertauschten sie mit Wichtigtuerei und dem Flair, Mitglied einer neuen Weltpolitik zu sein. Das war doch der Eintritt ins Paradies. Es gab Arbeit und Essen. Die große Beteili-

gung eines Volkes an der Politik ist immer bedingt durch seine hautnahen Bezüge – im positiven und auch negativen Sinne.
Ich glaube sogar, daß dieses frenetische Heilsgeschrei eine Art Ur-Schrei war. Ein Schrei, der die Kinderstubenunterdrückung überwand und gleichzeitig Ausdruck der Dankbarkeit für den »Befreier« war, der dem Vater der Nation auf dem Führerthron bestätigen sollte: Tu, was du für richtig hältst, du hast die Verantwortung. Wir werden dir gehorchen, unsere Pflicht erfüllen.
Wenn die Menschen damals nicht hätten schreien können – und schließlich haben sich die Leute bei solchen Massenversammlungen doch auch gegenseitig hochgeschaukelt –, also ich glaube, die wären glatt erstickt. Das Siegheilschreien war ein erlösendes Ventil. Menschen, die wie mein Vater zum absoluten Gehorsam erzogen wurden, können nicht plötzlich eigenverantwortlich denken und handeln. Sie können mit Freiheit nicht umgehen. Sie brauchen ein Leitbild. Das sind Binsenweisheiten, ich weiß. Aber wieviele Heilsschreier haben damals nicht auch einen Vater gesucht? Sie hatten doch den ihren im Ersten Weltkrieg verloren.

Mein Vater hat übrigens noch 1961 ganz locker und nebenbei den Satz gesagt, den ich später dann auch irgendwo in der Literatur wiedergefunden habe: »Er ist Jude, aber ein netter Mensch.« – Da brauche ich doch keinen Beweis für eine Parteimitgliedschaft, da hilft auch keine Entnazifizierungsurkunde – nichts kann diesen entlarvenden Satz ungesagt machen. Der steht da. Und das Groteske ist, daß er meinte, damit seine große Liberalität zu dokumentieren. Sogar einen Juden hat er als netten Menschen bezeichnet.
Ich glaube, daß ein Mensch, dem Gehorsam und Pflicht als die moralisch unabdingbaren Werte eingetrichtert worden sind, niemals in der Lage sein wird, sich zu ändern. Jeder kritische Gedanke war und ist Frevel, Eigenverantwortlichkeit wurde unterdrückt. Wer zuwider handelte, mußte mit Strafe rechnen. Der funktionierende Kleingeist, sauber,

kurzgeschoren, steifgebügelt, war der Held der Stunde. Die Zucht- und Ordnungsprinzipien haben die Erziehungsmaßstäbe für Generationen zu Rohrstöcken erstarren lassen. Und ich glaube, an den Striemen leiden wir noch heute.

Nach der Scheidung – als dann mein Vater ausgezogen war – sind wir Drei nicht mehr das geworden, was wir einmal waren: eine friedliche Kleinfamilie. Es ging dann jeder seiner Wege. Bernd ging nach Köln auf die Uni. Und für mich gab's auch nur eines: Raus aus dem Mief und in die Umgebung von Menschen, bei denen ich mich wohlfühlen konnte. Ich ging nach Frankreich, dann nach Spanien, habe dort in Haushalten und als Gärtnerin gearbeitet. Manchmal habe ich auch ein Bild verkauft.
Mit dreiundzwanzig bin ich dann nach Berlin zurückgegangen, habe da meine Ausbildung nachgeholt und bin eigentlich der Meinung, von da an frei gelebt zu haben. Aber ich bin mir da nicht so sicher. Wie können wir wissen, was aus uns selbst herauskommt oder was vielleicht durch Erziehung eingeträufelt worden ist? Vielleicht ist mein ganzes Leben ja auch nur ein Protest gegen die drei Jahre Zwangsjacke?
Ich wollte eigentlich nie heiraten. Du liebe Güte! So ein Wohnzimmerleben und jeden Tag im Brei rühren – das war für mich eine Horrorvision. Na, so ist mein Leben auch nicht geworden. Aber geheiratet habe ich doch. Sogar unbekümmert und fröhlich. Das Wort Emanzipation gehörte für mich damals nur noch in die Köpfe von unbedarften Waschfrauen aus der tiefsten Provinz. Ich war eine selbständige Fotografin, ohne Probleme. Und ich sah auch keine bei anderen. Aber so ganz schleichend und allmählich hat sich das in meiner Ehe geändert. Ich wurde immer unbedeutender und mein Mann immer wichtiger. Für ihn war unsere Ehe eine Art Selbstfindung.
Als wir heirateten, war ich mir absolut sicher, daß er weder brutal noch skrupellos geschäftstüchtig und vor allem kein röhrender Platzhirsch war. Nachdem unser Sohn geboren war, wurde ich immer mehr in die duldende Heimchenrolle

gedrängt, und er hat sich alle Freiheiten genommen. Und ich – man stelle sich das vor –, ich habe alles geschluckt. Hab' ich da nicht das Leben meiner Mutter nachgelebt? Schrecklich, schrecklich, wenn ich an solche Konsequenzen denke. Es wiederholt sich alles. Der extreme Egoismus meines Mannes wäre ja nicht möglich gewesen, wenn ich mich nicht so schwach, so ergeben verhalten hätte. Ein Täter kann ohne Opfer nicht zum Täter werden. Um unsere Ehe aber genau analysieren zu können, müßte noch mehr Zeit vergehen. Ich bin noch zu befangen.
Ich weiß nur heute, daß ich in jedem Falle lieber allein mit meinem Sohn leben möchte. Ich genieße es, ganz allmählich mein Selbstbewußtsein wiederzuerlangen. Ich hätte große Angst, daß das sofort wieder beim Teufel ist, wenn ein Mann auftaucht. Wenn man im Rollenmuster gestrickt ist, ist es wohl sehr schwer, sein eigenes Muster zu finden. Daran arbeite ich jetzt. Ein Leben mit anderen – in heiterer Atmosphäre – könnte ich mir höchstens mit Frauen oder mit homosexuellen Männern, von mir aus auch mit Transvestiten vorstellen. Die geistige Verständigung wäre wichtig. Und mein Kind muß lachen können, sonst nichts.

# Kinder sind eine vorübergehende Erscheinung.

*Margot Urban, 32 Jahre alt, verheiratet, arbeitet saisonweise als Reitlehrerin.*

Für mich und meinen Bruder hat es nie Mutter oder Vater gegeben. Das war immer eine Einheit, das waren die Eltern. Das war immer schon so. Die waren einfach zusammen. Wenn mich Schulkameraden gefragt haben, wen magst du eigentlich lieber, deinen Vater oder deine Mutter, das war für mich so eine irrsinnig doofe Frage. Die konnte ich nicht beantworten. Wenn ich »meine Mutter« gesagt hätte, hätte ich Schuldgefühle dem Vater gegenüber gehabt oder umgekehrt. Ich mag alle beide gleich gern.
Meine Kindheit ist für mich ein unheimlich schönes Erlebnis. Wenn ich heute traurig bin, wenn ich Probleme habe oder auch wenn ich in den vergangenen Jahren einfach nicht mehr weiter wußte, da habe ich mich in eine Ecke gehockt und an meine Kindheit gedacht. Dadurch habe ich mich wieder regeneriert. Ich denke dann meistens an unsere Spiele draußen. Wir haben in einem Mietshaus gewohnt, mit einem herrlichen Hof nach hinten raus und viel Grün.
Das steht auch heute noch: mit einer Allee, und über der Straße beginnt ein Wald. Das war für uns Kinder toll. Wir waren unheimlich frei. Heute ist das zwar alles mit Fitnesspfaden abgesteckt. Aber wir hatten damals keine Verbote. Wir waren eine Hofgemeinschaft, lauter Kinder in unserem Alter. Das war toll. Das war wirklich toll.
Wir hatten je nach Jahreszeit so unsere Spiele. Und in jeder

Jahreszeit haben wir uns schon immer auf die nächste gefreut.
Da war z. B. die Schusserzeit, und das Spielen mit den Glaskugeln. Wir hatten außerdem einen Sandkasten und eine Bank. Wir durften nicht auf die Wiesen, was wir jedoch immer getan haben. Wir durften nicht auf die Bäume klettern, aber wir waren immer oben. Die Hausmeisterin hat wohl geschimpft, vergeblich. Die kann ich heute noch nicht leiden. Mein Vater hat da gesagt, wir sollen uns halt nicht erwischen lassen.
Nach der Schusserzeit kam die Kastelhupfzeit. Ich kann mich so gut an alles erinnern. Auch an die Kinder. Dann kam die Ballspielzeit. Im Winter sind wir zusammen gerodelt. Auf einer Nebenstraße haben wir uns eine Eisbahn gebaut zum Rutschen. Das war toll. Irgendetwas ist uns immer eingefallen. Ich hatte natürlich meine feste, beste Freundin, die Friedel, meine Busenfreundin. Wir haben immer geträumt im Wald, wir bauen uns ein Haus und kaufen uns einen Hund.
Ich hatte schon immer den Drang nach draußen, aufs Land. Schon als Kind habe ich von Pferden geträumt.
Einmal waren wir in Italien. Ich war vielleicht zehn Jahre alt. Wir saßen am Strand mit vielen Kindern. Mein Bruder war dabei, und ich hatte immer gleich Kontakt mit allen Kindern. Und denen habe ich das Blaue vom Himmel gelogen, was ich für Pferde habe, wie toll ich reite – obwohl ich früher nie Kontakt zu Pferden hatte. Es war einfach nur eine starke, starke Sehnsucht von mir.
Mit dreizehn sind wir zusammen auf einen Bauernhof gefahren. Also, wenn ich »zusammen« sage, dann meine ich immer meine Familie. Da habe ich ein Mädchen kennengelernt, die war vierzehn, Anne. Mein absoluter Schwarm. Die war so burschikos. Das war 1962. Da hat ein Mädchen ja noch keine Hosen anziehen dürfen. Ich habe jedenfalls immer Röcke und Kleider angehabt. Und die Anne hatte Hosen an. Das fand ich toll. Enorm.
Und die Anne hat von Pferden erzählt, daß sie reiten lernen

darf. Da war ich natürlich ganz begeistert davon. Eigenartigerweise hatte ich sofort ein ganz schlechtes Erlebnis mit einem Pferd. Ein Kaltblutpferd, also ein großer Gaul, hat mich seitlich an eine Häuserwand gedrückt, mich halb zerquetscht. Ich schrie fürchterlich. Die anderen sind davongelaufen. Plötzlich wurde das Pferd ruhiger. Ich hörte auf zu schreien, stemmte mich gegen den riesigen Pferdebauch, und plötzlich ging das Tier weg. Ich hab' oft darüber nachgedacht. Aber das war nicht negativ. Ich habe keine Angst vor Pferden. In dem Moment, wo das Pferd mich einklemmte, da war das Todesangst. Und von dem Zeitpunkt an bin ich von Pferden nicht mehr losgekommen. Ich habe dann auch die Anne in Nürnberg besucht. Das waren meine ersten selbständigen Ausflüge. Ich war dann öfters Gast bei ihr.

Und dann sind wir immer dahin gelaufen, nach Mariendorf. Das war irrsinnig weit. Ich habe darauf bestanden, daß wir dahin laufen, weil die Anne mir eine Reithose geschenkt hatte und die wollte ich jedem zeigen. Das war für mich das Höchste. Damals habe ich schon gewußt, was ich im Leben wollte. Ich wußte nicht, wie. Aber ich wußte, Reiten und mit Pferden arbeiten. Das war so stark, so intensiv.

Einmal, da war ich siebzehn, da war ich in meinem Zimmer. Plötzlich sagte mein Vater, der saß mit der Zeitung auf seinem Platz in der Küche, ich konnte das durch die offene Tür sehen, also da sagt er zur Mammi, so daß ich's hör': »Schau mal, das ist was für die Margot. Das könnten wir ihr doch eigentlich jetzt mal gönnen.« Ich gleich losgefetzt. »Was hast du da entdeckt?« Da war von einem Sportgeschäft eine Annonce: zehn Reitstunden für fünfunddreißig Mark.

Wir haben nicht viel Geld gehabt. Mein Vater hat normal verdient. Zwei Kinder. Da habe ich immer eingesehen, daß ich keine Reitstunden bekommen konnte. Wir sind bescheiden erzogen worden. Und ich wollte ihn nicht in Unkosten stürzen. Reiten war nur immer mein Wunsch, und ich hab' gedacht, dann mußt du halt bald arbeiten. Mit der Schule hab' ich eh nicht viel im Sinn gehabt.

Mit der Berufswahl hab' ich nie durchgeblickt. Meine Mutter hatte so viele Ideen. Und mein Vater wollte so nach seiner Art was Beständiges. Wir haben einen Onkel, der ist Ministerialdirektor beim Finanzamt. Der hätte mich damals in so eine Laufbahn reingeschoben. Entsetzlich. Das wollte ich nie. Ich habe dann in einer Wirtschaftschule meine Mittlere Reife gemacht. Ich war gut, aber ich war auch immer mit meiner Leichtathletik und dem Turnen beschäftigt. Jeden Tag zwei Stunden Training. Als mein Vater aber die Anzeige entdeckt hatte, war's aus. Von da ab war ich nur noch bei den Pferden. Die Eltern haben schon noch Vorschriften gemacht, daß ich erst einmal die Schule ordentlich mache. Da hab' ich mich auch nie auf Diskussionen eingelassen. Das hab' ich eingesehen. Ich hab' dann noch die Deutsche Meisterschaft geturnt und danach aufgehört. Da war ich achtzehn.
Ich hab' dann auch meine Reiterei selbst verdient. Ich war wohl ein recht hübsches Mädchen, und deshalb hab' ich ein paar Leute kennengelernt, durch die ich so Werbefotos machen konnte. Da hab' ich viel Geld verdient. Mit ganz normalen Fotos. Und Spots fürs Fernsehen. Das Geld ging alles für die Pferde drauf. Der Vater hat mir hin und wieder auch was dazugegeben. Er hat es nie unterstützt, aber auch nie verboten. Auch beim Turnen. Da haben sie sich überhaupt nicht darum gekümmert, wie so die anderen ehrgeizigen Eltern. Bei Meisterschaften im Turnen habe ich meine Eltern nie gesehen. Meine Eltern fanden das gut und schön, weil ich untergebracht war. In die Disco gehen und das alles, was andere Jugendliche so machen, das hab' ich wirklich nicht gehabt. Vom Sport war ich abends immer todmüde.
Die einzige Zeit, in der ich mich mal mit meinen Eltern angelegt hab', das war meine Sturm- und Drangzeit, so mit neunzehn. Da habe ich das erste Mal meinen Vater brüllen hören. Ich wollte da bloß eine eigene Wohnung haben, damit ich abends und nachts wegbleiben konnte, wenn ich wollte. Sicherlich, mir ist es nicht verboten worden. Aber gewartet haben sie immer. Und Angst gehabt haben sie

auch. Das ist mir halt auf die Nerven gegangen als junger Mensch. Das haben sie auch verstanden, daß ich wegwollte. Mein Vater hat immer gesagt: »Du kommst ja doch heim, wenn du Hunger hast.« Meine Eltern sind viel älter. Mein Vater hat mich erst mit zweiundvierzig bekommen, sozusagen. Meine Mutter war bei meiner Geburt zweiunddreißig, und ein Jahr später kam mein Bruder. Sie haben sich im Krieg kennengelernt, 1940.

Mein Vater hat immer nur während unserer Ferien Urlaub gemacht. Da sind wir jedesmal mit unserem Wohnwagen zu unserem kleinen Grundstück an den Staffelsee gefahren. Jedes Jahr, bis zu meinem neunzehnten Lebensjahr, auch an den Wochenenden. Nur wenn ich einen Wettkampf hatte, dann nicht.

Später sind wir auch noch gemeinsam in den Urlaub gefahren, nach Italien, auf einen Campingplatz. Das war meine schönste Zeit, die ich mir überhaupt denken kann. Da hatte jeder seine Aufgabe. Mein Bruder half meinem Vater das Zelt aufbauen. Ich ging meiner Mutter zur Hand. Ohne Aufforderung oder Bitte. Das lief einfach so.

Meinen Vater habe ich nie laut erlebt, nie schimpfend, nie ungeduldig. Sicherlich hat es mal Krach gegeben. Ich habe mich mit meinem Bruder wahnsinnig gestritten. Wir haben uns sogar gehaßt, damals, als Kinder. Ich weiß auch nicht, warum. Aber wenn mir einer zu nahe gekommen ist beim Spielen, dann hat mich mein Bruder sofort verteidigt. Sonst aber haben wir uns gestritten, gehauen, geschlagen. Da trat mein Vater dann oft dazwischen. Aber wahrscheinlich ist das normal.

Meine Eltern haben uns nicht geschlagen. Doch, mein Vater schon hin und wieder... wusch. Ein bestimmtes Erlebnis hat mich irgendwie geprägt. Bei einem Streit mit meinem Bruder kam mein Vater dazu. Und wie Mädchen sind, ich hab' gepetzt. Ich hab' das viel schlimmer dargestellt, als es eigentlich war. Mein Vater kam von der Arbeit, wahrscheinlich in mieser Laune. Da kam ihm der Matthias grad recht. Und da hat er ihm mit der Hand so eine gewischt, daß das

selbst mir wehgetan hat. Mir hat der Matthias so wahnsinnig leid getan. Mein Bruder stand so perplex da, weil er ja ungerecht behandelt worden war. In unserer Familie gab es doch nie Ungerechtigkeiten. So sind wir erzogen worden. Da bin ich in mein Zimmer gegangen und hab' mich sauschlecht gefühlt. Und dann hab' ich mich angeschlichen bei meinem Bruder. Und wie Mädchen so sind, Bussi und so, da hatte er das fast schon wieder vergessen.
Das hat mich lange gequält. Das hab' ich dann auch nie wieder getan. Für das, was ich mache, stehe ich sonst auch immer ein.
Meine Mammi ist ein sehr offener, fröhlicher Mensch, intelligent und aufgeschlossen. Sie war berufstätig, bevor wir kamen. Sie war Leiterin einer Lebensmittelkette. Sie stand sehr aktiv im Berufsleben und hat in der Handelskammer Lehrlinge ausgebildet. Als ich dann mich ankündigte, hat mein Vater gesagt, jetzt müsse sie sich wohl mal entscheiden. Ihr Chef wollte sie damals behalten, auf den war mein Vater eifersüchtig, aber dann hat sie sich doch für die Kinder entschieden, ohne es uns vorzuhalten. Gut, es kamen schon mal hin und wieder Diskussionen. »Ich hab' wegen euch aufgehört«, das hat sie gesagt. Aber nicht vorwurfsvoll, nie belastend.
Es war für sie wichtig, zu Hause zu sein. Es war auch wichtig, daß es der Vater schön hatte. Er hat gearbeitet und das Geld nach Hause gebracht. Dafür wurde er schön versorgt. Und es war auch immer so die Regel: »Wenn der Vater nach Hause kommt, dann verzieht euch, dann wollen wir zwei zusammen sein.«
Das war uns nur recht. Wir waren eh bei jedem Wetter draußen.
Im Winter mußten wir zu Hause sein, sobald draußen die Laternen angingen. Im Sommer hat uns der Vater gepfiffen. Dann sind wir auch schon losgerannt. Im Hause wurden wir immer sehr herzlich begrüßt. Das ist auch heute noch so. Wenn wir nur fünf Minuten aus dem Haus gehen, dann gibt's Abschiedsszenen, als ob wir für Jahre gehen würden.

Und das war immer schön, wenn der Vater da war. Wir sind gern nach Hause gekommen.
Der Vater hat nicht mit uns gespielt. Das haben wir mit den anderen Kindern besser gekonnt. Er hat uns das Schwimmen im Urlaub beigebracht. Das war schön. Da hab' ich auf ihm draufgelegen, auf dem Rücken, und mich gleich sicher gefühlt.
Er ist mit uns auch segeln gegangen. Aber so großartige Sachen, zusammen Lego spielen, so was gab's nicht.
Er war für uns einfach der Vater. Da gibt's nichts zu erklären. Angst haben wir keine gehabt. Er war Autoritätsperson. Vor dem haben wir Respekt gehabt. Was ich z.B. nie kannte, daß ich meine Eltern doof angeredet hätte, wie man das ja oft hört. Ja, um Gottes willen! Ich wüßte nicht, was passiert wäre. Sicher, wir haben es schon mal probiert, aber dann wurde man sofort zurechtgewiesen. Man hatte einfach Respekt, aber nicht durch Angst. Sie haben uns ja alles gegeben. Das ist eine schöne Erinnerung, wie er uns so nach Hause pfiff. Wie Frösche sind wir dann losgehüpft.
Meine Mutter hat dann später – da waren wir schon größer – bei einer Bekannten im Geschäft Korrespondenz erledigt. Damals hatte man noch nicht die vielen technischen Hilfsgeräte im Haushalt. Da war sie voll beschäftigt. Wenn ich sie heute frage, dann sagt sie immer, sie hat das gern gemacht. Sie hängt furchtbar an uns Kindern. Heute noch. Sie erzählt auch viel von früher. Das hat ihr viel bedeutet, unsere Kindheit. Wir haben auch vergangenes Jahr einige Male darüber gesprochen, daß man sich bewußt sein sollte, daß man sich allmählich lösen muß vom Geistigen her, weil ja doch mal der eine sterben wird.
Sie hängt an uns. Das gibt sie auch zu. Der Vater ist da anders. Der Vater, der ist wie seine Mutter, so sagt er jedenfalls, die läßt dann gehen. Die krallt sich nicht fest. Festkrallen bedeutet festhalten. Festgehaltenwerden bedeutet Weggehenwollen. Wir sprechen viel über solche Sachen. Er hat uns nie gehalten.
Heute weiß ich genau, für ihn war das Wichtigste nur seine

Frau. Mein Vater liebt meine Mutter über alles. Das ist sein ganzes Leben.

Und er hat sich immer darauf konzentriert, so Gott will, daß sie miteinander alt werden, daß sie zusammenbleiben. Die Kinder gehen aus dem Haus, die werden erwachsen. Die können kommen, wenn sie wollen. Kinder sind eine vorübergehende Erscheinung. Sein Leben ist sein Leben mit seiner Frau.

Die Mammi ist da etwas flexibler. Ihr waren die Kinder immer wichtiger. Sie hat sich auch immer nach außen orientiert. Ich glaube, daß es für sie leichter sein würde, wenn mein Vater zuerst sterben würde. Mein Vater würde keine zwei Wochen länger leben. Er ist pensioniert, seit acht Jahren. Jetzt läßt er sich auch ein bißchen gehen, läßt körperlich nach. Er ist so gern daheim, nur daheim, am liebsten immer nur mit unserer Mammi.

Die haben aber auch immer was zu tun. Die Mammi ist ein wahnsinnig betriebsamer Mensch. Sie hat vor zwei Jahren eine schwere Herzoperation gehabt. Auf Leben und Tod ist das gestanden. Durch einen Rückschlag hat sie einige Tage im Koma gelegen. Klinisch tot. Und sie hat sich wieder erholt. Nur durch eigenen Willen. Durch unsere Liebe, sagt sie. Wir haben uns alle sehr um sie bemüht. Ich hab' mich auch sehr gekümmert. Wir waren immer da und haben sie aufgemöbelt. Ich war auch sehr viel bei meinem Vater in jener Zeit. Wir haben uns gegenseitig immer wieder geistig gestützt.

Wenn die Mammi gestorben wäre, das wäre das Schlimmste gewesen. Es war einfach noch zu früh. Sie ist erst fünfundsechzig. Da haben wir gesagt, sie muß noch ein bißchen leben. Und sie ist so ein eiserner Mensch, voller Selbstdisziplin. Sie hat sich wieder aufgerappelt. Sie fährt wieder Auto und Fahrrad, sieht aus wie das blühende Leben. Ich muß, ich will, ich könnte was versäumen – das treibt sie. Mein Vater steht dann immer daneben und schüttelt nur den Kopf. Die Mammi, die tolle Mammi, sagt er dann. Süß, wirklich süß ist er.

Die Mutter ist immer weg und will raus in die Luft und Sonne, was in einer Mietswohnung ja ein bißchen schwierig ist. Der Vater ist am liebsten zu Hause. Die lesen sehr viel. Meine Mutter ist sehr interessiert an Geschichte. Sie ist sehr belesen. Vom 18. und 19. Jahrhundert, da weiß sie sehr viel. Mein Vater ist mehr politisch interessiert. Das ist auch so eine Sache, die ich vom Vater habe, die Gesinnung, die politische und menschliche Einstellung. Die Gesinnung, die hat der Vater bei uns geprägt, die humanistische. Er stellt den Menschen über alles.
Mein Vater konnte schon mal beleidigt ein, wenn ihm irgendwas nicht gefallen hat. Da hat er sich dann zurückgezogen. Was meine Mutter nie getan hat. Die hat immer verziehen. Die hat nur einfach ihre Liebe, die viele Liebe, ausgestreut. Ich glaube, meine Mutter hat meinen Vater sehr geprägt. In den ersten Jahren. Sie hat ihn das Lieben gelehrt. Seine Mutter war ein bißchen eine kalte Person. Die hat die Kinder wachsen und gehen lassen, aber die war nicht imstande, Liebe zu geben.
Trotzdem hat er uns Kinder unheimlich lieb gehabt. Wir haben uns immer umarmt, auch mit dem Bruder, bis heute noch. Er streicht ihm auch über den Kopf.
Mein Vater ist einer von der alten Sorte, ein alter Sozialdemokrat, der auch im Krieg sehr viel im Untergrund gekämpft hat. Erst in den letzten Jahren hat er davon erzählt, weil ich nachgebohrt habe, weil ich mich damit beschäftigt hab', auch von der Literatur her, weil ich da auch mit vielen anderen Menschen darüber gesprochen habe, weil das einfach eine Zeit ist, die mich von dem Leben der Menschen her unheimlich interessiert. Für ihn war das damals eine sehr gefährliche Sache. Er hat Flugblätter gedruckt, Zeitungen geschrieben, hat damals in Paris in seinem Beruf als Diplomingenieur gearbeitet.
Im Krieg war er Soldat. 1945 haben meine Eltern geheiratet, und dann ist er eingezogen worden. Erst dann, weil er vorher immer im Ausland war. Er hat auch in Deutschland im Untergrund gearbeitet. Er erzählt nicht alles. Ich weiß nur,

daß er Schriften herausgegeben und daß er Juden geholfen hat. Er hat oft nicht weitergesprochen. Da hab ich dann auch nicht weiter gebohrt.
Manchmal, wenn mein Bruder dabei war, hat er so Kriegsanekdoten erzählt. Er als Soldat, das war so wie der Soldat Schwejk, hat er immer gesagt. Er konnte nie auf Menschen schießen. Das hat er auch als Soldat nicht getan. Einmal ist er abgehauen, kurz vor Kriegsende. Da haben sie ihn verurteilt. Das erzählt er wie einen Witz. Er hat es vielleicht als junger Mensch nicht als gefährlich empfunden. Das war für ihn selbstverständlich, für die rechte Sache einzutreten.
Meine Mutter hatte damals einen Laden. Sie hat also immer Lebensmittel gehabt. Und in ihrer Wohnung hat sie Juden versteckt und verköstigt. Sie hatte viele jüdische Bekannte und Freundinnen. Einmal hat sie mir auch erzählt, wie das so war. Das hat mich so fürchterlich bedrückt. Das war so direkte, hautnahe Geschichte. Da sind so Kerle nachts zu ihr in die Wohnung eingedrungen und haben die Freundinnen aus den Betten geprügelt und sie mitgenommen. Sie sind alle vergast worden. Wenn ich mir das vorstelle, das würde mit meiner Freundin passieren, Wahnsinn. Meine Mutter hat sich damit auch in irrsinnige Gefahr begeben. Aber sie sagt da nur, mein Gott, das ist man sich nicht so bewußt gewesen. Man hat bloß die Menschen gesehen. Mein Vater und meine Mutter waren da gleich. Damals haben sie sich aber noch nicht gekannt.
Ich könnte auch nicht mit einem stockkonservativen Menschen leben. Die haben ja eine ganz andere Gesinnung. Mein Mann ist irgendwo in der Mitte, aber noch so, daß wir uns gut verstehen. Er akzeptiert meine Einstellung hundertprozentig. Ich habe sogar das Gefühl, es tut ihm gut, daß es solche Menschen noch gibt. Er hat in seinem Beruf immer nur mit negativen Menschen zu tun. Macht und Geld. Immer nur Leute, die mit Macht und Geld arbeiten. Er ist halt in der Mühle drin. Gut. Auf jeden Fall, ich bin froh, daß ich so bin, daß ich so erzogen worden bin. Ich bin da wirklich meinem Vater dankbar.

Mein Vater wäre gern zu den Freimaurern gegangen. Sein Vater war lange Zeit Freimaurer in Berlin. Mein Vater ist Berliner. Einer für alle. Dieses Zusammengehörigkeitsgefühl, das hat ihm gefallen. Dieses Bruderschaftsdenken, das ist für ihn das Wesentliche. Es gibt so Sätze in unserer Familie, die immer über allem schwebtem: Man darf sich nicht untreu werden. Man kann machen, was man will, wenn man sich nur selbst treu bleibt. Man muß versuchen, alles mit seinem Gewissen zu vereinbaren. Mein Vater hat immer zu mir gesagt: »Glaub an dich, dann glaubst du auch an andere.« Das ist eigentlich eine schöne Grundlage der Erziehung, nicht wahr? Das würde ich auch meinem Kind vermitteln, wenn ich doch mal eines haben sollte. Davon kann ich mein ganzes Leben lang zehren, wenn meine Eltern sterben. Jetzt geh' ich noch einmal in der Woche zu meinen Eltern, jeden Montag. Da laß ich mich mit Liebe vollfüttern, und dann kann ich wieder gehen. Mein Mann braucht viel Liebe, sehr viel Liebe. Der lernt erst auch mit der Zeit, Liebe zu geben. Es war eine schwierige Zeit mit uns. Zwei Individualisten, die ganz andere Standpunkte haben. Auch durch den Altersunterschied. Mein Mann ist abgeklärter. Seine Frau ist früh gestorben. Er hat seine drei Kinder alleine aufgezogen. Ich hab' ihn kennengelernt, da war ich so richtig mit Energie geladen. Da kam ich mit neunzehn gerade aus Amerika. Ich hatte Illusionen, und dann ein elf Jahre älterer Mann, ein Witwer mit drei Kindern. Aber ich wollte das durchbeißen. Wir sprechen nicht sehr viel. Er redet den ganzen Tag, und abends ist er dann froh, wenn das nicht weitergeht. Er hat sehr viele Probleme am Hals. Das muß ich akzeptieren. Wenn ich Probleme habe, sag ich mir, nicht auf ihn einstürmen, sondern selbst versuchen, sie zu lösen. Ich hab' keinerlei Existenzkampf, was er doch immer hat. Ich schaffe das recht gut. Jetzt geht's mir wieder besser. Das mit dem Kind, das war schon schlimm. Vor zwei Jahren hab ich ein Kind geboren, das nicht lebensfähig war: Chromosomengeschädigt. Ich hab keinen Termin bekommen zur Fruchtwasseruntersuchung. Einige Male hatte ich mich bemüht. Das

Kind habe ich gar nicht nach Hause bekommen. Sie haben es gleich in der Klinik behalten. Ich habe es immer besucht, aber die Ärzte haben mir die Wahrheit gesagt, daß es nicht lebensfähig ist. Nach drei Monaten ist es gestorben. Da habe ich mich verkrochen. Monatelang. Das war schlimm. Ich wollte niemanden sehen. Der Dieter hat da auch nicht gesagt, sei froh, daß es so gekommen ist, er war nur einfach da. Er hat nichts sagen können. Aber ich hab' da Solidarität gefühlt. Ich hab' mir in der Zeit gesagt, da mußt du jetzt durch. Das ist jetzt eine Phase, in der geht's dir schlecht. Eines Tages wird es wieder besser sein. Und es war auch so. Ich bin da allein wieder herausgekommen.
Ich hätte da auch nach Hause zu meinen Eltern gehen können. Aber das wär' mir auf die Nerven gegangen. Ich wollte das alleine machen. Mit dem Vater hätte ich noch besser sprechen können. Weil seine Art sehr ruhig ist, besonnen und sehr überlegt. Der denkt echt, bevor er redet. Ganz in Ruhe, und dann muß ich mit ihm alleine sein. Die Mammi quatscht ihm dauernd dazwischen, weil's ihr dann nicht schnell genug geht.
Aber ich hab' mir das alleine eingebrockt, also muß ich da auch alleine wieder raus. Das war immer meine Einstellung.
Ich habe meinen Mann über die Pferde kennengelernt. Er hält Pferde, und wir machen diesen Sport leidenschaftlich zusammen. Von Anfang an hat uns das verbunden. Von mir aus habe ich da nicht an eine Partnerschaft gedacht. Ich war doch gerade erst dabei, erwachsen zu werden. Er hatte halt Pferde, war nett, und mehr war das nicht. Und er hatte ja auch eine Freundin. Und ich kann doch nicht jemanden lieben, der nicht frei ist. Das war für mich tabu.
Der Dieter wollte immer, daß ich mich um seine Pferde kümmere. Das fand ich toll. Da hab' ich mir in der Nähe vom Stall eine Halbtagsstelle als MTA gesucht und die Pferde und seine Schafe versorgt. Das hat mir viel Spaß gemacht. Aber wahnsinnig Bock auf ihn hab' ich nicht gehabt. Die Beziehung zu seiner Freundin ist dann irgendwann in die Brüche gegangen. Und neulich habe ich erfah-

ren, daß die noch immer Kontakt haben. Da hab ich auf den Busch geklopft. Entweder Schluß oder nicht. Nun sind wir schließlich neun Jahre zusammen. Dieses »Ach Dieterlein, könnten wir nicht mal einen Tee trinken« und so einen Quatsch – das will ich nicht, wie das andere so machen – sind geschieden oder getrennt, lange mit anderen zusammen und machen dann noch miteinander rum. Ich will das nicht. Er wollte sie sogar mal als Sekretärin einstellen. Da habe ich dann auf den Tisch gehauen. Das ist wohl das Allerletzte: Die Exgeliebte am Tag im Büro und am Abend die Ehefrau. Nein, das geht zu weit. Da hat er sich entscheiden müssen. Er ist ein Mann, der nicht nein sagen kann. Einer, der sich immer ins rechte Licht rücken möchte. Er will nie ablehnend reagieren.

Aber dann hat es sich wirklich so entwickelt, daß die Liebe zwischen uns gewachsen ist.

Einmal gab es eine Zeit, wo ich mich so richtig hab' von ihm unterbuttern lassen. Plötzlich war ich eine Frau, die gegängelt wurde. Und da hab' ich mir gedacht: »He, wer bist du eigentlich?« Und dann kam ich wieder hoch. Ich hatte mich total ergeben verhalten und in mich zurückverzogen. Das brauchte ich vielleicht auch mal. Aber ich hab' nicht ihm die Schuld gegeben, denn ich hab mich ja so verhalten, daß er so werden mußte. Das hat ihm dann vielleicht gefallen. Aber so eine Frau will er ja nicht haben, die man treten kann, die sich unterbuttern läßt. Ich habe nur das gemacht, was ihm recht war. Deswegen ist er ja nicht schlecht, er ist da auch nur seinem Trieb gefolgt. Und als er mich wieder mal so blöd angeredet hatte, hab' ich zu mir gesagt, du bist doch gar nicht so ein Untertantyp. Du weißt, wer du bist und akzeptierst dich mit deinen Stärken und Schwächen. Als ich das erkannte, habe ich mein Leben geändert. Ich hab' mir sofort eine Ganztagsstelle gesucht und so gelebt, wie ich das wollte. Ich hab' mir ein Auto gekauft. Das hat mein Vater bezahlt. Ich hab' aber darauf bestanden, daß ich es zurückzahle. Ich war wieder selbständig und frei. Ich hab' auch eine gute Arbeit gefunden, Chefsekretärin in einer privaten

Klinik. Da kam ich mit vielen interessanten und intellektuellen Leuten zusammen. Ich hatte immer gute Kontakte, und das hat mir vollen Auftrieb gegeben. Da hat sich zu Hause auch alles plötzlich gewandelt. Der Dieter ist wieder stolz auf mich, und ich bin so, wie ich vorher war.
Danach kam das mit dem Kind. Das hat mich wieder niedergeschlagen. Man hadert dann wohl mit seinem Schicksal. Ich hatte das Kind empfangen während einer Krise. Da wollte ich gerade gehen. Da hat's mir gestunken. Da haben wir uns wieder mal nicht vertragen. Es gab Probleme mit seinem Sohn. Der Junge hat uns gegeneinander ausgespielt. Er wollte das Kind nicht. Da hab' ich zu ihm gesagt, wenn ich mit dreißig ein Kind bekomme, dann bekomme ich das auch. Ich habe mich voll für meinen Körper und für mein Kind entschieden. Bloß wie ich das schaffen sollte, das war mir nicht klar. Allein? Nur zusammenleben und ein Kind haben, das kam für mich nicht in Frage. Ich mach' den Haushalt, hab' das Kind, geh' womöglich noch zum Arbeiten, und er hat ein schönes Leben. Nein! Ich stand schon mit dem dicken Bauch und meinem Koffer in der Tür. Da hab' ich gesagt, ich will das Kind unter allen Umständen. Wäre es nicht besser, wenn wir heiraten würden? Er hat immer alles unter dem Gesichtspunkt des Finanziellen gesehen. Ein Kind kostet so viel Geld. Aber er hat noch hinzugefügt, zahlen müsse er so und so. Und wenn, dann ist er schon ein pflichtbewußter Vater. Ich bin dann geblieben, und heute ist er glücklich darüber. Ich hab ihn eigentlich zum Heiraten gezwungen.
Ich hab's dem Papi als erstem gesagt, daß ich ein Baby bekomme. Da hat er sich so gefreut. Da hat er gestrahlt übers ganze Gesicht.
Heute bin ich so abgeklärt. Ich habe zu mir gefunden. Heute ist mir so, daß ich einfach alle Probleme zu bewältigen glaube.
Wir mögen uns gern. Es ist eine schöne Partnerschaft. Und das ist in Ordnung. Man muß ihn kennen. Er hat halt unheimliche Aggressionen durch seinen Beruf. Sein Haupt-

problem ist, daß er in seinem Geschäft mit Menschen zu tun hat, die ihm von Grund auf widerwärtig sind. Weil die nur betrügen und belügen, und er muß immer winseln, sich anbiedern. Er verkauft Heizungsanlagen. Er hat ein Ingenieurbüro.
Früher, wenn er aggressiv und ungerecht zu mir war, da hab' ich immer geschrien und mich verteidigt. Jetzt sag' ich einfach: »Das kannst du nicht bei mir machen!« Ich kann ja verstehen, daß er manchmal nicht anders kann. Wenn er heimkommt, fährt er jetzt einfach erst mit dem Fahrrad eine längere Strecke. Der ganze Adrenalinüberschuß geht dann weg. Ich kann mich ganz gut durchsetzen, und er mag das gern, wenn ich ihn so führ'. Ich bin zufrieden.

Ich mach' seit Jahren Yoga. Aktiv. Dazu hab ich immer ihn ein bißchen hinzubringen versucht. Aber er ist geistig noch nicht soweit. Da muß man doch einiges einstecken können. Ich habe das angefangen nach dem Tod meines Kindes. Ohne diese Übungen wäre ich nicht da, wo ich jetzt bin. Ich habe meinen Körper wieder fit. Wenn ich Krankheiten hab', dann geh' ich zu keinem Doktor. Ich habe mir beim Sturz vom Pferd voriges Jahr die Schulter und auch den Daumen gebrochen. Da wollten die im Krankenhaus mich in Gips legen. Da hab' ich mit meiner Yogalehrerin gesprochen. Die hat gesagt, Gips ist Unsinn. Da kann ich die anderen Gelenke nicht mehr bewegen. Mit viel Geduld und Übungen kann man das viel schneller heilen. Ich hab dann stets Übungen gemacht und mich bewegt. Das hat so wahnsinnig wehgetan, daß die Tränen heruntergelaufen sind. Nach zwei Wochen saß ich wieder auf dem Pferd. Ich hab' mich immer nur bewegt, bewegt und nochmal bewegt. Geweint und geübt. Nach drei Wochen war alles vorbei. Ich spüre heute nichts mehr. Ich habe keine Massage bekommen. Nichts. Ich habe meine Krankenkasse keinen Pfennig gekostet.
Heute arbeite ich als Reitlehrerin in unserem Verein. Da führe ich das, was man so ein strenges Regiment nennt. Ich bin da autoritär. Die Kinder wollen das, und die brauchen

das auch. Ich kann es nicht zulassen, wenn sie lax sind mit Tieren. Ich sage dann eben, du mußt *jetzt* die Pferde füttern und nicht dann, wenn du Lust hast. Das verstehe ich unter Pflichtbewußtsein. Das ist mir wichtig. Vielleicht habe ich das von meinem Vater. Ich habe es nie erlebt, mein ganzes Leben nicht, daß mein Vater einmal krank gemacht hat. Nie. Er war vierzig Jahre im selben Betrieb, und er ist von unserem Haus bis zum Büro drei Viertelstunden tagaus tagein früh und abends zu Fuß gegangen. Ein oder zweimal hat ihn meine Mutter mit dem Auto ins Geschäft gefahren, da hat er sich nicht wohl gefühlt.

> *Drei Töchter und eine Mutter, vier Teufel für den Vater.*
>
> Spanisches Sprichwort

Ich war auch nie krank. Ich habe nie bei meiner Arbeit gefehlt und auch früher nicht in der Schule. Das war einfach die Pflicht. Man hat Pflichten. Pflichten und Rechte.
Disziplin war bei uns schon immer wichtig. Das habe ich schon beim Turnen mitbekommen. Ich mußte da auch ins Ballett gehen. Körpertraining und Disziplin von der geistigen Haltung her, das war selbstverständlich. Wir hatten auch einen sehr strengen Lehrer, der kein Pardon kannte. Ausruhen, wenn es nicht unbedingt notwendig war, das gab's nicht. Ich hab's gern gehabt, wenn man mich angepackt hat. Mein Mann ist in der Beziehung genau wie ich: pflichtbewußt und diszipliniert. Ich könnte einen Menschen nicht lieben, der nicht so ist.
Ich glaube, daß diese Eigenschaften wichtig sind. Wie soll man im Leben bestehen, wenn man sich selbst nicht unter Kontrolle hat? Man kann nicht immer die Schuld auf andere schieben. Das hat uns eigentlich mein Vater vorgelebt. »Du

mußt immer erst mal an dich rangehen«, hat er gesagt. »Warum macht er das, das es dich so kränkt? Überlege, was du falsch gemacht hast.«
Mein Vater ist sehr lieb. Er schaut schon sehr lieb aus wie ein Bär. Den könnte man immer knuddeln. Er hat keine Haare mehr auf dem Kopf, nur rundherum so einen Kranz weiße Haare. Er hat das immer so unheimlich gern gehabt, wenn man ihm so zart über den Kopf gestrichen ist, über sein »Plättle«, wie er sagt. Auch heute noch, wenn ich komme und er mit der Zeitung am Küchentisch sitzt, dann leg ich die Hand drauf, wenn sie schön kalt ist. Ach, ist das schön, sagt er dann immer.
Ich habe meinen Eltern nie Vorwürfe gemacht. Aber manchmal, da denke ich mir: Schau, das haben sie dir nicht beigebracht. Ich wußte nicht, was das ist Schadenfreude, Zynismus, Sarkasmus. Das habe ich erst später bei anderen Menschen kennengelernt. Sie hätten mir sagen müssen, daß es Menschen gibt, die so sind. Meine Eltern sind so, daß sie beide nur das Gute im Menschen sehen. Ich hab' da eine andere Einstellung entwickelt, bin skeptischer. Ich hab' dem Vater schon gesagt, die Menschen sind alle schlecht, wenn er mal wieder zu vertrauensselig war. Da sagt er einfach: »Nee, das stimmt nicht.« Eifersucht, Neid, Mißgunst, das kannte ich nicht. Wenn ich wieder ein Kind hätte, würde ich es von dem allen nicht fernhalten. Es war schlimm, wie ich das dann alles kennenlernte, draußen. Ich glaube aber, weil ich so viel Liebe und Nestwärme mitbekommen habe, daß ich alles gut bewältigt hab'.
Meine Eltern haben übrigens ihre Auseinandersetzungen nie vor uns geheimgehalten. Wir sind da nie weggeschickt worden. Aber es hat bei ihnen nie böse Worte gegeben. Die haben sich feste gestritten, aber ich habe damals gefühlt, das gehört dazu, zum Sich-Verständigen. Einmal hat er, einmal hat sie nachgegeben. Oder sie haben Kompromisse geschlossen. Aber es war immer ausgeglichen.
Ich habe auch meine Feministinnenwelle gehabt. Durch die Medien wird man ja ganz schön heiß gemacht. Ich hab' da

schon heiß diskutiert und meinen Standpunkt vertreten. Heute lach' ich drüber. Ein Mann muß sich auch emanzipieren. Auch Männer werden diskriminiert, untergebuttert in einer Partnerschaft. Nicht bloß die Frauen. Und von wegen Rollenverteilung. Sicher, bei uns ist der Vater in die Arbeit gegangen. Das klassische Beispiel. Die Mutter war im Haus und hat die Kinder versorgt, die Wäsche geflickt, die Strümpfe gestopft. Ihr hat das aber echten Spaß bereitet, wie ihr jede andere Arbeit auch Spaß gemacht hat. Nie ist meine Mutter lethargisch geworden. Ich habe nie das Gefühl gehabt, meine Mutter ist dumm oder in der geistigen Entwicklung stehengeblieben. In Geschichte, da konnte ich fragen und fragen, da wußte sie alles.
Sex wurde bei uns nicht diskutiert. Das ist mir aber auch nicht abgegangen. Das war ein Thema, das war mir nicht so wichtig. Da haben dann auch schon männliche Freunde zu mir gesagt: »Du mußt dich mal untersuchen lassen. Geh mal zum Psychiater, bei dir stimmt was nicht.« Nur, weil ich mich nicht jeden Tag mit dem ins Bett legen wollte. Einer hat gesagt, ich wäre sexuell unterentwickelt. Irgendein Arzt hat mir dann gesagt, das sei völliger Blödsinn. Es gibt für mich eben was anderes, was mir wichtiger ist. Der eine braucht es mehr, der andere weniger. Damit war für mich die Sache erledigt.
Ich bin so, wie ich bin, und wenn das einer nicht akzeptiert, dann tut er mir leid. Ich hab' mir dann nicht mehr so junge Freunde gesucht. Die waren mir zu anstrengend. Da hab' ich das Gefühl gehabt, die müssen unbedingt nur ihrem Trieb nachgeben und sich da ausleben.
Einmal habe ich einen kennengelernt, auf den war ich so richtig scharf. Und da hab' ich auch gefühlt, daß ich nicht unterentwickelt bin, da hab' ich gemerkt, du kannst also schon heiß sein. Das war aber einseitig. Er hat das nicht so empfunden. Das hat mich lange belastet. Die Trennung ist mir sehr nachgegangen. Ich war auch nicht standesgemäß, denn er kommt aus einem sehr reichen Haus. Da war Voraussetzung, da muß auch die Frau studiert haben. Leute, die

nicht studiert haben, die können nicht besonders gescheit sein. Gott sei Dank, daß dieser Kelch an mir vorüber ist. Ich bin doch nicht weniger wert, nur weil ich nicht studiert habe. Er kennt's nicht anders. Seine Familie hat ihn so beschränkt erzogen.

Und beim Dieter, da war einfach alles da. Trotz aller Schwierigkeiten. Vielleicht hab' ich die auch gebraucht. Ich bin ein Mensch, der sich selbst immer gern gefordert hat. Vielleicht hab' ich in dem Leben mit ihm meine Bestätigung gefunden. So, wie es jetzt ist, bin ich zufrieden. Ich möchte meine Arbeit nicht mit der tollsten Stelle vertauschen. Da müßte ich doch auch nur wieder irgend jemandem dienen. Warum soll ich da nicht meinem Mann dienen, der es schön haben will? Mir macht das Spaß. Und ihm macht es Spaß, daß die Pferde so gut in Schuß sind, das macht viel Arbeit. Was will ich mehr? Ich wollte das so von Kindheit an, Pferde und einen Partner, der mitmacht. Deswegen habe ich wahrscheinlich dermaßen um unsere Partnerschaft gekämpft. Ich habe ihn zu seinem Glück gezwungen, weil er sich hat zwingen lassen, sage ich mir. Er hat's nicht anders gewollt.

# Ich zieh ein knallrotes Kleid an und stell mich grinsend an sein Grab.

*Jani Mittler, 39 Jahre alt, geschieden, zwei Töchter, Hausfrau und Grafikerin, arbeitet gelegentlich in der Werbeagentur ihres Lebensgefährten.*

Wenn mich meine Mutter im Kinderwagen spazierenfuhr und ein Flugzeug kam, sagte sie immer: »Schau der Papi«, wo er es doch gar nicht sein konnte, denn er war ja tot. Er war Flieger und ganz zum Ende des Krieges, am 7. März 1945, ist er abgestürzt. Da war ich anderthalb Jahre alt. Mein Vater hat aber lange noch in uns weitergelebt, weil ihn meine Mutter so glorifiziert hat. Das muß eine große Liebe gewesen sein.

Ich hab' schon als Kind gespürt, daß sein Absturz nichts mehr mit dem Krieg zu tun hatte. Das war pures Draufgängertum. Das hört sich zwar wahnsinnig hart an. Aber das hat sich so in mir festgesetzt. Er ist ja schon einmal als brennende Fackel runter. Im Fallschirm. Über Paris. Er war eine einzige Flamme, und alles mögliche war gebrochen. Damals haben alle gesagt, na ja, schön wird er nicht mehr, aber er lebt. Nach sechs Wochen war seine Haut so, als ob nie etwas gewesen wäre. Das konnte niemand fassen. »Siehst du, ich hab' eben Glück«, hat er da zu Mutti gesagt. Er muß ein Draufgänger gewesen sein. Aus allem hat er sich einen Jux gemacht.

Als er gehört hatte, daß mein Bruder geboren war, soll er

sich wahnsinnig gefreut haben, er sei in die Luft gesprungen, haben andere gesagt. Und sofort hat er Urlaub eingereicht. Er hätte sowieso nicht mehr fliegen müssen. Er war Oberstleutnant und Ritterkreuzträger mit Eichenlaub. Das war damals an der Ostfront in der Tschechoslowakei. Sein Adjutant war mit seinen ganzen Kisten schon Richtung Heimat gefahren, da kam noch ein Angriff von den Russen, wohl mehr so ein Geplänkel zwischen den Grenzen. Und da hat's ihn gejuckt. Da ist er mit aufgestiegen und hat ein russisches Flugzeug abgeschossen. Dabei ist ein Teil des brennenden Wracks auf sein eigenes Flugzeug gefallen. Er mußte aussteigen, und der Fallschirm hat sich nicht geöffnet. Er hatte sich sämtliche Knochen gebrochen und war sofort tot.

Warum hat er nicht die Scheißflugzeuge, den Scheißkrieg hinter sich gelassen? Er hatte doch schon sechs Jahre Krieg mitgemacht. War das nicht genug? Kurz vor der Geburt meines Bruders hat er noch zu meiner Mutter gesagt, jetzt könne gar nicht mehr passieren. Sie brauche sich um nichts mehr zu sorgen.

Warum hat er nicht an seine Familie gedacht? Das war mir schon von kleinauf ein Rätsel. Ich hab' aber nie gewagt, darüber mit meiner Mutter zu sprechen. Sie hat doch immer nur von dem tollen Papi erzählt. Aus ihrer Sicht vielleicht auch verständlich. Als er starb, war er achtundzwanzig. Da hatte er schon sechs Jahr Kriegserlebnisse auf dem Buckel. Das muß man sich mal vorstellen. Da muß mir mal einer irgendwelche Leute von heute dagegenstellen, nicht wahr?

Sie hat noch lange von dem tollen Papi erzählt, auch als wir den anderen schon hatten. Wir nannten ihn Onkel. Mein Bruder war drei und ich vier. Wir wären damals echt zum Umkrempeln gewesen. Das hat aber meine Mutter nicht gepackt, zu sagen, das ist jetzt euer Vater, der ist jetzt wieder da. Basta. Wir hätten den neuen, weil er ja auch ein sehr fescher Mann war, sofort akzeptiert. Wir hätten von dem vermeintlichen eigenen Vater alles viel leichter hingenommen, alle Aggressionen und so, aber nicht von dem, der ja

*Ich habe meinen Vater gehaßt. Ich habe ihn verachtet. Ich habe immer gehofft, es würde ihm einmal schlecht gehen. Ich wollte einmal seine verwundbare Stelle sehen. Ich wollte einmal erleben, daß er fühlen kann. Er ist bis zu seinem Tod der gepanzerte Siegfried geblieben. Nie hat er sein Lindenblatt gezeigt. Als er wußte, daß er sterben würde, hat er nur noch Alkohol getrunken. Er ist im Nebel abgetreten.*

Ingrid Seemann, 42 Jahre alt, getrennt lebend, ein Kind.

nur unser Onkel ist. Unser lieber Papi, der überirdisch Gute, war ja im Himmel.
Drei Jahre nach dem Tod meines Vaters hat meine Mutter den Neuen kennengelernt. An die drei vaterlosen Jahre kann ich mich noch sehr gut erinnern. Da war die Omi da. Ich seh' die Mutti immer im schwarzen Kleid am Klavier sitzen. Aber sonst ist alles sehr hell. Meine Mutter hat damals als Sekretärin bei den Amerikanern gearbeitet. Da war nicht die Mutti, sondern die Omi die Hauptperson in unserem Haus. Die Mutti war eine sehr anständige Frau, sie hat sich mit keinem Amerikaner eingelassen, obwohl da einer hinter ihr her war wie der Teufel. Einmal hat er sie auf einer Dienstfahrt gefragt, ob sie denn niemals kalte Füße habe. »Ich hab' immer kalte Füße«, hat sie dann gesagt, »aber ich kann mich eben für Amerika nicht erwärmen.«
Erst in dieser Zeit hat die Mutti angefangen, ein bißchen selbständig zu werden. Sie war ja immer das behütete und sehr verwöhnte Töchterchen aus großbürgerlichem Hause. In Berlin ist sie aufgewachsen in Saus und Braus. Sie konnte wirklich nicht einmal eine Nadel in die Hand nehmen. Vom Kochen bis zum Klamottenzaubern für die Kinder, alles mußte sie lernen, alles, was damals so wichtig war. Sie konnte wirklich nichts und später hat sie Kleider geschneidert, daß einem die Augen rausgefallen sind. Auf einmal war sie selbständig. Sie hat alles sehr spontan und locker genommen.
Nach drei Jahren war dann eines Tages der andere da, der Onkel Matthias. Vierundzwanzig Jahre alt war er. Was der geleistet hat, das ist mir erst mit siebzehn aufgegangen. Diese beiden Menschen, meine Mutter und er, die sind wie zwei Feuerbälle. Wenn die zusammenrasen, was da los ist, das kann sich keiner vorstellen. Wir Kinder müßten eigentlich totale Psychopathen sein. Das sind zwei wahnsinnig leidenschaftliche Menschen. Diese Leidenschaft hat ihnen viel Leid gebracht. Das liegt ja schon im Wort drin. Aber sie hat sie auch für immer, ja für immer und ewig zusammengeschweißt. Das ist, als ob's eingebrannt ist, irgendwo in die

Rinde geschnitzt, was dann mitwächst. Die gehen nie mehr auseinander. Aber vorgehabt haben sie es jedes Jahr bestimmt fünfmal.
Unseren neuen Vater haben wir sehr lange gehaßt. Wie die Pest. Als ich dann so dreizehn, vierzehn war, schlich sich bei mir so ein, daß er wohl auch nicht immer an allem schuld ist. Wir haben natürlich immer zur Mutti gehalten. Mein Bruder noch mehr als ich. Wir hatten immer das Gefühl, wir müssen die Mutti gegen ihn verteidigen. Das hat uns aber auch die Omi eingepflanzt. Irgendwann kam mir dann die Einsicht, daß der Onkel Matthias doch auch wahnsinnig viel geleistet hat.
Zehn Jahre nach dem Krieg haben wir angefangen, ein Haus zu bauen; unter den schwierigsten Umständen und mit ganz, ganz wenig Geld. Da haben alle mitgeholfen, Freunde und Nachbarn. Und in dieser Zeit waren wir alle überfordert, alle waren wir so schnell gereizt. Es hat dann ganz schnell gekracht bei uns.
Er hat mir oft wahnsinnige Rätsel aufgegeben. Ich habe nicht verstanden, wie er so aggressiv sein konnte. Ich habe den Jähzorn nicht verstanden, und warum ein Mensch so wahnsinnig verletzend ist mit Worten. Ich habe damals schreckliche Träume gehabt. Es war so grauenvoll, daß ich mir gedacht hab', eines Tages bring' ich ihn um. Das muß ich aber tun, bevor ich vierzehn bin, dann können sie mich nicht verurteilen. So raffiniert war ich. Und ich hab' mir vorgenommen, dann zieh' ich ein knallrotes Kleid an und stell' mich grinsend an sein Grab.
Der Eddi und ich, wir wollten auch abhauen. Einfach abhauen. Aber wir haben ja so wahnsinnig an der Mutti gehangen. Und irgendwann hat sich das plötzlich abgeflacht. Der Eddi ging ins Internat, und damit war wohl ein großer Reizpunkt weg. Bisher war immer eine große Rivalität zwischen ihm und dem Vater. Er hat sich nicht mit ihm als Sohn befaßt. Vielleicht weil der Eddi meinem richtigen Vater so ähnlich sieht. Und er wußte ja auch, daß mein richtiger Vater die große Liebe von meiner Mutter war. Überall

standen seine Bildchen, und wenn sein Todestag war oder sein Geburtstag, na, irgendwie hat sie immer an ihn erinnert. Ich fand, das hätte die Mutti ganz wegrücken müssen. Bei den großen Krächen ging es meistens um die banalsten Dinge. An seiner sprunghaften Launenhaftigkeit hat sich die Mutti immer total hochgeschraubt. Explodiert ist sie zuerst. Da flogen die Fetzen. Sie hat immer lange gebraucht. Sie wollte es immer unterdrücken. Das kann ich gut nachfühlen, mir geht es auch so. Aber Ausbrüche gibt es bei mir nicht. Beim ersten großen Krach und Schreien bei den beiden habe ich mir geschworen, niemals wird es das in meinem Leben geben.
Das hat mir auch viele Nachteile gebracht. Die zwei schreien sich aus, großes Gewitter entlädt sich und danach ist alles wunderbar. Die Luft ist dann erst recht gut. Das war für mich faszinierend. Am Abend flogen die Fetzen, und morgens beim Frühstück himmelt sie ihn an und sagt Herzi, Spatzi, Schatzi. Da war ich immer völlig verdutzt.
Bei so einem Streit dachten wir immer, der Eddi und ich, jetzt ist es aus. Schadenfroh waren wir, na klar, wir dachten doch immer, er nimmt uns die Mutti weg. Und wir konnten uns nicht vorstellen, in der Stadt zu leben. Ohne den Vater wären wir aber sicher nach Berlin oder nach München gezogen. Mit zehn Jahren war ich mal ein halbes Jahr in Berlin. Da hab' ich jeden Abend in mein Kissen Rotz und Wasser geheult. Das war nicht nur die Sehnsucht nach meiner Mutter, das war die Sehnsucht nach meinem Zuhause. Das Berlin, die dumpfe Wohnung meiner Großeltern mit den alten düsteren Sachen, das kam mir alles schrecklich vor. Die wohl witzigen, aber norddeutschen Menschen waren nicht meine Welt. Die haben mich dort als österreichische Hexe bezeichnet. Ich war der glücklichste Mensch, als ich wieder nach Hause durfte. In Berlin habe ich auf der Straße die Erde gesucht. Ich wollte immer Erde schnüffeln. Das hab ich immer so geliebt, wenn im Frühling der Schnee schmolz und die Erde kam in braunen Flecken raus.

Einen Riesenkrach gab's dann auch mal wieder an Weihnachten, wie meistens. Mein Bruder hat wie üblich zur Mutti gehalten. Ich hab' zum ersten Mal versucht, mich neutral zu verhalten.
Wir waren irgendwo eingeladen. Der Vati ging nicht mit, da hab' ich auch gesagt, ich geh' nicht mit. Irgendwie spürte ich, daß ich zu Hause bleiben mußte. Die Mutti und mein Bruder zogen ab. Ich war mit ihm allein im Wohnzimmer. Da kam er zu mir, legte die Arme so um mich und hat mir mal von seiner Warte aus sein Leben erzählt: Daß er mit siebzehn in den Krieg mußte, daß er verwundet wurde und sie ihm beinahe das Bein abgenommen hätten. Und als der Krieg aus war, war sein Vater tot, und er stand da – ohne Beruf und mußte für seine fünf jüngeren Geschwister sorgen. Er konnte nicht studieren. Seine Leidenschaft wäre Medizin gewesen. Er doktert heute noch gern an uns oder unseren Katzen herum, wenn sie eine Verletzung haben. Aber das Studium hat er damals nicht gepackt. Nach all den Kriegsjahren, nach all dem Hunger. Und inzwischen hatte er die Mutti kennengelernt. Da waren ihm dann Leben und die Liebe wichtiger als die Karriere. Wenn sein Drang zur Medizin so groß gewesen wäre, dann hätte er sich nicht von einer Witwe mit zwei Kindern so beeinflussen lassen. Das ist etwas, was ich ihm heute gerne einmal sagen möchte. Er ist dann Bergbauingenieur geworden. Das war ja naheliegend bei uns in Österreich.
Und er hat von der großen Liebe zur Mutti erzählt und auch, was es heißt, mit einer Frau zusammenzuleben und nicht verheiratet zu sein. Darunter hat er immer wahnsinnig gelitten. Wir brauchen nun mal das Geld. Und die Mutti hat ja einiges bekommen, weil mein Papi Offizier war. Dadurch konnten wir studieren. Und das hat man natürlich nicht wegen so einem blöden Formular aufgegeben.
Aber trotzdem haben sie darunter gelitten. In einem kleinen Dorf ist das nicht einfach. Komischerweise haben wir das nie als nachteilig empfunden. Niemals wurde ich deswegen in der Schule schief angeredet. Jeder im Dorf hat irgendwie

gewußt oder geahnt, was das für eine starke Verbindung ist. Und auf einmal haben sie auch zur Mutti Frau U. gesagt, also sie mit seinem Namen angeredet.
Meine Einstellung ihm gegenüber hat sich an jenem Weihnachtstag total geändert. Wir haben so zwei, drei Stunden geredet. Er hat mir gesagt, daß er sich wie das fünfte Rad am Wagen fühlt, daß wir ihm unsere Schwierigkeiten angelastet haben. Die Mutti hatte z. B. Knall auf Fall gesagt, daß wir nicht mehr Onkel, sondern Vati zu ihm sagen müssen. Ohne Übergang. Und dann hat er das mit dem Haus gesagt, wie uns das alle fertiggemacht hat und ihn besonders, daß er manchmal nicht weiter wußte. Aber er hat das doch nur für uns gemacht, seine Familie.
Und auf einmal hat es mir da gedämmert. So ein junger Mann war er damals, die Familie, das Haus, was war das für eine Belastung! Wie Schuppen ist es mir von den Augen gefallen, was er alles geleistet hat und wie sehr wir uns von der Omi haben beeinflussen lassen.
Was die Eltern damals alles leisten mußten, und wenn ich das vergleiche mit der heutigen Zeit, da fragt man sich sowieso, wie die das durchgestanden haben. Also, ich habe für unsere Elterngeneration unheimliches Verständnis. Die haben so viel mitgemacht, was wir nur ahnen können. Ich bin oft so zornig auf die heutige Jugend, weil sie immer nur den Eltern die Schuld gibt. Die haben doch immer nur gewerkelt. Mein Gott, was sollten sie denn anderes tun? Vielleicht hätte man besser ausgleichen können, sicher, aber ab einem gewissen Alter kann man den Eltern nicht immer nur die Schuld geben. Man sollte versuchen, aus allem was zu lernen. Mach's du besser, hab' ich mir immer gesagt, und so hat mich nichts kaputtgemacht.

An diesem Weihnachtstag habe ich ihn zum erstenmal schwach gesehen. Bis dahin habe ich ihn nur stark, aggressiv und launisch erlebt. Selten war er zärtlich zu uns. Aber wenn man Hilfe brauchte, da war er da. Er war der erste Mann, den ich überhaupt schwach gesehen habe. Ich saß

auf der Kommode, und er hat mich so um die Schultern gefaßt und wahnsinnig geweint. Und das hat mich so unwahrscheinlich beeindruckt. Ich hatte noch nie einen Mann weinen sehen. Alles, was er sagte, hat das so unheimlich bestärkt. Er hat sich mir total gezeigt, und dadurch konnte ich mein Herz ihm öffnen.
Bei meinem Bruder war das nicht so. Der Eddi hat immer gemeint, er muß die Mutti beschützen, sein »Füchslein«, so hat er sie immer genannt. Er hatte einen richtigen Ritterlichkeitswahn. Das hat er heute noch seinen Freundinnen gegenüber.

Seitdem habe ich ein gutes Verhältnis zu ihm gehabt. Ich hab' gespürt, daß er die Mutti nur reizt, weil sie sich eben reizen läßt. Wie oft hab' ich ihr gesagt: »Ignorier' das doch mal! Der will dich doch nur hochjagen, auf die Palme bringen.« Das hab ich ihr gesagt, da war ich sechzehn. Da konnte ich schon richtig mit ihr von Frau zu Frau sprechen. »Wenn er anfängt zu schreien, geh' raus und mach die Tür zu!« Immer und immer wieder hab ich ihr das gesagt. Und in diesem Jahr, nach mehr als zwanzig Jahren, hat sie mich ganz stolz angerufen und berichtet, dieses Mal hab' ich's geschafft.
Ach, es gibt süße Geschichten zwischen den beiden. Aber auch so schmerzhafte. Wenn Menschen sich so lieben wie die beiden, wie kommt es bloß, daß man sich so wehtut? Daß man sich so böse Worte ins Gesicht schreit?
Da kommt man nicht dahinter. Mir liegt das nicht. Ich wäre tödlich verletzt.
Aber ansonsten ist er ein sanfter und zärtlicher Mann. Wenn ich mit der Mutti mal so intim rede, ich meine jetzt nicht Sex, da sagt sie das, wie neulich: »Du kannst es dir nicht vorstellen, Kind«, hat sie gesagt, »wie dieser Mann, der so rabiat, so jähzornig, so launenhaft ist und mit Worten so verletzen kann, wie lieb, sanft und zärtlich er mit mir alleine ist!«
Das ist sein Egoismus. Den Menschen, den er liebt, will er

absolut für sich allein haben. Alles, was rundherum ist und ihn von ihr abbringt, macht ihn wahnsinnig. Und die Mutti hat nun mal viele Interessen und viele Freunde. Er brauchte niemanden, nur sie. Das hat sie schon sehr belastet.
Eine Zeitlang haben wir dieses Besitzergreifen von der Mutti ins Lustige gezogen. Wir haben ihn mit seinem autoritären Verhalten auf die Schippe genommen. »Na, was macht denn unser Adolfchen?« Oder wir haben auch gesagt: »Geh doch in die Wüste, du alter Gaddhafi.« Diesen Dreh hatte ich dann fast besser raus als die Mutti.
Einmal hat er ein Gedicht über mich gemacht. Mein Bruder hätte sich da zu Tode geärgert, der hätte das als schlimme Kritik empfunden. Als ich in München auf der Sprachenschule gemerkt hab', daß ich mit meinem Sprachfehler keine Lorbeeren ernten kann, bin ich weg und hab Grafik erlernt. Und da stand in dem Gedicht: »Unter allen Schülern, die da sitzen, kann niemand so gut Bleistift' spitzen...« mehr weiß ich nicht. Da hab ich mich kaputtgelacht. War doch süß, daß er sich so viel Mühe gemacht hat.
Meine Geschwister sind beide sehr geltungsbedürftig. Die brauchen Anerkennung wie das tägliche Brot. Ich schaff' mir da immer einen Ausgleich. Ich glaube, ich brauch' auch nicht unbedingt die Anerkennung meiner Eltern.
Einmal hab' ich geträumt, daß die Mutti ein Baby kriegt. Und von da an hab' ich auch gewußt, daß es so sein wird. Ich war hellwach und hab' gelauert. Die Mutti war immer nach mir dran mit der Periode. Da hab' ich im Bad festgestellt, daß sie nichts mehr an Watte verbraucht. An irgendeinem Festtag hat sie einmal zu mir gesagt, bind mir mal die Schürze hinten zu. Da hab' ich vorn ganz deutlich mit den Händen ein Bäuchlein gespürt. Da war ich fertig. Absolut fertig. Todunglücklich war ich und hab's dem Eddi sofort gesagt. Dann haben wir jeden Tag darauf gelauert, wann sie es uns sagen wird. Und bis dahin haben wir sie dauernd gequält. Der Eddi war da ganz raffiniert. »Füchslein, ich muß dir was ganz Wichtiges sagen«, ganz feierlich hat er das zur Mutti gesagt. Eine lange knisternde Pause hat er dann

eingelegt, und die Mutti ist knallrot geworden. »Kann ich morgen mit meinen Freunden auf die Hütte gehen?« Das oder ähnlich banale Dinge kamen dann. Nichts geschah, wir haben weiter gelauert. Und als sie dann endlich nach ein paar Wochen mal so einen Anlauf nahm, und wir beide gespürt haben, jetzt, jetzt, wird sie es uns sagen, da haben wir sie glatt auflaufen lassen. »Was würdet ihr denn sagen, wenn ihr noch ein Brüderchen oder Schwesterchen bekommen würdet?« Ganz lässig hat dann der Eddi geantwortet. »Ach, mit dem alten Hut kommst du, das wissen wir doch längst.« Da war sie völlig baff. – Für die Mutti war das sehr schwer. Sie war 38, nicht verheiratet, zwei halberwachsene Kinder, und es hat sie wohl bedrückt, daß das Kind unehelich geboren wird und ihren Mädchennamen erhält. Das hat für uns bedeutet, der Vati heißt U., das Kind heißt Pf., und wir heißen M. Da hatte sie wohl ein sehr ungutes Gefühl. Der Mädchenname meiner Mutter war Pfennig. Da haben sie meinen Vater am Stammtisch aufgezogen und zu ihm gesagt: »So jetzt kommt's auf, ein Falschmünzer bist Du!«

Mir war das scheißegal. Ich war nur furchtbar eifersüchtig. Ich hatte mir vorgenommen, das Kind bring' ich um. Gleich in den ersten drei Tagen. Ich schleich' mich in das Zimmer und bring's um. Das kann keiner nachweisen. Wir haben uns das fest vorgenommen, der Eddi und ich. Wir waren beide todunglücklich. Die Mutti wurde immer dicker und immer launischer. Acht Monate lang hat sie von morgens bis abends immer gekotzt. Das ewige Gestöhne, das Gekotze, das Gejammere, das hat mich alles selbst angekotzt. Ich wollte nur mit meinen Freunden zusammen sein und von dem allem nichts hören und sehen.

Ich hatte überhaupt kein Mitleid mit ihr. Das tut mir heute noch weh.

Und als dann der Tag kam, früh morgens war das, ist der Vati panikartig aus dem Haus gestoben, um ein Auto zu holen. Ganz fahrig, wie übergeschnappt war er. Und die Mutti hat in ihrem Zimmer gestöhnt, sie schafft's nicht mehr, ich soll heißes Wasser aufsetzen. Bloß das nicht, hab ich mir gedacht. »Bitte Mutti, zwick z'amm, bitte!« Unsere Katzen selbst waren wahnsinnig aufgeregt, die liefen immer nur die Treppen rauf und runter. Trap-trap-trap-trap ging das immer. Und dann ist der große Kater auf die Mutti gesprungen und hat ihr immer und immer wieder die Hand geleckt. Später hat sie gesagt, nur der Kater hat sie beruhigt und nur durch ihn hat sie es geschafft, noch ins Krankenhaus zu kommen. Der Kater war ihr Geburtshelfer. Als die Mutti dann im Auto wegfuhr, hab' ich furchtbar geweint. Hoffentlich seh' ich sie wieder, war mein einziger Gedanke. Nach acht Tagen haben wir die Mutti aus der Klinik abgeholt. Da hat sie mir das Kind im Steckkissen in den Arm gelegt. Wie ein Brot lag es da in meinem Arm. Da ist das einfach so übergeflossen. Ich hab' gedacht, du bist ja eine Wahnsinnige. Sowas Süßes, sowas Süßes! Wir waren total hin von diesem Baby. Es war ein entzückendes Kind. Zum Fressen. Jeden Tag sind dann mein Bruder und ich nach der Schule nach Hause gerannt und haben uns gestritten, wer das Baby haben darf. Heute kann ich aus tiefster Seele sagen, daß ich niemals auf das Kind eifersüchtig war. Ich war es nicht. Das ist auch nicht meine Art. Vielleicht ist das Arroganz. Ich weiß es nicht. Nur haben meine Eltern zuviel für sie getan. Sie haben sich zu sehr für sie abgerackert. Die Hanni ist ein unselbständiger Mensch geworden, wie ohne Knochen. Sie grämen sich immer wieder, wenn bei der Hanni was nicht klappt, mit der Schule, mit dem Studium. Es ist schade, daß die Hanni nicht so ein Gefühl hat. Sie geht nicht gern nach Hause. Sie kommt ganz selten. Und das macht die Eltern traurig.

Für Jungen habe ich mich schon sehr früh interessiert. Ohne da nun verrückt zu sein. Ich konnte mich immer sehr gut unterhalten. Es gab da immer irgendwelche Beziehungen, trotzdem ich immer sehr brav war, also im heutigen Sinne. Ich hatte früher immer ein Faible für Blonde und Blauäugige. Das ganze Gegenteil vom Vati, der dunkel ist. Später

dann war mir das egal. Am Anfang da hatte ich so ein paar Beziehungen mit sehr laschen Männern, also lasch in seinen Augen. Das waren eben nicht solche, die laut wurden und rumgemotzt haben, so wie er. Das waren dann für ihn keine Männer. Aber solche habe ich dann besonders gemieden.
Ich hab' ihm das mal ganz kraß gesagt: »So einen wie dich möchte ich nicht! Niemals möchte ich so einen Mann wie dich oder wie meinen Bruder!« Als ich das sagte, hat's ihn aus dem Heu geschlagen. Manchmal hab' ich Sachen zu ihm gesagt, da wußte ich, das trifft ihn ungemein. So macht er es ja auch mit der Mutti. Und dann hab' ich zu ihm gesagt, weißt du, das mit dem Heiraten ist alles so idiotisch. Und natürlich hab' ich ihm dann hingetupft, daß sie beide das beste Beispiel sind. Daß man den Trauschein doch gar nicht braucht. Das hörte er gar nicht gern. Nach acht Jahren müßte jede Ehe gelöst sein, wenn man das nur irgendwie mit den Kindern regeln könnte. Nach acht Jahren müßte man die Möglichkeit haben, entweder die Ehe erneuern zu lassen, oder man löst sie eben auf. Abgelaufen. Basta. Da gäb's kein großes Trara. Das müßte so locker gehen wie am Fahrkartenschalter am Bahnhof. Na, da war er entsetzt. Alle acht Jahre die Männer wechseln, das fand er furchtbar. Ich fand das eigentlich dann auch furchtbar, aber ich hab' es so gesagt, weil ich ihn ärgern wollte.
Ich bin in vielen Dingen zwar ein Spätzünder, aber ich bin doch ziemlich selbstsicher. Ich habe mir meine Dinge im Leben selbst zurechtgelegt. Manchmal hat das nicht geklappt. Na, dann habe ich aber niemanden beschuldigt.
Schon nach vierzehn Tagen, als ich von zu Hause weg war und in München allein wohnte, hab' ich mich total verknallt; in einen, der war so lieb und so brav, irgendwie zuverlässig. Ich war in einem Gymnasium, wo nur Jungen aus reichem Haus waren, die sich nichts gedacht haben. Das waren solche Der-Papa-wird's-schon-richten-Typen. Entzückend, charmant, die typischen Österreicher, aber irgendwie eben »a windige Sach«. Ich hatte überhaupt nicht den Drang, mich zu binden. Aber der Junge war so ehrgeizig, so

brav. Arbeiten und leben. Spazierengehen und in den Bergen wandern. Eben ganz anders als die, die ich zuvor kannte. Das hat mir gefallen. Vier Jahre lang, dann hab' ich plötzlich gespürt, das ist nicht mein Leben. Die Hochzeit war schon bestellt. Alles hat mir auf einmal nicht mehr gepaßt. Ich wollte nicht über den Weißwurstäquator hinaus, und er wollte nach Frankfurt. Wie im goldenen Käfig kam ich mir plötzlich vor. Schluß, hab' ich da gesagt. Aus!
Und mit fünfundzwanzig war ich so unheimlich verliebt. Da bin ich sogar mit meinem Hoppel zusammengezogen. In einem ganz süßen Blockhäuschen haben wir da gewohnt, in München, mitten in der Stadt. Und die Mutti hat das auch gewußt; nur, als ich mal wieder bei meinen Eltern zu Hause war, hab' ich in einem Gespräch gemerkt, daß der Vati nicht wußte, daß ich mit dem Hoppel zusammenlebe. Da war er ganz erstaunt, und ich war noch mehr erstaunt über seine Reaktion. »Warum sagst du nichts? Warum kommst du nicht nach Hause, wenn du was brauchst? Wozu hast du deine Eltern? Ihr kriegt doch alles? Ihr könnt doch heiraten!« Also, er wollte ein Nest bauen für mich sozusagen. Da war ich ganz perplex. Aber na ja, jetzt wirst du fünfundzwanzig, da wird's schon Zeit, hab' ich mir gedacht. Und irgendwann im Herbst hat der Vati dann mit dem Hoppel gesprochen, und dann hieß es danach, wir heiraten. Aber nicht im Herbst hat der Hoppel gemeint, das ist so ungemütlich. Dann haben wir im Mai geheiratet. Und dem Vati hat das recht gefallen, daß ich brav heirate. Bei der Hochzeit war er ganz gerührt. Er hat sogar Musik bestellt. Drei Tage lang haben wir gefeiert. Er hat sich rührend um alles gekümmert. Er hat mir sogar noch einen alten Bauerntisch geschenkt. Das fand er zwar furchtbar, das alte Geraffel, aber er wußte, daß ich das gern hab'.
Eigentlich hab' ich seit dem Weihnachtsgespräch damals nie mehr einen Groll in mir gehabt, daß er nicht mein richtiger Vater ist. Er ist einfach mein Vater. Basta. Und im Dorf, wo der Vati eigentlich ein bißchen gefürchtet ist wegen seiner scharfen Zunge, ja, er ist gefürchtet, aber geachtet, da geh'

ich dann auch schon hin und wieder mit an seinen Stammtisch. Er geht ja nur selten.
Einmal hat da einer gesagt: »Woast«, hat er gesagt, »wenn i ned wissen dat, daß der Matthias ned dei Voder wär, du müaßt sei Tochter sei, weil du hast ganz des gleiche bese Meil (böse Maul).« Da hab' ich mich kaputtgelacht. Das ist ein ganz tolles Kompliment, hab' ich mir da gedacht.
Der Vati würde das auch gern sehen, wenn die Hanni von sich aus gern nach Hause käme. Wenn sie den Leuten im Ort, unter denen sie ja aufgewachsen ist, mehr zugetan wäre. Oder wenn sie mal von sich aus, einfach ihm zuliebe, mal ihrem Vater eine Freude machen würde. Was tut einem das weh, mal ein Dirndl anzuziehen? Das muß ja nicht gleich so ein typisches sein. Da weiß ich genau, das würde ihn wahnsinnig freuen. Aber sie kommt auf unser Dorf in den letzten Discofetzen, aus reiner Provokation. Andererseits versteh' ich auch die Hanni, die nun in München studiert. Vielleicht geht das so gegen ihre Überzeugung. Vielleicht ist das ihr alles so eng und klein und zuwider, daß sie einfach kein Verständnis aufbringt.
Immer wieder – das zog sich durch mein ganzes Leben – hat es Riesenkräche zu Hause gegeben. Die starke Beziehung der beiden, ihre große Leidenschaft, da hat's gescheppert, daß die Wände wackelten. Aber es gab auch Geschichten, die sich leise abgespielt haben und die mir sehr nahe gegangen sind. Es war wieder einmal Weihnachten, letztes Jahr. Vati und Mutti und ihre zwei Töchter saßen im Wohnzimmer, und wir redeten über irgendeinen Familienkram. Durch ungleiche Meinungen fing es plötzlich zwischen uns unheimlich zu knistern an. Die Hanni hat sich plötzlich so richtig entladen und die Mutti beschimpft. Sie war zutiefst getroffen und ging gleich ins Bett. Die Vorwürfe der Hanni waren ganz unberechtigt. Ich war darüber sehr traurig. Und dann hat der Vati seiner Tochter eine Lektion erteilt. Das war sowas von toll. Da hat er der Hanni sein ganzes Leben erzählt und vor allem über seine Beziehung zur Mutti. Da hat er mit so viel Liebe von ihr gesprochen. Das war so rich-

tig toll. Ganz ruhig und klar. Ich war ganz beeindruckt. Irgendwie ist er doch ein ganz toller Charakter, hab' ich mir da gedacht. Ich bin jetzt ganz gerührt, ich kann kaum darüber sprechen. Er hat noch gesagt, daß er sie wahnsinnig liebt, nie jemand anderen geliebt hat. Und nicht einmal von seiner eigenen Tochter läßt er seine Frau beleidigen. Und noch so ein paar starke Sätze. Das fand ich so toll. Da kann einen echt der Neid packen. Die sind jetzt fünfunddreißig Jahre zusammen und nach all dem, was die mitgemacht haben und nach all dem, was der eine dem anderen da an den Kopf geworfen hat – denn so ohne ist die Mutti ja auch nicht – Mensch, das ist doch einfach einmalig, diese Liebe, die Leidenschaft. Egal, was er für Launen hat. Dieses Starke, Gerade, das Immer-zu-ihr-Halten, das ist Wahnsinn. Und diese Zärtlichkeit, die sie immer wieder betont, die er nicht zeigen kann vor anderen, aber die zwischen den beiden ist, das ist schon toll.

Die Mutti hat uns beiden auch schon Geschichten erzählt, die sind sowas von rührend. Da hab' ich schon gedacht, ich wünsch' der Hanni auch so ein Erlebenkönnen. Für mich hab' ich das nicht gewünscht, weil ich ähnliches auf andere Weise erlebt habe. Und ich habe gesehen, daß der Hanni regelrecht das Gesicht runterging, weil sie noch nie so ein starkes Gefühl erlebt hat, weder das ihrer Mutter noch das ihres Vaters. Das ist ihr ganzes Handicap: Sie kann nicht echt fühlen.

Eine Geschichte von der Mutti: Sie kam in die Jahre, wo man in die Kur geht. Das hat ihn furchtbar gegraust. Drei Wochen ohne sie, wo er es doch keinen Tag ohne sie aushält. Da hat er ihr zur Auflage gemacht, nur dahin zu gehen, wo sie Parterre wohnen kann. Er hat wohl gemeint, sie würden ihn zu Besuchen nicht auf ihr Zimmer lassen, weil er doch einen anderen Namen hat. Man muß sich das vorstellen. Beide waren über fünfzig, und er ist dann bei ihr zum Fenster eingestiegen. Daß er das vorher alles bedenkt, das ist doch süß.

Und einmal, da war *er* auf Kur. Am Freitag ist er losgefahren, und am Montag mußte die Mutti schon kommen. Als sie ankommt, schwärmt er ihr von dem herrlichen Ort vor und von den vielen wunderschönen Aussichten und eine ganz besondere muß sie sich sofort mit ihm ansehen. Die Mutti hat sich ungeheuer gewundert. Sonst findet er die ganze Welt beschissen, nur sein A. in Österreich nicht. Sie war aber zu müde, um zu fragen. Nach einer Weile hält er mitten im Wald auf einer Lichtung, an einer ganz einsamen Stelle. Nach diesem Plätzchen muß er das ganze Wochenende gesucht haben. Aus dem Kofferraum hat er dann eine Decke und eine gekühlte Flasche Sekt geholt... Ist das nicht süß? Das war vor drei Jahren. Da war er fast 60 Jahre alt. Ich finde das schön, daß meine Mutter uns solche Geschichten erzählt. Wir erzählen uns alles, auch heute noch. Als ich das letzte Mal bei meinen Eltern in Österreich war, hat mal wieder jeder durcheinander geschrien, da hat eine Freundin gesagt, bei euch geht's zu wie auf einem italienischen Hinterhof.

Als unsere Omi im Sterben lag, zu der mein Vati doch so ein gespaltenes Verhältnis hatte, habe ich ihn noch von einer ganz anderen Seite kennengelernt. Sie hatte ihr ganzes Leben lang gegen ihn gehetzt, und er hat ihr das nicht angelastet. Er hat sie rührend gepflegt, ihre letzten drei Wochen. Das hätte ich ihm fast nicht zugetraut. Unheimlich rührend war er da. Die Mutti hatte eine Rippenfellentzündung. Da war die Omi auf ihn allein angewiesen. Die Omi ist ja auch ihr Leben lang aufgegangen in der Familie. Ihre Tochter, ihre Enkelkinder waren ihr ein und alles. Eigentlich genau wie er, seltsam. Für ihn gab es auch nie ein rechts und links gucken, immer nur seine Familie. Vielleicht haben sie sich zuletzt auf dieser Ebene gefunden.
Meine Mutti und ihr Mann sind ganz bestimmt die treuesten Menschen weit und breit, füreinander meine ich. Aber das macht sie auch uneinnehmbar. Bei allen Ehepaaren weiß man, daß da mal ein bisserl geseitelt und da mal ein bisserl

g'schaut wurde. Und diesen beiden Menschen konnte man nie auch nur das Geringste, das Kleinste, nichts nachsagen. Das gibt es einfach nicht, daß da einer den anderen betrügen könnte. Nie. Er ist der einzige Mann, für den ich Hände und Füße ins Feuer legen würde. Ich würde mich sogar auf den Scheiterhaufen stellen lassen für seine Treue.

Diese Liebeserklärung da an Weihnachten, die er quasi der Mutti in ihrer Abwesenheit seiner Tochter gegenüber gemacht hat, das ist einfach wahnsinnig stark. Das ist eine wahnsinnige Solidarität. Meine Mutti ist auch sehr stark. Nur so eine starke Frau wie sie kann es neben ihm aushalten. Ich glaube, so ein Dummchen, das nur putzt und guckt, daß die Blümchen gegossen sind, das geht nicht. Manchmal hat er allerdings so Anwandlungen, da denkt man, er ist ein Superspießer. Die Mutti sagt dann auch manchmal im Streit: »Nimm dir doch so ein Trutchen, die nichts wie kocht und putzt.« Aber er braucht so eine Frau wie meine Mutter. Die können ja auch immer miteinander reden. Unwahrscheinlich. Die haben immer ein Gespräch. Toll. Das ist doch eines der Dinge, die man anstreben soll, daß man sich auch etwas anderes schafft, als vor der Glotze zu hocken. Sie lesen viel und diskutieren. Herrlich, wenn man nach so langer Zeit immer noch interessant findet, was der andere sagt.

Ich glaube, daß es immer Frauen gegeben hat, auch wenn wir mehr als fünf Jahrhunderte zurückgehen, die diese Lebensart hatten. Zu ihrer Zeit gab es ja noch nicht so ein breites Bewußtsein von Emanzipation. Aber die Mutti wußte immer, was sie wollte. Sie hat sich nie eingeengt, war nie kleinkariert. Sie hätte gut nach Paris gepaßt. In einer Künstlerehe im Quartier Latin könnte ich sie mir gut vorstellen. Vielleicht hat sie mal so gelebt? Sie hat so einen Touch von Bohème. Aber das ist natürlich total unterdrückt worden neben diesem Mann. Bei ihm ging immer alles ganz gerade. Das waren wahnsinnige Gegensätze. Aber die Mutti hat immer gekämpft.

Auch mit unserer Erziehung war sie ganz unorthodox.

Immer hat sie die Augen verdreht, wenn wir was in der Schule angestellt hatten und die Lehrer nun von ihr erwarteten, daß sie mit bedrückter Miene in die Schule kommt. Das war ihr total gleichgültig. Ich habe immer meine Entschuldigungen selbst geschrieben. Das flutschte einfach bei der Mutti.
Und beide haben großes Vertrauen in mich gehabt. Immer. Als ich achtzehn war, habe ich den Hausschlüssel bekommen. Nie haben sie mit erhobenem Zeigefinger gefragt. Einmal, ich war siebzehn, kam ich erst morgens um sieben Uhr nach Hause, und um acht mußte ich in der Schule sein. »Wo kommst du bloß her?« hat sie mich da an der Haustür gefragt. »Muttchen, schimpf nicht, es war so schön. Es ging nicht anders. Wir haben die ganze Nacht gesungen. Ich erzähl's dir später. Laß mich eine halbe Stunde schlafen.« Da hat sie ganz lieb geflüstert: »Hau dich hin, dann gehst du halt erst um zehn in die Schule. Ich weck dich.« Ich hab' ihr dann alles erzählt.
Meine Eltern wußten immer genau, mit wem und wo ich war. Sie haben mich nie ausgefragt, beide haben immer gewartet, bis ich von mir aus erzählt hab'. Und ich hab' sie immer total mit einbezogen. Ich glaube, daß das sehr zu unserem guten Verhältnis beigetragen hat. Später, bei der Hanni, waren sie mißtrauischer. Da hatten sie wohl mehr Zeit. Zu meiner Zeit waren sie noch so mit sich selbst beschäftigt, mit ihrem eigenen Egoismus. Da konnte man noch in Ruhe groß werden.
Wenn freie Frauen als Emanzen bezeichnet werden, dann finde ich das saublöd. Entweder man ist eine Persönlichkeit oder nicht. Weil die Eltern für mich immer so gerade Menschen waren, so ehrlich, so treu, habe ich auch für mich gewisse Grundsätze festgelegt. Ich hab von der Mutti einen Satz, der ist ganz tief in mir drin, der heißt: »Man darf sich nicht verleugnen, man muß sich selber treu bleiben.« Das hab' ich zum ersten Mal verstanden, als ich mich scheiden ließ. Da gab es auch wieder einen Riesenkrach zu Hause, als ich sie da vor vollendete Tatsachen gestellt habe. Da konnte

ich zu meinen Eltern ganz ruhig sagen: »Ich weiß gar nicht, warum ihr so einen Terror macht. Ihr habt mir doch immer vorgelebt, daß man sich treu bleiben muß, und jetzt haltet ihr mir das vor. Seit Jahren habe ich mich verleugnet, ich kann so nicht mehr weiterleben.« Da hat mich vor allen Dingen der Vati sehr enttäuscht. Er hat mich eine Verbrecherin geschimpft, die ihren Kindern den Vater raubt, und mit noch ein paar schlimmen Vorwürfen kam er daher. Da hab' ich ihn einen Nazi geheißen und ihm alles an den Kopf geworfen, was mir eingefallen ist. Ich glaub', daß er mir im Innersten gleich recht gegeben hat, aber nein, nach außen hin, hat er erst einmal so ein paar Familien-Blut- und Bodengrundsätze hervorgeholt. Ich glaube, heute bereut er das. Meine Scheidung vor acht Jahren war das beste, was ich hab' machen können. Seit sieben Jahren lebe ich mit einem Mann zusammen, den auch meine Kinder total akzeptieren. Und auch der Vati liebt meinen Knuddelputz inzwischen wie seinen eigenen Sohn. Alle lieben ihn über alles. Und die Mutti sagt immer: »Hast du ein Glück. Sowas gibt es nur einmal unter Millionen. Du hast mehr Glück als Verstand.« Ich war mir damals so sicher, daß ich mich scheiden lassen mußte; nur als ich die Eltern vor vollendete Tatsachen gestellt hab', ist der Vati eben aufgegangen und hat mir vorgeworfen, so eiskalt kann nur eine Frau sein. Da hab' ich ihn bei seinen Widersprüchen gepackt. Auf der einen Seite haben sie mir beigebracht, daß es wichtig ist, auf den Menschen zu achten, auf nichts anderes, nicht auf das Drum und Dran, und nicht darauf, was einer hat und was einer kann. Ich habe mich da nicht irre machen lassen. Ich wußte, daß ihre Vorwürfe haltlos sind, daß sie es im Grunde gar nicht so meinen, und ich war mir meiner Sache hundertprozentig sicher. Ich möchte niemals mehr ohne meinen Knuddelputz leben. Er ist der liebste Vater für meinc Kinder, und er liebt Katzen, genau wie ich.

# Und in Wirklichkeit steckte in ihm der Teufel.

*Marianne Niedermeier, 34 Jahre alt, verheiratet, ein Sohn, Hausfrau, arbeitet zusätzlich als Verkaufshilfe in einer Boutique und als Putzfrau in einem Haushalt.*

Er sagt, aus ihm sei nur etwas geworden, weil seine Mutter ihn so gezügelt habe. Er und seine Geschwister haben mit dem Stock Schläge gekriegt, und er hat gemeint, er habe das gebraucht. Mein Vater weiß heute nicht mehr, für was er die Schläge bekommen hat. Ich weiß das von mir auch nicht mehr. Ich erinnere mich immer nur an die Schläge, komischerweise. Wir mußten ja knien. Das mußte er auch. Wenn meine Geschwister und ich was angestellt hatten, dann mußten wir knien auf dem Boden vor dem Schrank. Und wir haben erst aufstehen dürfen, wenn wir gesagt haben: »Datti, bitte, darf ich aufstehen?« und »Mamma, bitte, darf ich aufstehen?« Jeder hat das sagen müssen. Und das hat dann Stunden gedauert. Mit dem Fingernagel haben wir dann in den Schrank so Figuren reingekratzt. Dafür haben wir dann auch wieder Schläge gekriegt. Und ich konnte das immer nicht sagen. Das war so ein Zwang. Ich hab' das nie sagen können. Meine Schwester konnte das immer eher sagen und meine Brüder auch. Ich konnte es nicht über die Lippen bringen, dieses »Datti, bitte, darf ich aufstehen?« und »Mamma, bitte, darf ich aufstehen?« Die Mutter ist dann immer heimlich an uns vorbei und hat geflüstert: »Sag's doch schon endlich.« Und ich konnt' das nicht. Ich war so leer da.

Vor nicht langer Zeit habe ich einen Traum gehabt. Da hat

mir mein Vater einen Spiegel vorgehalten und gesagt: »Schau, wie du ausschaust! Schämst du dich nicht?« Er hat mich am Arm gepackt und geschüttelt. Und da habe ich meine Eltern angeschrien: »Ihr habt mich kaputtgemacht, ihr habt mich ruiniert.« Ich hab' dann meinen Vater und meine Mutter geschlagen. Als ich aufwachte, war ich furchtbar aufgewühlt. Den Traum hab' ich nicht mehr losgebracht. Drei Tage später hab' ich meine Schwester angerufen. Und sie hat mir bestätigt, daß mir der Vater mal den Spiegel vorgehalten hat. Aber ich habe meine Eltern nicht geschlagen, zurückgebrüllt habe ich schon gar nicht. Das war nur der Traum. Das hätte ich gern getan. Mein Vater hat immer gesagt, wir kriegen mehr Schläge als zum Essen. Ich war schon immer ziemlich klein. Und ganz früher habe ich mir vorgestellt, daß ich das eines Tages einmal alles erzähl'. Ich weiß nicht, woher das kommt, aber das ist in mir drin, seit ich richtig denken kann, daß das einmal gesagt werden muß und daß ich es ihm heimzahl'. Und daß ich mich da irgendwie rächen muß an ihm. Ich habe noch eine Schwester und drei Brüder. Und bei ihnen hab' ich angefangen zu reden und habe da alles ausgegraben.
Irgendwann hat das unser Vater mitgekriegt, daß wir uns unterhalten haben über ihn, daß wir unzufrieden waren. Einmal sind wir dann mit ihm nach München gefahren, meinen Bruder besuchen. Unterwegs hab' ich gespürt, irgendwas bedrückt ihn. Da sind wir dann unterwegs spazierengegangen, und da hat er sich hingesetzt und gesagt, so und jetzt möchte er wissen, warum wir so unzufrieden wären. Und da haben wir zum ersten Mal zu reden angefangen und haben ihm vorsichtig beigebracht, wieviel Angst wir vor ihm gehabt hätten und daß wir heute noch immer Angst haben. Die Mamma ist dagesessen, die hat sich nichts zu sagen getraut, die hat nur geheult. Wir sollen nicht streiten, sie kann das nicht mehr hören, solche Sachen. Aber wir haben keine Ruhe gegeben. Und das hat dann meinen Vater furchtbar mitgenommen. Da hat er's am Herz gekriegt. Er hat sich an die Brust gefaßt und gesagt, er wollte doch nur

das beste für uns. Uns Geschwistern hat das Reden gut getan. Auch für meine Brüder war das eine Erleichterung. »Ich möchte von dem nichts mehr hören«, hat mein Vater dann gesagt. Aber ich würde gern mit meinem Vater weiterreden. Wenn es sich ergibt, werden wir weiterreden, haben wir ihm geantwortet.
Wir haben Tannenzapfen zusammenklauben müssen im Wald, als wir klein waren. Da war es eiskalt. Wir sind auf einem Wägelchen gesessen, die Geschwister haben ihn schieben müssen. Die Wege hatten so tiefe Furchen. Alles war so kalt und so mühsam. Geheult haben wir alle. Die Zehen und die Finger sind uns angefroren. Wenn wir aber geweint haben, hat er Zirkus gemacht und geschimpft. Er hat immer gemeint, wir müssen was leisten. Das war Wahnsinn. Er wollte uns immer hart machen fürs Leben, und da kann man gar nicht früh genug damit anfangen.
Wir haben nie gespielt, ich kann mich nur an den Handwagen erinnern mit so vier, fünf großen Säcken und immer, immer Tannenzapfen sammeln. Das war unsere Arbeit. Im Herbst und Winter.

Mein Vater hat tagsüber gearbeitet. In einer kleinen Baufirma haben sie Bausteine mit der Hand gemacht. Das war nach dem Krieg. Er war Maschinenbauschlosser, und zeitweise ist er auch hausieren gegangen mit Seifen und solchem Zeug. Später dann war er in einer größeren Steinefabrik, und in den letzten Jahren machte er eine Vertretung für Kunststoff. Damit machte er ein Riesengeschäft. Ich glaube, daß er halber Millionär ist. Und unglaublich geizig ist er, die sind beide so geizig. Die haben eben nur geschafft und gerackert, die haben den Krieg erlebt und haben ein Kind nach dem anderen gekriegt. Ich kenne meine Mutter nur als nervös und schreiend. Sie haben jetzt ein Haus, und an dem bauen sie ununterbrochen. Meine Mutter ist schon fix und fertig. Alles regt sie furchtbar auf. Aber bauen müssen sie. Die können sich keine Ruhe gönnen. Meine Mutter ist viel allein. Jetzt denkt sie ans Krankwerden und ans Sterben. Sie

weiß nichts mehr mit sich anzufangen. Meine Mutter hat nichts Schönes erlebt. Und machen hat sie auch nichts können, weil mein Vater da war. Der hat sie auf Trab gehalten und ihr Angst gemacht.
Wir haben am Tisch nicht lachen dürfen. Wir haben den Teller aufessen müssen, bis es uns wieder hochgekommen ist. Er hat uns immer gezwungen aufzuessen, auch mit Schlägen. Essen hineinzwingen, ja eher hineinprügeln. Das war Wahnsinn. Ich bin dann immer von zu Hause ins Dorf gelaufen, das hat mir Spaß gemacht. Ich habe Kontakt zu fremden Leuten gesucht. Ich bin so gern zu anderen Leuten gegangen. Dann haben sie mich heimgeholt, und da habe ich Schläge gekriegt.
Einmal hat er den Abfalleimer in die Küche geschüttet, und meine Schwester hat mich gesucht und mir dann Angst gemacht. Ich bin nach Hause gerannt, da hat er mich dann geschlagen, weil so ein Dreck in der Küche war. Es war immer so, daß bei einem Krach alle da sein mußten, und falls nicht alle zur Stelle waren, wenn er tobte und einen verschlagen hat, dann hat er seine Wut doppelt ausgelassen.
Das war ein Wahnsinns-Mensch, mein Vater. Aber das merkt man nicht, wenn er draußen ist und mit Leuten redet. Dann ist er der tollste, bravste Mann.
Lügen gab es überhaupt nicht. Da war z.B. hin und wieder ein Werkzeug nicht zu finden. Und da hat er meine Brüder antanzen lassen. »Wo ist das Werkzeug?« Das war ein Geschrei und ein Getobe, und keiner war's. Das muß ein Nachbarjunge gewesen sein. Mein Bruder hat mir das mal später erzählt. Sie hatten es wirklich nicht gehabt. Er hat sie dann fürchterlich vertrimmt. Er hat ihnen die Hosen ausgezogen, der Hintern war ganz blau. Und am Schluß haben sie's zugegeben. Nur damit er mit dem Schlagen aufhört.
Alles hat bei uns immer picobello sein müssen. Wenn wir Hausaufgaben gemacht haben, da war nichts gut genug. Das hat er kontrolliert, und wenn es ihm nicht gefallen hat, hat er die Seiten herausgerissen, und dann haben wir das neu gemacht. Dabei waren wir alle die Besten in der Klasse.

Ich und alle meine Geschwister, wir waren immer die Besten in der Klasse. Ich habe auch wahnsinnige Angst vor der Lehrerin gehabt und vor den ganzen Vorgesetzten. Das war immer ein Alptraum. Männer. Fremde Leute. Da habe ich Kontaktschwierigkeiten gehabt, noch und nöcher.

Ich bin viel zur Nachbarin gegangen. Die hatte ein Mädchen in meinem Alter, und da war es ziemlich schlampig. Das waren für meine Mutter nur Zigeuner. Aber bei denen habe ich mich sehr wohl gefühlt, habe viel gespielt. Die Frau war recht großzügig, nett und freundlich zu mir. Ich hab' auch Süßigkeiten gekriegt. Ringsum war's schlampig, aber spielen haben wir dürfen. Und wir haben Spaß gehabt. Zu uns nach Hause haben aber keine fremden Kinder kommen dürfen.

Weihnachten. Weihnachten, da sehe ich immer noch das Licht vorher, und dann war immer Streit. Meine Mutter hat immer gestöhnt: »Ach, wenn die Feiertage wieder kommen, da reicht's mir schon!« Davor hat sie immer eine horrende Angst gehabt. Zu der Zeit hat er immer verrückt gespielt. An einem Weihnachtsfest muß er mich dermaßen geschlagen haben, daß die Mutter mich dann weggerissen von ihm und gesagt hat: »Quäl' doch die Kinder nicht so!«

Einmal bin ich auch bei der Nachbarin gewesen und hab' der meinen blauen Hintern gezeigt, und die hat gesagt, sie holt die Polizei. Die Leute haben den schon für verrückt gehalten, glaube ich. Aber keiner hat was gegen ihn getan. Die haben zu viel Angst gehabt vor ihm.

Wenn er uns verschlagen hat, wollte uns meine Mutter oft helfen, aber dann hat er sie auch verschlagen. Als wir noch klein waren, haben wir still irgendwo sitzen müssen, wenn er heimgekommen ist. Als wir dann älter waren, dann haben wir bei seiner Heimkehr einen Besen in die Hand genommen und den Hof gekehrt. Die Mutter ist da richtig Amok gelaufen. Tut dieses und tut jenes. Jetzt kommt er. Da war sie immer schrecklich aufgeregt. Man kann es sich nicht vorstellen. Wie der liebe Herrgott.

Oft habe ich mir gedacht: »Was hat der für ein Recht, daß er das macht?« Es war Wahnsinn. Ein Fremder hätte das nie geglaubt. Das Haus, alles picobello. Saubere, ordentliche Leute, fleißig. Und in Wirklichkeit? In Wirklichkeit steckte in ihm der Teufel drin.
Als ich so vierzehn war, wollte ich in der Konditorei arbeiten. Ich habe eine Lehrstelle gekriegt, über hundert Kilometer weg von uns. Da blieb ich zwei Wochen. Da war so ein brutaler Chef. Der hat seine Lehrmädchen geschlagen, mich aber nicht, weil ich's ja gewohnt war, das Gehorchen. Ich hab' geputzt bis abends, ich war ja artig. Wir durften nicht rausgehen, bloß aufgegossenen Kaffeesatz zum Trinken hat es gegeben, nichts Gescheites zum Essen, und gearbeitet haben wir von sechs in der Früh' bis acht Uhr abends. Das war 1964. Am Tag die Arbeit und nachts das Zimmer. Sonst habe ich nichts gesehen.
Ich habe nach Hause geschrieben: »Holt mich hier raus, ich halte es nicht mehr aus!« Und da haben sie mich geholt und in die Schuhfabrik gesteckt. Ich hatte das beste Abschlußzeugnis von der Klasse. Da hat sich der Chef gewundert. Nach zwei Jahren sollte ich dann in die Arbeitsvorbereitung, da haben sie mich nach Stuttgart zu einem Kurs geschickt. Für drei Wochen war ich zum ersten Mal ganz alleine von zu Hause, und da wurde ich depressiv. Ich hab' gemeint, also ich werd' verrückt. Das war so ungewohnt, ich hab' gemeint, ich halt' das wieder nicht aus. Aber ich hab's dann ausgehalten. Von der Arbeitsvorbereitung aus hab' ich ein Kind gekriegt, und dann war's aus.
Mit neunzehn bin ich das erste Mal in so eine Clique gekommen. Ich hab' ja nicht wegdürfen von zu Hause. Aber da hab' ich mal Faschingsprinzessin machen dürfen. Das kam irgendwie durchs Kino. Da hab' ich dem Kinobesitzer im Büro bei der Buchhaltung geholfen, und dafür konnte ich dann kostenlos ins Kino gehen, aber nicht allein, mit Freundinnen. Und über den bin ich dann irgendwie in die Faschingsgaudi reingekommen.
Und da bin ich einmal nachts zu spät nach Hause gekom-

men. Da war's schon eins. Die Lichter brannten noch, und da sind mein Vater und meine Mutter im Nachthemd dagestanden und haben mich in Empfang genommen. Er hat mich angeschrien: »Du Hure!« und hat mich verprügelt. Und da hab' ich gesagt, daß ich, bloß weil ich so spät heimkomme, noch lange keine Hure bin. Daraufhin hat er mich noch einmal so geschlagen, da hab' ich gedacht, er bringt mich um. Das war Wahnsinn. Das war das erste Mal in meinem Leben, daß ich ihm widersprochen habe. Er hat mich noch nie leiden können, weil ich frech war. Ich hab' manchmal aufgemuckt. Ich wollte mich immer wehren gegen ihn. Ich war so ein freches Luder.

Er sagt zwar manchmal, er mag seine Kinder. Aber er hat es nie zeigen können. Ich kann mich nicht erinnern, daß er uns nur einmal herzlich in den Arm genommen hätte.

In den jüngeren Jahren, so zwischen drei und vier, wenn das erste Selbstbewußtsein in Erscheinung tritt, da hat er uns kleingemacht. Da ist eigentlich das Schlimme losgegangen. Kinder schreien ja gern und sind dann bockig und wehren sich, und das hat er uns total ausgetrieben. Früher war immer nur Angst da. Dann kam gleich der Haß. Ich hätt' ihn oft umbringen können, wenn er die Wohnung zertrümmert oder die Mutter geschlagen hat. Einmal hat die Mutter zurückgeschlagen, und seit der Zeit hat er sie nicht mehr angerührt. Da war ich aber schon älter.

Mit einundzwanzig habe ich meine letzten Schläge gekriegt. Mein Arm war dick, grün und blau war ich, angeschwollen, meine Ohren, mein Gesicht, so hab' ich in die Arbeit gehen müssen, ins Büro, geschämt hab' ich mich. Da hab' ich mir geschworen, ich hau' ab, ich bleib' nicht da. Aber ich hätt' es mir nicht getraut, weil er mich zurückgeholt hätte, und ich hätte Angst gehabt, daß er mich dann erschlägt.

Unheimlich war er mir immer. Wir sind ihm immer aus dem Weg gegangen. Die ersten Jahre meiner Ehe bin ich immer wieder nach Hause gefahren, um denen zu zeigen, daß es mir gut geht. Ich wollte ihm zeigen, daß ich es geschafft habe, daß ich ihn nicht brauche.

Ich habe bei den Besuchen der Mutter immer einen Abschiedskuß gegeben; und da hab' ich mir mal gedacht, eigentlich müßte ihm das ja furchtbar wehtun, wenn ich der Mamma immer ein Bussi geb' und ihm nicht. Komischerweise hat er mir damals leid getan. Und damals hab' ich damit angefangen, auch ihm ein Bussi zu geben. Keiner hat das je von den ganzen Kindern getan. Und wie ich dann später so schwere Depressionen gekriegt und so gegrübelt habe, kam's mir: »Nein, dem geb' ich keines mehr, der hat's nicht verdient; und wenn er eins will, dann soll er mir eins geben.« Und darauf hab' ich damit aufgehört.
Er hat immer einen so laschen Händedruck gehabt, obwohl er sonst kräftig ist und mit der Hand auch kräftig schlagen kann. Aber dabei – da war nix. Also, ganz ein armer Mensch, weil er überhaupt keine Gefühle zeigen kann.
Wenn er Geburtstag hatte, da haben wir schon immer vorher furchtbare Angst gehabt, daß wir unserem Vater gratulieren mußten. Zum Vater gehen, um ihm was Nettes zu sagen, das war furchtbar. Das haben wir alle gefürchtet. Zum Vater zu sagen: »Ich gratulier' dir zum Geburtstag«, davor haben wir uns geschämt. Angst haben wir gehabt wie heute noch, wenn ich zum Doktor gehe. Wahnsinn. So aufgeregt hat uns das. Jedesmal nach dem Gratulieren hat er uns mit beiden Händen an den Ohren gepackt, sie herumgedreht und gesagt: »Du sollst grooooß wachsen«, und hat uns an den Ohren hochgezogen.

Mein ganzes Leben bestand nur aus Angst. Also die haben wir gemeinsam gehabt. Mein Vater hat Angst gehabt, nehme ich an, weil, wenn er uns so geschlagen hat, hat er sich nicht mehr zu helfen gewußt, da war er nicht mehr zurechnungsfähig. Dem hat's aber nachher immer wieder leid getan. Und ich hab' Angst gehabt. Das war das Eigentliche, was uns verbunden hat. Er hat nicht gewußt, wie er mit uns umgehen soll. Wer hätt's ihm auch gesagt? Keiner. Wenn Kinder geschrien haben, hat man sie züchtigen müssen. So war das schon immer. Ich versteh' das heute. Bloß, was aus mir dann geworden ist: ein Schrotthaufen. Bin ich heute noch.

Ich schlaf' so unruhig. Ganz schlimm war es vor vier Jahren. Da konnte ich überhaupt nicht schlafen. Ich habe schwere Depressionen gehabt. Die Kasse hat mich dann zum Psychologen geschickt. Damals hat mich alles wieder so beschäftigt. Da bin ich nicht zur Ruhe gekommen, habe das alles nicht verarbeiten können.

Ich muß schon immer depressiv im Ansatz gewesen sein. Wir haben nie eine Freude erleben dürfen. Wir haben keine Badehose bekommen. Manchmal bin ich mit meiner Freundin runter an den Fluß gegangen zum Fischefangen, in der Unterhose. Schwimmen habe ich bis heute nicht gelernt. Die Leute sind alle zum Schwimmen gegangen im Sommer, und wir haben nicht ins Wasser dürfen. Wenn ich ins Wasser komm', erfaßt mich Panik. Nein, zum Freuen war da nix. Nur Staub gewischt, geputzt, Hasenfutter geholt, Hasenställe ausgemistet, saubergemacht, Garten gegossen, Säfte eingemacht, nach der Schule in den Wald gegangen, um Brombeeren und Himbeeren zu sammeln; ganz früher haben wir sogar noch ein Schwein gefüttert. Rumtoben auf dem Heuboden, wenn im Dorf gedroschen worden ist, das war schön.

Mein Mann hat mich da rausgeholt. Jeden, der nett zu mir war, jeden hätt' ich genommen. Ich war sehr verliebt. Wir haben uns im Mai kennengelernt und haben im Dezember geheiratet, weil ich im August schwanger geworden bin. Die ersten zwei Jahre sind wir immer beeinander gehockt, aber auch bloß vor dem Fernseher. Es war schon so ein Schock, daß ich ein Kind kriegte, das war alles so fremd, wie wenn ich's gar nicht erfaßt hätt': Ich und ein Kind. Das konnte ich mir nicht vorstellen. Das hat mir mein Mann angeblich absichtlich gemacht, damit ich mit ihm nach D. gehe, weil er noch ein halbes Jahr bei der Bundeswehr war. Ich hab' ihm immer gesagt, er soll aufpassen. Ich war ja dumm. Er war der Einzige und Erste.

Das Mitgehen war dann schon unheimlich. Aber ich hab'

alles mitgemacht. Da sind wir umgezogen. Von Bayern ins Ruhrgebiet, am 8. August zur Schwiegermutter. Wir hatten gemeinsame Küche, nur das Schlafzimmer war separat. Das Kind war drei Monate alt, und es war schwül, als wir ankamen. Da haben die von den Fabriken die Luken aufgemacht, um die Gase von den Kohlewerken abzulassen. Da war ein Smog! Ich hab' dann geheult und mein Kind angeschaut und gesagt: »Nein, hier brauchst du nicht aufzuwachsen!«

Meine Schwiegermutter ist bis zum Mittag im Schlafanzug gehockt. Da war's überall so dreckig. Ich hab' erst einmal saubergemacht. Im Bad war kein Fenster. Es war alles so primitiv.

Einmal ist mein Mann in der Nacht an mein Bett gekommen und hat geheult. Gell, du verläßt mich nicht, hat er gesagt. Ich hab' das nicht verstanden. Warum kommt der jetzt und heult? Aber vielleicht hat er auch Angst gehabt.

Er war ja ein recht flotter Mann. Ich war die erste, die noch Jungfrau war, das hat er mir mal gesagt. Das hat ihm so imponiert. Drum war er so hellauf begeistert von mir. Das hat er sich schon immer gewünscht. Mal eine Unberührte. Daher kommt das Ganze, daß er mich so mögen hat. Mein Mann hat überhaupt kein Lebensziel gehabt. Der hat einfach so gelebt, wie er's gewohnt war. Der hat keine Vorstellung vom Leben gehabt, es ist ihm immer alles abgenommen worden von der Mutter.

Sein Vater hat gesoffen und war recht brutal. Der hatte auch überhaupt kein Verhältnis zu den Kindern. Er hat meinen Mann zum Saufen mitgenommen und zum Huren. Das hat mir mal seine Mutter erzählt. Ich wollte dann einfach alles erzwingen. Ich hab' immer versucht, unser Leben zu ändern und auch meinen Mann zu ändern.

Ich war im achten Monat schwanger, als sie eine Übung gehabt haben und er mit seinem Truppenchef nach Österreich gefahren ist. Da hat er seinen guten Anzug mitgenommen, für irgendeine Versammlung hat er gesagt. Und als er wiederkam, hat er mir freudestrahlend erzählt, daß er mit seinem Chef zum Huren gegangen ist. Also während der Übung sind sie abgehauen nach Österreich in einen Puff, also in ein Bordell, und da hätten sie's getrieben. Damit hätten sie angegeben, die Männer von Welt, im Puff gewesen und so. Er hat gemeint, ich lach' darüber. Ich habe ihn zusammengeschrien, und da hat er dann geheult und geschworen, er wird das nie mehr wieder tun. Aber bei mir war was kaputt.

Ich hab' oft Selbstmordgedanken gehabt. Das war Wahnsinn. Ich hab' geschrien wie eine Verrückte vor dem. Nur angeklagt, angeklagt habe ich den. Ich hab' ihm alles vorgeworfen. Das war auch eine Zeit, wo er jede Nacht konsequent weggeblieben ist. Er hat Reitunterricht gegeben, und danach sind sie noch weggegangen. Für mich war klar, daß da auch Frauen dabei waren, die ihn anhimmeln und er sie ebenfalls. Und ich bin dahintergekommen, daß er wahnsinnig gelogen hat. Ich hab' ihm auch nachspioniert. Einmal ist er nachts um zwei Uhr nach Hause gekommen und hat sich das Geschlechtsteil gewaschen. »Warum tust du das?« hab' ich ihn gefragt. Darauf hat er mich vertröstet, einfach bloß so, aber ich hab's ihm nicht geglaubt.
Er kann alles haben, was er sich wünscht, aber er soll mich nicht anlügen. Das ist ein Überbleibsel aus meiner Kindheit. Wir haben nicht lügen dürfen. Rigoros haben wir ehrlich sein müssen.

Ich bin dann dahintergekommen, daß er mit einer verheirateten Frau rumpoussiert, hier aus unserer Stadt. Die ist meinem Mann nachgelaufen. Ich hab's meinem Mann immer auf den Kopf zu gesagt, aber er hat's abgestritten. Das ist halt so, daß die Frauen ihn anhimmeln, er ist Stallmeister und Zureiter. Und mein Mann hat dann mir erklärt, die läuft den Pferden nach und nicht mir.
Aber ich hab' den Mann von der angerufen. Da bin ich brutal, da geh' ich über Leichen. Und der hat's mir gesagt.
Lügen ist das Schlimmste. So habe ich auch unser Kind

erzogen. Und er ist auch offen. Der ist offener als sein Vater. Von der menschlichen Seite her also steht er über seinem Vater. Mein Mann kann auch nicht herzlich sein. Er kann sein Kind nicht auf den Arm nehmen. Höchstens, wenn wir ein Foto machen. Er kümmert sich auch nicht um seinen Sohn. Er fragt nicht nach der Schule, aber er nimmt ihn mit zum Tennisspielen.
Man merkt direkt, daß mein Mann ein Außenseiter ist zwischen dem Kind und mir. Und dann versucht er, sich da wieder einzuschalten. Aber so eine richtig herzliche Beziehung zu dem Jungen, das hat mein Mann nicht. Der ist viel zu beschäftigt mit sich selbst. Da hat ein Kind keinen Platz.
Wie das mit meinen Depressionen so schlimm war, da bin ich mit einer Freundin in eine Frauengruppe. Das hat mir geholfen, das Reden. Und auch das beim Psychologen. Die ersten Abende, als ich da von zu Hause weg war, das war schlimm. Da hat's mich getrieben. Ich weiß nicht warum, ich mußte heim. Ich konnte nicht weg sein von meinem Mann. Weil ich immer gemeint hab', er verläßt mich, da hab' ich die Todesängste bekommen. Da hab' ich Schweißausbrüche gekriegt und Herzklopfen, ich hab' immer gemeint, ich sterb' an Herzinfarkt. Ich weiß nicht, ob es stimmt, aber ich fühl' dauernd, das vegetative Nervensystem ist angegriffen. Nervös. Die innere Ruhe ist eben noch nicht so da, wie's sein sollte. Ich arbeit' auch zu viel.
Manchmal war es so schlimm, daß ich am Tag nur geheult hab'. Und zu meinem Mann hab' ich gesagt, er soll dableiben, ich hab' Angst, ich kann nicht allein sein. Jetzt sterb' ich. Irgendwo ist der Tod und ich sterb'. Ich hab oft gedacht, ich zerstör' mich selber, ich hab da nichts tun können, und eben weil mein Herz immer so stark geklopft hat. Das war Wahnsinn.
Und das hab' ich auch jetzt noch. Ich werd' nachts wach und befühle mein Herz, und dann geht's los. Das ist schon die Angst vor dem Herzklopfen. Zweimal hab' ich ein EKG gemacht, und da war nix. Da war bei mir schon immer die Angst vor der Angst. Jeden Abend, wenn er weg ist zur

Reitstunde, da war ich schon den ganzen Nachmittag fertig und kaputt vor dem Augenblick, wenn er weggeht, und da hat mich ein Kribbeln überfallen von den Füßen an, das kann man nicht beschreiben. Und jetzt ist es weg. Das hab' ich abgebaut, so langsam. Im Laufe der Zeit, weil ich jetzt Bekannte hab' und weil ich in der Gruppe red', da hat sich das abgebaut. Und ich kann auch allein sein.
Wenn ich dann so einen Anfall hatte, machte ich ein Gesicht und gab keine Antwort. Da war ich dann bockig. Ich verlangte dann immer mehr Verständnis von ihm, als er eigentlich aufbringen konnte. Er weiß das ja alles nicht. Das letzte Mal hab' ich dann vor Verzweiflung einen Topf nach ihm geschmissen. Da drehte ich total durch. Das war vor einem Jahr, daß ich so explodiert bin. Jetzt kommt das vielleicht nicht mehr. Und dann anschließend bin ich vier Tage allein geblieben. Das erste Mal in meinem Leben. Und es ist mir unglaublich gut gegangen. Weil ich mich wohlgefühlt und weil ich gemacht hab', was ich wollte. Ich les' dann, entspann mich, und ich denk' unheimlich positiv. Ich müßte das nur noch mehr üben. Dann hätt' ich bestimmt keine Angst mehr.

Man sagt, daß man die Schläge, die man bekommen hat, weitergibt. Ich hab' den Drang gehabt zum Schlagen. Ich hab' mal den Jürgen auch ganz arg geschlagen, weil er aus Trotz nicht in den Kindergarten gehen wollte. Oder er hat Angst gehabt. Sonst hat es ihm schon gefallen, und deshalb hab' ich ihn verhauen. Das ist verkehrt, das ist mir schon klar. Aber es war das einzige Mal.
Jürgen ist stärker als seine Eltern. Das macht mich glücklich. Der ist ganz anders. Der ist auch gern allein.
Mit meinem Vater ist das heute so: Er kann tun, was er will, ich kann mich wehren. Ich bin jetzt soweit, daß ich keine Angst mehr hab' vor ihm. Ich könnte ihm alles verzeihen durch Freundlichkeit, durch Herzlichkeit, wenn er jetzt ein liebevolles Verhalten zeigen würde. Es wäre mir auch unan-

genehm, ich weiß nicht, ob ich das aushalten würde. Ich würde furchtbar heulen.

Mein Vater mag keine Blumen und keine Tiere. Wenn er einen Hund sieht, da gibt er ihm leichte Tritte, schubst ihn so und lächelt. Er ist grob im Nettsein.

Er hat meinen Brüdern beigebracht, jede Frau niederzumachen, die sie erwischen. Wir Mädchen haben Jungfrau bleiben müssen, also, eine Frau geht rein in die Ehe, und die Brüder sollen die Frauen vernaschen. »Wenn sie wollen, nehmt sie«, hat er ihnen gesagt, »und danach könnt ihr sie verachten.«

Überhaupt, Frauen, die fremd gehen, die verachtet mein Vater. Es gibt ja Frauen, die wirklich mit jedem ins Bett gehen. Und das hat er auch von mir angenommen. Deswegen wurden mir die Haare kurzgeschoren, und ich bin deswegen auch eingesperrt worden. Die verstehen wirklich überhaupt nichts von Frauen, die Männer. Nur dadurch, daß sie es mit lockeren Frauen treiben. Es wird ja wirklich nur getrieben, die Sexualität, bei denen geht's ja drunter und drüber. In solche Kreise kommen sie dann.

Die Männer haben ein ausgeprägtes Sexualleben, im Grunde schon. Da geht es um Sex, und dann kann man's vergessen. Mein Vater war seiner Frau bestimmt immer treu. Das war sein Grundsatz. Das muß ich ihm zugutehalten. Er lehnt zwar die Frauen ab, er verachtet die Frauen, die ihn anmachen. Dann soll man das mitnehmen und sie dann verachten. Das sind schlechte Frauen, aber für das eine Mal sind sie gut, zum Triebbefriedigen.

Meine Mutter ist gewarnt worden, sie soll ihn nicht heiraten, weil er so rumhurt.

Die legen's ja drauf an, nur ins Bett zu gehen. Wir Frauen meinen dann, es ist die große Liebe. Als wir aufgeklärt wurden, da hat er gleich gesagt, die Frauen sind schlecht und die Männer sind auch schlecht. Sie wollen nur das eine und sonst nix. Da hat er ein Buch gebracht zum Aufklären, von der Caritas, da war ich so fünfzehn, und hat mich eben immer gewarnt.

*Mein Vater war beim Militär. Seine Welt teilte sich ein in zwei Gruppen: in Vorgesetzte und in Untergebene. Seine Familie gehörte zu den Untergebenen. Er hat uns schikaniert, drangsaliert und unsere Seelen verstümmelt. Meine Schwester ist seit ihrem zwanzigsten Lebensjahr in einer Nervenheilanstalt. Schon sieben Jahre. Nur durch ein Wunder haben sie mich in der Welt gelassen. Ich habe nach zwei Selbstmordversuchen meinen Mann kennengelernt. Seiner Liebe und seiner großen Geduld verdanke ich mein Leben.*

Heidemarie Aust, 36 Jahre alt, Hausfrau, ein Kind.

Ich habe ja solche Komplexe gehabt vor den Männern. Ich hab' mal mit meiner Schwester tanzen gehen müssen, weil sie nicht allein gehen wollte. Als einer mit mir schmusen wollte, hab' ich gekotzt. Übel war's mir. Immer wieder hab' ich gebrochen.

Ich bin nur mit drei Männern ausgegangen. Der eine hat gemeint, wenn es ihm gut tut, dann müßte es mir auch gut tun. Da habe ich Angst bekommen und bin aus dem Auto gestiegen.
Das zweite Mal bin ich auch noch einmal Tanzen gefahren, aber später nie mehr wieder. Dem war ich wahrscheinlich zu langweilig. Der Dritte, das war mein Faschingsprinz, aber da lief nix, das war ein Schwuler. Wegen dem hab' ich Schläge gekriegt. Der hat nichts getaugt.
Immer, wenn einer weggeblieben ist, habe ich meine Depressionen gekriegt. Ich hab' gemeint, die Welt bricht zusammen. So abhängig war ich von anderen. So hilflos. Wahnsinn. Ekelhaft.
Den Dieter, meinen Mann, hab' ich auch beim Tanzen kennengelernt. Den hab' ich aufgefordert. Bei Damenwahl. Und dann hat er mich eingeladen zum Pferderennen am nächsten Sonntag. Mit Blumen hat er mich abgeholt, Handkuß und so, recht angeben, das kann er ja. So High Society, da hat er immer geträumt davon. Ja, und dann war ich schon Feuer und Flamme. Wahnsinn. Ohne jeden Verstand. Nur nach dem Gefühl. Unfrei, gell? Und erst später fängt man das Urteilen an.
Wenn man verliebt ist, ist man hin- und hergerissen, und dann später sucht man das Menschliche. Und das Menschliche ist noch nicht da. Wenn's bei der einen nicht geht, gehen sie zur nächsten. Dadurch verändert sich nichts. Dadurch können sich die Männer nicht verändern. Warum wollen die das bloß nicht? Wir arbeiten doch auch an uns. Meine Schwester, die hat's auch nicht leicht gehabt, aber sie schlägt ihr Kind nicht, sie ist sehr liebevoll zu ihm. Da sagt mein Vater, das ist Affenliebe. Das ist doch unmenschlich.

Gerade an sowas krankt doch unsere Gesellschaft. Es geht alles so langsam voran. Es ist doch ein Glück, daß es uns gut geht, daß wir jetzt zum Nachdenken Zeit haben. Das war doch früher nie der Fall. Es ging nur ums Überleben. Das ist doch tierisch im Grunde. Ich glaube auch, daß das der Sinn des Lebens ist, daß die Menschen menschlich werden. Vielleicht kommt einmal das Paradies, wenn wir keinen Krieg haben, nicht? Ich weiß es nicht. Wir tun alles, daß wir Krieg haben. Wer macht das? Die Männer. Ich hab' neulich zu meinem Mann gesagt: »Schau mal, was überall alles kaputtgeht!« Wer macht's kaputt? Die Männer. Sie geben den Ton an. Wenn die Frauen regieren würden..., aber das geht nicht von heute auf morgen.
Die können sich das gar nicht vorstellen, daß das alles nur an dem liegt, ich meine an der Gewalt, daß die Zerstörung in der Familienstube geboren wird.
Ich hab' mal in mein Tagebuch geschrieben: »Nur wer seine Gefühle zeigen kann, öffnet den Weg zum gegenseitigen Verständnis.«
Und hier steht noch was: »Seit ich meine Eltern sich bekämpfen sah und mich gedemütigt, geschlagen und erniedrigt spürte, denke ich über Liebe und Treue des Menschen und die Welt nach, und ich sehe immer noch das Gleiche, nicht mehr so brutal, aber wir sind immer noch verlassen.«

Drei Monate nach diesem Gespräch hat sich die Mutter von Marianne erhängt. In einem weiteren Gespräch hat sie über ihre veränderte Beziehung zu ihrem Vater gesprochen:

Er tut mir so leid. Er ist so ein armer Mensch. Ich weiß nicht, was ich machen soll, wie ich ihm helfen soll. Vor zwei Wochen hat sich die Mamma aufgehängt. Nicht auf dem Dachboden, wie das mein Bruder immer befürchtet hatte. Sie hat sich an einem dicken Balken von ihrer neuen Terrasse, die sie gerade fertig gebaut haben, aufgehängt.
Ich hab' das nicht mehr gewußt, aber mein Bruder hat es jetzt immer wieder gesagt, die Mamma hat früher immer

gejammert: »Wenn ihr nicht brav seid, häng' ich mich auf.« Immer wieder soll sie das gesagt haben. Und mein Bruder hat immer Angst gehabt, wenn sie aus dem Zimmer rausgegangen ist. Da ist er ihr oft nach und hat geschaut, ob sie nicht auf den Dachboden geht.

Mein Vater hat sie gefunden. Ihre Füße sind auf dem Boden geschleift. Sie ist auf einem Stuhl gestanden und hat eine Schlinge gemacht, so perfekt. Wahnsinn. Sie muß die Füße angezogen haben, damit es auch ganz sicher geht... Wahnsinn. Als ich da ankam beim Vater, da hat er sich über die Mamma geschmissen, hat geweint und hat ihr immer wieder die Augen aufgemacht. »Mamma, wach doch auf! Wach doch auf!« hat er immer wieder gesagt. Er hat so gejammert. Schrecklich. Da hab' ich ihn in den Arm genommen und hab' ihm über den Kopf gestreichelt. Das hab' ich können. Zum ersten Mal. Wenn er wüßte, was wir Geschwister denken. Er hat sie doch umgebracht. Jetzt hat sie ihren Frieden. Er kann sie nicht mehr quälen. Das Schlimme, er weiß nicht, warum sie sich aufgehängt hat.

Er ist immer wieder durchs Haus gerannt und hat gesucht nach Briefen. In ihrer Schürze hat er einen kleinen Zettel gefunden, da stand nur drauf: »Liebe Kinder, verzeiht mir.« Sonst nichts. Er hat immer wieder gesucht, aber an ihn gab es keine Zeile. Das konnte er nicht fassen.

Ich hab' eigentlich wenig geweint. Und an der Beerdigung überhaupt nicht. Da war ich ganz beherrscht, irgendwie ruhig. Jetzt hat sie Frieden, jetzt tut ihr keiner mehr weh. Schrecklich, das Leben, das die Frau gehabt hat. Nur werkeln, nur werkeln für den Mann und die Kinder. Und jetzt hat sie nichts mehr gefunden zum Arbeiten, da konnte sie dann nicht mehr leben. Die Arbeit hat sie immer weggebracht von ihrem Überlegen, von ihrem schlimmen Dasein, ihrem Leben.

Und der Mann ist so arm dran und kann nichts fühlen. Der jammert nur. Und ich denk' dann an früher, weil ich so Zustände bekommen hab', wenn ich allein war. Schrecklich. Da kommt alles wieder. Und dann hab' ich Angst, daß er jetzt auch so eine Angst hat, wie ich damals. Daß er sich so verlassen fühlt. Wenn ich nur wüßt', ob er auch so fühlt? Jetzt ist die Mamma drei Wochen tot. Und jeden Tag ist einer von uns Geschwistern bei ihm gewesen. Er macht uns jetzt Vorwürfe, weil keiner von uns zu ihm ziehen will. Und jetzt sagt er auch schon, wir sind schuld, daß die Mamma tot ist. Weil sie schon immer wollte, daß einer von uns zu ihr zieht, sie hat ja auch gejammert, daß sie so allein ist. Aber keiner von uns würde da jemals hingehen. Nicht zu meinem Vater, wir hätten es auch nicht gekonnt, wenn meine Mutter noch leben würde. Jeder ist doch froh, daß er endlich draußen ist. Wir sind alle verheiratet und haben unser eigenes Zuhause. Und nun sagt er doch, ein Vater kann fünfzig Kinder aufziehen, aber fünfzig Kinder können keinen Vater erhalten. Der Mann ist so starrsinnig, so starrsinnig, ich kann's nicht sagen. Ein Wahnsinn. Er jammert und sagt, nun hat er ein Leben lang geschuftet und die Mamma auch, und er hat jetzt mehr als eine viertel Million auf dem Konto, und das ist alles nur für uns. Aber wir wollen das nicht haben. Keiner von uns will was von ihm. Das ist jetzt zu spät. Er hat nur Zorn für uns gehabt und Wut und Schläge. Erst hat er gemeint, ich sag' das nur so, das mit dem Geld. Jetzt hat er inzwischen verstanden, daß das mein Ernst ist. Da war der Mann ganz geschockt. Das kann er nicht begreifen, daß das jetzt alles umsonst gewesen sein soll. Er meint, er kann sich Liebe kaufen. Mit Geld geht alles, meint er. Wenn ich an meine Mamma denk', da bin ich sehr traurig, aber nicht mehr verzweifelt. Irgendwie war das ihre erste selbständige Entscheidung. Wahnsinn. Aber die hat sich gern das Leben genommen. Die hat doch jetzt eine Ruhe, wie ihr Leben lang nicht. Und sie hat ihm gezeigt, daß sie was machen kann ohne ihn. Das hat's doch nie gegeben, sonst. Manchmal denk' ich auch, sie hat sich gerächt an ihm. Das war vielleicht ihre Rache, daß sie ihm sagen wollte, ich hau jetzt ab, schau du nur zu, wie du zurecht kommst, und die Nachbarn sollen auch sehen, daß ich es nicht gut gehabt hab'. Ob's das gibt?

Der Vater hat uns noch was Wahnsinniges gesagt. Überhaupt ein Wunder, daß er jetzt reden kann. Jetzt, wo es zu spät ist. Ja, und deswegen kann er überhaupt ihren Tod nicht verstehen. Er sagt, daß die Mamma in den letzten Tagen sexuell wie ein junges Mädchen gewesen sei. Wie zur Hochzeit habe sie ihn ins Bett gezogen. Und daher meint er einfach, die Mamma habe ihn geliebt. Ich glaube, die hat einfach noch was Schönes mitnehmen wollen. Ob das der Vater war, ich glaub', das war ihr egal. Und das sieht der nicht. Der glaubt, sie hat ihn geliebt. Wahnsinn.
Erst hab' ich gemeint, ich kann meinem Vater ganz vorsichtig beibringen, warum die Mamma gestorben ist und wie es alles wirklich bei uns war. Aber er versteht das nicht. Er ist so starr und so stur. Und trotzdem tut er mir so leid. Er ist doch so ein armer Mensch. Ich hab' ihm jetzt oft was zu Hause gekocht und versucht, ganz vorsichtig zu sagen: »Weißt, die Mamma hat's doch auch so schwer gehabt, die Arbeit...«, da wehrt er sofort ab. Er weiß das alles besser. Der hat jetzt soviel Geld zusammengeschachert, aber einen Urlaub haben die nie gehabt. Nie sind die mal in Urlaub gefahren, ihr Leben lang nicht. Zu Weihnachten hat meine Mutter keine Geschenke gekriegt. Das hat's nicht gegeben. Und nicht einmal spazierengegangen ist die Mamma. Immer ist nur gespart worden. Wahnsinn. Nichts haben die sich gegönnt. Wirklich nichts, ihr Leben lang nicht.
Und neulich hat er zu mir am Telefon gesagt, weil nun keiner von uns kommt, da holt er meine Tante aus Rumänien, das ist eine Schwester von meiner Mamma. Die will er da jetzt rauskaufen. Für seinen Haushalt will er die haben. Die tut mir jetzt schon leid. Mit der fängt doch alles wieder von vorne an. Aber vielleicht läßt die sich nicht so viel gefallen. Dann hätt' er noch mal eine Chance zum Nachdenken. Der Tod von der Mamma wäre ja auch eine gewesen, aber er wird wohl nie begreifen, daß er nicht allein ist auf der Welt.